FOREST DEVOLUTION VS. COLLECTIVE FOREST TENURE

The Practice and Logic of Chinese Collective Forest Tenure Institution

分山到户与集体管理

集体林权制度变迁的实践与逻辑

龙贺兴 / 著

中国经济出版社
CHINA ECONOMIC PUBLISHING HOUSE
北 京

图书在版编目（CIP）数据

分山到户与集体管理：集体林权制度变迁的实践与逻辑 / 龙贺兴著. -- 北京 ：中国经济出版社，2023.3
ISBN 978-7-5136-7244-3

Ⅰ. ①分… Ⅱ. ①龙… Ⅲ. ①集体林－产权制度改革－研究－中国 Ⅳ. ① F326.22

中国国家版本馆 CIP 数据核字（2023）第 034802 号

责任编辑 耿 园
责任印制 马小宾
封面设计 华子图文

出版发行 中国经济出版社
印 刷 者 河北宝昌佳彩印刷有限公司
经 销 者 各地新华书店
开 本 710mm × 1000mm 1/16
印 张 14.25
字 数 224 千字
版 次 2023 年 3 月第 1 次
印 次 2023 年 3 月第 1 次
定 价 78.00 元
广告经营许可证 京西工商广字第 8179 号

中国经济出版社 **网址** www.economyph.com **社址** 北京市东城区安定门外大街 58 号 **邮编** 100011
本版图书如存在印装质量问题，请与本社销售中心联系调换（联系电话：010-57512564）

序言

PREFACE

改革开放以来近45年间，集体林权制度改革深刻影响了中国林业改革的发展。全球基层森林产权安排种类繁多、形式各异，即使同一种森林产权安排，也会因社会经济文化条件的差别，对森林质量和数量的影响存在差异，表现出不一样的森林生态系统服务水平。总体而言，世界上绝大多数森林属于典型公共池塘资源，包括哈丁（Garrett Hardin）、奥斯特罗姆（Elinor Ostrom）在内的国际学者尚没有在实现公共池塘资源的可持续管理方面达成理论和实践上的共识。在政策方向上，学者们给出国有化、私有化和以社区为基础的自然资源管理路径，而背后的理论逻辑众说纷纭，都能得到实践上的支持，但又都不能得到实践上的全部支持。在相当长的一段时期内，我国经历了集体林私有化的强制性制度变迁，其间伴随着森林面积的持续增长、森林质量的不断改善。尽管两者之间很难说具有相关性，且集体林权改革在执行上没有得到坚强、持续和有力的支持，效果打了不少折扣（特别是2003年以后开展的新一轮集体林权制度改革，基层回应有限），但总归是一段历史、一段中国故事。龙贺兴在他博士论文基础上撰写的这本书可以为中国集体林权制度改革提供一些理论和实践思考。

自2012年起，龙贺兴博士一直跟着我从事林业经济和政策的研究。这些年，我见证了他的成长。他扎根中国大地，调研足迹遍布湖南、福建等很多南方集体林区，进村庄、访农户、开座谈，了解各地集体林权制度改革的做法和问题，在田野中发现问题、汲取灵感、锻造情怀；前往美国密歇根大学，跟随奥斯特罗姆森林研究团队学习自然资源治理理论、全球森林分权改革经验，参加美国、加拿大、荷兰、泰国等国家举办的国际学术会议，交流集体林权制度改革研究成果，不断提高国际化视野和对话能力。这本书集中反映了他在集体林权制度改革领域的学术探索和研究成果。

本书以分山到户和集体管理之间的选择为主线，通过案例分析集体林权制度改革变迁的实践逻辑，丰富了公共池塘资源管理与森林分权的理论与实践研究，对我国乃至发展中国家森林分权具有重要借鉴意义。全书具有如下几个特点：

一是强调本土化的实践。本书通过一个个具体的案例，展示了集体林权制度改革复杂和多样的过程、嵌入的经济社会结构和利益格局，以及制度选择和效果如何深受国家政治、经济、社会发展进程的影响。从这个意义上，我国集体林权制度改革不能照搬耕地制度安排和国际经验，也没有一个“包治百病”的理论可以指导改革的进程，切不能迷信市场化机制能够完全解决林业发展和森林经营的问题，而是要探索符合中国实际的集体林权制度改革方向。

二是强调多样性的产权与管理安排。尤其是与大多数聚焦去集体化的研究不同，本书对集体管理的作用与创新给予了高度重视。这一方面反映了基层林权改革实践与创新的多样性，另一方面也回应了城镇化、生态文明建设时期提高森林规模经营水平、改善整体性生态系统服务的迫切需要和趋势。

三是强调森林治理的重要性。分不分山、如何分只是林权改革的一部分，而不是改革的全部内涵。本书凸显了林权改革必须与社区治理变革、利益格局重塑、政府管理职能转变、市场化体系建设、森林经营模式调整、弱势群体保护、生态系统服务供给结合起来，从森林治理体系与治理能力现代化的高度统筹推进。

坦诚地说，和世界上许多国家一样，新中国成立70多年来的集体林权制度变迁，经历了一个从混乱、反复走向常态、有序的探索过程。实践上，一些地方过急过快的改革进程遗留了不少历史问题和包袱亟待解决；在迈向生态文明、乡村振兴之时，一些僵化或容易引起混乱的集体林权政策和过时认知需要及时调整，以不断适应经济社会的变化和人民群众的需求。学术界对集体林权制度变迁逻辑的探索远远不够，理论与现实、学术与实践脱节现象在一定程度上普遍存在，没有找到好的概念或框架来向世界讲清楚中国林权故事。这是本书的局限，也是需要年青一代林经学人努力去解决的命题。

希望龙贺兴博士的这本著作能够引导国内外学术界更好地理解中国集体林权制度的变迁历程和成就。

中国人民大学农业与农村发展学院教授
刘金龙

目录

CONTENTS

第一章 CHAPTER 1 绪论 1

一、研究背景和问题提出 …… 1
二、研究意义 …… 5
三、概念界定 …… 6
四、文献综述 …… 9
五、研究目标和内容 …… 18
六、研究方法 …… 20
七、创新之处 …… 23

第二章 CHAPTER 2 公共池塘资源理论与分析框架 24

一、公共池塘资源理论的发展 …… 24
二、制度分析与发展框架 …… 26
三、案例分析框架 …… 28

第三章 CHAPTER 3 发展中国家森林分权实践 35

一、发展中国家森林分权改革的兴起和模式 …… 35
二、发展中国家森林分权改革的效果 …… 39

三、典型发展中国家森林分权比较 …… 41
四、小结 …… 44

第四章 CHAPTER 4 集体林权制度变迁及其驱动力 45

一、集体林权制度变迁总体历程 …… 45
二、福建省长汀县集体林权制度变迁历程 …… 51
三、福建省长汀县集体林权变迁驱动力分析 …… 61
四、小结 …… 65

第五章 CHAPTER 5 分权改革与地方政府林业管理体系变迁 67

一、以条管理为主：1949—1978 年 …… 67
二、以块管理为主：1978—1999 年 …… 70
三、走向共同治理：2000 年至今 …… 79
四、从“攫取之手”向“援助之手”转变的驱动力 …… 83
五、小结 …… 85

第六章 CHAPTER 6 林业“三定”改革与森林乱砍滥伐 87

一、分山到户交易成本分析 …… 87
二、林业“三定”改革历程 …… 91
三、运动式改革与森林乱砍滥伐 …… 93
四、小结 …… 100

第七章 CHAPTER 7 林地调整动因、决策过程与绩效 102

一、农村土地制度变迁方式 …… 103
二、案例背景 …… 105

三、林地调整的动因 …… 108
四、林地调整过程 …… 112
五、林地调整效果 …… 116
六、小结 …… 118

第八章 CHAPTER 8 新一轮集体林权制度改革与制度多样性 121

一、分股不分山、分利不分林 …… 121
二、X 村新一轮集体林权制度改革的做法 …… 124
三、分林到组的原因分析 …… 129
四、小结 …… 133

第九章 CHAPTER 9 集体行动与社区林业股份合作组织形成 136

一、社区林业股份合作组织的特征 …… 137
二、X 村股份林场形成的诱因和主要制度安排 …… 139
三、形成集体行动的条件分析 …… 144
四、小结 …… 149

第十章 CHAPTER 10 社区林业股份合作组织的运行和绩效分析 152

一、3 个案例股份林场的基本情况 …… 152
二、影响绩效的条件分析 …… 155
三、小结 …… 163

第十一章 CHAPTER 11 结论与讨论 166

一、集体林权制度变迁的逻辑 …… 166
二、主要研究发现 …… 179

三、深入推进集体林权制度改革的政策建议 …………………… 188
四、需要进一步完善的地方 …………………………………… 196

参考文献 198

后记 215

第一章
绪论

一、研究背景和问题提出

全国第七次森林资源清查结果（2004—2008 年）显示，我国集体林地面积 27.37 亿亩，占全国林地面积的 60% 左右。如何建立健全集体林权制度，把这 27 亿多亩集体林经营好、管理好，对建设生态文明、维护国家生态安全、应对气候变化、保障木材供给和安全、促进农村发展和农民增收、实现经济社会可持续发展都具有重要的意义。1949 年以来，随着政治、经济和社会变革，农村耕地、林地、草地等土地资源经历了土地改革、集体化、家庭承包经营制度、“三权分置”等多次变革，产权制度发生了重大的变化。其中，改革开放以来，将集体林所有权与承包经营权“两权分离”的改革历经波折。经过 20 世纪 80 年代初期林业“三定”改革（稳定山权林权、划定自留山、确定林业生产责任制）和新一轮集体林权制度改革，到 2012 年，除少数村集体保留有部分集体管理的林地以外，全国集体林区基本完成了明晰产权、承包到户的改革任务。

关于中国集体林权制度变迁，有待回答的一个重要问题是，同样是推行承包到户改革，为何集体林地呈现出与耕地迥然不同的进程和效果？改革历程中，集体林权政策变动频繁，一波三折。20 世纪 80 年代初期，受耕地承包到户启发，集体林区推行了以稳定山权林权、划定自留山、确定林业生产责任制为主要内容的林业“三定”改革，但林业“三定”改革在承包到户取得显著进展的情况下，因放开木材市场导致严重乱砍滥伐问题而被迫叫停，部分地区甚至不得不将已承包到户的林地收回村集体。2003 年，新一轮集体林权制度改革在福建、江西、辽宁等省份开始试点，并于 2008 年在全国推行，计划用 5 年时间基本完成明晰产权、承包到户改革任务。2012 年，在各地基本完成明晰产权、承包到户改革任务的同时，各级林业部门面对林地细碎化、林地抛荒、森林经营效率不高等问题，开始大力号召发展林业合作组织、社区林业股份合作组织等合作经营形式，推动规模化经营和森林可持续经营。在改革成效上，林业“三定”改革时期，出现了新中国成立以来的第三次乱砍滥伐浪潮。新一轮集体林权制度改革取得了较大成功，没有发生林业“三定”改革那样的乱砍滥伐问题，但也被质疑产生了诸如林地细碎化、林权分配不公、村庄财政瓦解、林权冲突等问题。任何改革政策都有其背后的理论逻辑。以分山到户为主要内容的集体林权制度改革到底在理论逻辑和实践上有何局限性？至今为止，鲜有研究在理论和经验上系统反思以分山到户为核心内容的集体林权制度改革的经验和教训，而对上述问题的回答将直接关系到集体林权制度的未来走向。

集体林权制度“分分合合”，呈现“三十年河东，三十年河西”的图景，背后的原因是，决策者、实践者、学术界和普通农民对于分山到户还是集体管理没有达成共识。改革开放之前的 30 年瓦解了以宗族和地主为基础的传统农村林业产权制度，实现了林权私人所有向集体所有的转变，并在人民公社时期稳定于以生产队或生产大队所有和经营为主的体制。改革开放以来，在集体林“分”还是“统”的争论中，分林到户的观点始终占上风，“去集体化”成为集体林权制度改革的主要任务（刘金龙，2006；李周，2008）。许多决策者和研究者把问题着眼点放在产权不明晰上，希望通过明晰各相关主体的产权关系（如承包权、经营权、收益权），尤其是分山到户，达到解决林产品供给和农民增收的目的，并可像“耕者有其田”一样实现“耕者有其山”的目标（贾治邦，2007）。实际上，自 20 世纪 80 年代起，分山到户是否适应集体林就广受争议，分山到户与集体管理孰优孰劣的争论此起彼伏。在实践上，不少地方政府和村集体出于各种原因坚持采取“分股不分山、分利不分林”的方式明晰产权到户。这部分采取股均利方式明晰产权到户的林地仍由村集体（包括行政村、自然村、村民小组）经营和管理，加上尚未分山到户的生态公益林、纠纷林地，以及村集体与国有林场、自然保护区共同管理的林地等，估计村集体以各种形式（如村委会、村民小组或依托于它们的社区林业股份合作组织、集体经济组织）管理着 30% 左右的集体林地（徐晋涛等，2008；魏远竹和张春霞，2009；贺冬航等，2013）。由此，为什么在政府自上而下推动分山到户的背景下，农村仍然保留了如此多的集体管理林地？我国不同时期集体管理森林的集体行动是如何演变的？当前村集体（村委会、自然村、村民小组或依托于它们的社区林业股份合作组织）如何对这些森林进行管理？管理效果如何？如果效果不好，要不要继续分山到户？这都是学术界和政府亟待回答的问题。

从宏观上看，改革开放以来的集体林权制度变迁发生在剧烈的市场化改革和城镇化进程中，对村集体内部如何形成集体行动以决定是分山到户还是集体管理提出了前所未有的挑战。一方面，家庭经营被视为“先进”制度和合法性安排被推广到集体林地中。土地承包制成为农村土地的基础性制度安排，《中华人民共和国农村土地承包法》《中华人民共和国物权法》从法律的高度对农民的土地承包关系和地位进行了规定和保护，其潜在含义是集体草原和林地也要尽可能向家庭经营这个方向改革。另一方面，快速的城镇化、市场化进程瓦解了村庄封闭的经济系统和社会管理系统，非农就业和非农收入成为主导的就业和收入方式，经济、社会异质性扩大，农民变得越来越原子化、个人化、离农化，参与村庄集体行动的激励和能力不断下降。与此同时，森林作为生态系统，具有规模化、系统化经营的需求，提高规模化、组织化程度成为解决“谁来管理森林”问题和生态文明建设的重要方向。在此背景下，亟须揭示剧烈经济社会变迁背景下形成村庄集体行动进行组织创新的可行条件，并引导政策制定者和学术界重视森林管理的基层集体行动实践。

从国际上看，20 世纪 80 年代以来，当中国持续减少社区在森林管理中的作用并赋予农户和市场更为充分的权属时，由小规模使用者群体共有和管理的产权类型却在许多发展中国家的森林管理和林权安排上扮演了越来越重要的角色。社区如何采取集体行动管理好包括森林在内的公共池塘资源，成为全球自然资源治理研究的热点和重点。公地悲剧、囚徒困境和集体行动的困境揭示了自然资源管理可能造成的悲剧性结果（Hardin，1968；Ostrom，1990）。对此，早期的经济学家一般认为，私有化是解决公地悲剧的手段（Demsetz，1967）。

自 20 世纪 80 年代，以奥斯特罗姆为代表的学术界通过挖掘和整理社区管理公共池塘资源的成功和失败案例、论证公地悲剧的逻辑缺陷和自主管理的可行性以来，涵盖不同资源（森林、渔场、牧场、灌溉系统等）的广泛研究已经表明，在满足清晰界定边界、有效监督、积极参与等一系列自然、社区和规则条件下，社区内部能够组织起有效的集体行动管理并利用好公共池塘资源。自主管理成为政府和市场管理公共池塘资源路径之外的第三条道路（Agrawal，2001；Ostrom，2010）。在实践上，社区森林管理是 20 世纪 80 年代以来发展中国家森林分权改革的重要结果，在森林资源管理实践中的重要性逐渐得到认可并在全球广泛推广，合作森林管理、社区林业、社会林业、共同林业、参与式林业等概念或倡议在南亚、东南亚、非洲、拉丁美洲一些国家被相继提出和实施（Charnley and Poe，2007；Agrawal et al.，2008；FAO，2016）。在此背景下，作为全球经济社会变迁最为剧烈的国家之一，中国社区管理森林的沉浮兴衰对检验私有林权和共有林权孰优孰劣提供了难得的实验场所。

由此，一系列问题亟待回答：集体林权制度是如何变迁的？不同时期集体管理森林的内容及其演变有何规律？村庄层面分山到户的过程和影响因素有哪些？哪些因素影响了村集体是采取“分山到户”还是“分股不分山、分利不分林”的集体管理方式明晰产权到户？新一轮集体林权制度改革以后，林业股份合作组织是如何形成的？哪些因素影响了社区林业股份合作组织的绩效？如果可以通过完善社区森林管理组织实现良好的生态、经济、社会效果，那在未来继续进行以分山到户为内容的集体林权制度改革是否有必要？中国集体林权制度改革的经验对公共池塘资源产权理论和其他发展中国家森林分权改革有哪些启示？本书将基于福建省多个地方集体林权制度变迁的案例调研，结合奥斯特罗姆及其团队开发的制度分析与发展框架，梳理 1949 年以来集体林权制度变迁的演进历程和主要做法，研究影响村庄采取“分山到户”或“分股不分山、分利不分林”的集体管理方式明晰产权的自然、社区、规则条件，分析社区林业股份合作组织的形成、绩效及影响因素，探讨集体林权制度变迁的主要逻辑、经验启示，并提出生态文明建设和乡村振兴背景下深化集体林权制度改革的方向和政策建议。

二、研究意义

理论上，对私人和社区管理公共池塘资源孰优孰劣的讨论是过去半个多世纪公共池塘资源理论和实证研究的重要主题。学术界普遍认为，社区管理公共池塘资源的集体行动不是发生在一个封闭而变化缓慢的社区里，全球化、城镇化、市场化等外部冲击会制约着社区自然资源管理及其集体行动的形成和可持续性。中国集体林权制度变迁剧烈、复杂和多样，集体林地经营管理形式多样，为检验公共池塘资源的产权私有化和集体行动理论提供了理想的实验场所。对中国集体林权制度变迁的丰富历程和经验进行挖掘，与公共池塘资源的私有化和集体行动理论对话，有助于检验、修正私有化与社区森林管理孰优孰劣的争论，引导国际和国内学术界理解中国集体林权制度的变迁和绩效。此外，通过揭示快速市场化和城镇化背景下社区森林管理集体行动的形成逻辑和作用机制，有助于检验、修正城镇化背景下资源规模、经济异质性、资源依赖程度、村庄治理与社区管理森林的集体行动的作用机理。

实践上，20 世纪 80 年代以来，以森林分权改革推动良好的地方森林治理在学术界、国际组织和发展中国家政府中都得到了广泛推崇，但改革实践远达不到理论和政策预期，总结中国森林分权改革的经验和教训，对于其他发展中国家开展森林分权改革具有重要的借鉴意义。在国内，如何调动单一农户的投资和经营积极性一直是中国集体林权和管理政策实践与研究的优先方向，村集体如何形成集体行动来管理森林则很少受到关注。本书试图论证，在一定的自然、社区、规则条件下，社区森林管理组织可以成为林地规模化经营的一种方式，实现良好的生态、经济和社会效果，从而为理解和改善我国集体林权制度变迁做出知识上的贡献，也有利于为发展适合中国国情的林地规模化经营道路提供政策建议。通过对分山到户与集体管理之间的制度选择进行分析，对社区管理森林的集体行动机制进行实证研究，发现分山到户与集体管理各自面临的问题，提炼影响集体行动的关键因素，为林业部门进一步深化集体林权制度改革提供现实依据和理论指导，为促进绿水青山变成金山银山、森林生态产品价值实现奠定坚实的实证依据，为我国生态文明建设和全面推进乡村振兴做出贡献。

三、概念界定

概念理解的差异是导致中国学者和外国学者对我国集体林权制度改革的实践做法与经验的解释有所偏差的重要原因。国内学者很少采纳国际森林分权改革的相关研究概念对中国集体林权制度变迁进行研究，同时，中国集体林权制度变迁十分复杂，外国学者不易理解，中国集体林权制度及其改革的理论与实践含义常被国际林业经济学术界误解。为此，有必要对与本研究相关的概念进行界定和辨析。

（一）分山到户

分山到户或者分林到户不是一个学术概念，而是衍生于土地承包到户的一个政策或日常表达话语。承包到户是实现我国农村土地集体所有权和承包经营权“两权分离”的基础性制度安排。实行家庭承包经营制度的集体土地所有权性质不变，由本集体内农户向村集体承包土地等生产资料，承包期内农户拥有使用、收益、流转等各项权利。围绕家庭承包经营制度形成了一系列的法律或者政策概念，如土地承包制、承包经营权、承包权、“两权分离”“三权分置”、分田到户、自留地、责任田。由于家庭承包经营制度一般将本集体内的耕地、林地或草地按家庭人口或劳动力数量进行分配，因此也产生了承包到户、分田到户、分山到户等相近概念。《中华人民共和国宪法》《中华人民共和国农村土地承包法》《中华人民共和国物权法》《中华人民共和国土地管理法》从法律的高度，对农民的土地承包关系和地位进行了规定和保护。然而，承包到户、分田到户、分林到户等具有中国特色的概念或者话语并没有一一对应的西方学术概念。在本书中，承包到户指在产权上将集体土地所有权和承包经营权分离并将承包经营权落实到农户的过程，可以包括物理上或权利上的分离。分林到户或分山到户指将物理上的集体林地及其附着物（如树木、毛竹）按家庭人口或劳动力数量分配到户的过程。分山到户的山场可以具体分为自留山和责任山，前者可以继承，后者有一定承包期限（30～70年）。“分股不分山、分利不分林”指将集体林地或林木折股均等分配给集体成员，实行股份合作经营，收益按股分配。在现实中，村集体还可以将集体山林有偿流转，通过均利给集体成员的方式落实承包经营权。分林到户后，家庭成为承包林地的独立经济决策单位，形成了家庭经营这样一种经营形式；而“分股不分山、分利不分林”后，一般由村集体或集体经济组织进行经营管理，少数也会委托给大户或专业公司进行经营管理。

从所有权角度，分山到户不改变集体林地归村集体所有的性质，承包农户享有的是一定期限的使用权、收益权和转让权，因而分山到户绝不是“私有化”。然而，根据 Schlager 和 Ostrom（1992）对公共池塘资源产权束和类型的划分，拥有进入权、收益权、管理权、排他权和转让权的主体为所有者（owner）。承包到户改革将集体林的承包经营权和林木所有权分配给农户并置于市场空间，使农户拥有了较为全面的进入权、收益权、管理权、排他权和转让权，实质上遵循了私有化和市场化改革的逻辑和框架，以期激励农户或其他市场主体作为独立决策者进行资源有效配置。因而，按照公共池塘资源理论的产权概念，分山到户也是一个私有化的过程。为了便于理论对话，本书在理论对话部分会使用“私有化”概念来阐述农户作为独立经济决策单位的过程，但不意味着我国的承包到户改革是一项私有化改革。

（二）社区森林管理 / 集体管理

国际上，“社区森林管理”“社区为基础的森林管理”“使用者群体管理”的概念被研究者广泛使用，其定义有狭义和广义之分。狭义上，社区森林管理被定义为以共有林权为基础，由一群相邻的农户实行合作森林管理模式的自主治理组织。这跟我国“集体管理”的语义是一致的。在广义的范畴里，社区森林管理可以包括小规模农户经营、联户经营、小组经营等在社区层面形成，由小规模群体或成员管理森林的形式（FAO，2016）。社区森林管理尤其强调小规模使用者群体利用地方制度对森林资源进行管理，而其中的“社区”主要由一群相邻的、30 户以上规模的农村住户组成。某种程度上，集体经营、社区林业股份合作组织属于国际上社区森林管理体制的一种。按照国际学术界对社区森林管理的定义，人民公社时期生产大队或生产队集体成员共同管理森林的形式，以行政村、自然村、村民小组为单位，村干部管理森林的形式，以及全体集体成员享有股份、由专门组织来管理、按股分红的社区林业股份合作组织，都属于学术上社区森林管理的范畴，也都属于我国政策话语上的农村集体经济组织。

为了避免混乱，本研究中，村集体管理和社区森林管理的概念可以等同，指以共有产权为基础，由行政村、自然村、村民小组等村集体直接经营或者成立集体经济组织（如股份林场、林业合作社等林业股份合作组织）统一经营、全体成员共同分享收益的经营形式，从而与私有经营或者家庭经营的概念相对应。其中，林业股份合作组织是社区森林管理和农村集体经济组织的一种创新形式，将股份制引入合作森林管理，具有“分股不分山、分利不分林”明晰产权、专门组织或人员管理、按股分红等特征，并通常被注册为股份林场、林业股份合作公司、林业合作社。由此，也可以看出，集体管理的形式和内容是不断演化和与时俱进的。为了兼顾学术对话和中国语境，本书在学术讨论中更多使用社区森林管理或使用者群体管理的概念，而在案例分析的具体语境中，则更多使用集体管理、股份林场或林业股份合作组织等具有中国特色的概念表达。

（三）森林分权

森林分权可以指一种森林管理权属在中央与地方、政府与社区或社区与居民之间的分享安排。在我国，林业经济政策和研究主要采用集体林权改革和国有林权改革来分别指从村集体向农户的森林分权行为和国有林场或森工企业内部的分权行为及其一系列配套措施。即使在英文杂志上发表的论文，也习惯用集体林权改革（collective forest tenure reform）的话语，很少使用森林分权的概念。在国内习惯用法中，集体林权改革和国有林权改革大多指改革的具体名称，不是严谨而通用的学术概念，也很少涉及政府间或主体间的森林分权行为。某种程度上，在国际学术交流中，这种概念使用的不同限制了我国林业经济研究与国际学术界的对话交流和学术贡献。

在国际上，森林分权定义繁多，已经发展为时髦的、被滥用的话语，被研究者、援助者和政策制定者各有目的地使用。森林分权的对象包括地方政府、社区、农户、民间组织等地方行动者，森林分权改革使他们成为部分或全部森林权属的拥有者。具体而言，可以包括以下几种类型的森林分权（Agrawal and Ribot，1999）：（1）中央政府向地方政府分权。森林权属（通常为管理权和收益权）从中央政府向地方政府转移，此类分权的英文表达最常为 forest decentralization。（2）政府向社区和农民等非政府主体分权。这通常源于发展中国家的森林大部分属于国家所有，森林分权改革将社区临近森林的部分或者全部权属转移给农民。对于此类森林分权，英文中既可表述为 forest decentralization，也可表述为 forest devolution，并运用在以社区为基础的森林管理、私有化等研究中（Tacconi，2007）。由于认识到向地方政府和向社区及其居民分权的内容、激励和约束不同，越来越多的学者倾向于使用 forest devolution 来表述此类分权。集体林权制度改革的配套措施改革，往往涉及这类分权，比如放松采伐权。（3）社区向农民分权。这一类型的分权改革通常发生在中国、越南等社会主义国家，将社区所有或者集体管理的森林分配给社区居民。一般而言，这一类的森林分权可以归入政府向社区和农民分权，可以采用 forest devolution 的表述。本书所讨论的森林分权主要包括后两种，尤其是第三种，很少涉及从中央政府向地方政府的森林分权类型。

森林分权很少改变森林的所有制形式，向地方政府分权的内容可以是管理权、收益权、司法权，向社区和农民分权的内容包括进入权、收益权、管理权、排他权和转让权的各种组合。需要注意的是，要将分权改革与私有化改革区分开来。分权改革赋予了地方社区更多的管理和收益权利，包括但并不一定进行私有化改革，但同样强调了社区和农民在行使森林产权中的主体作用。对地方政府、社区、农民的森林分权常常是结合在一起的。对于地方政府而言，无论是仅向地方政府分权，还是向社区和农民分权，都增加了地方政府森林管理的职能和权力，都需要地方政府履行相应的管理职能和提供相应的公共服务。

四、文献综述

森林在生物多样性保护、荒漠化防治、绿色增长、减贫、传统精神与文化维护、减缓气候变化等方面具有多功能性。20 世纪 80 年代以后，随着减贫、毁林、气候变化、生物多样性减少等全球问题凸显，森林始终处于自然资源治理研究的前沿，也是公共池塘资源理论和实践中最为活跃的研究对象。

（一）私有化与社区森林管理的争论

包括森林在内的公共池塘资源具有非排他性和竞争性，因“搭便车”行为和机会主义而难以形成集体行动，容易产生公地悲剧、囚徒困境、集体行动的困境，导致公共池塘资源的退化（Ostrom，1990；奥尔森，1995）。私有化成为政府和学术界推崇的解决方案，尤以哈丁在公地悲剧研究中的观点最为著名（Hardin，1968）。

一般而言，支持私有化的理由主要包括以下 3 个：（1）从效率的角度，认为私人管理者能够承担决策的全部收益和成本，提高个人投资的积极性，促进资源的优化配置（Demsetz，1967；Otsuka，1999；de Soto，2001；Lawry et al.，2017）。开放产权、国有产权、社区产权有可能导致很大的外部性问题，而私有产权能够使外部性内在化，不会产生租值的耗散（张五常，2000）。一些研究也表明，向个人或家庭进行森林分权有利于鼓励家庭投资于森林管理，促进森林保护和改善生计（Xie et al.，2016；Liu et al.，2017）。Zhang 和 Pearse（1997）通过对加拿大哥伦比亚州的实证研究，认为产权越明晰，土地使用者对再造林的积极性越高，管理越精细。其中的关键在于森林经营者拥有森林经营权的期限，期限越长则越有可能形成一个个人利益、社区利益、地区利益和国家利益综合协调的机制。Sayer（2005）针对全球生态恢复和生物多样性保护投资项目的研究认为，稳定和安全的林权是十分重要的。（2）从市场体系的角度，认为私有产权是良好市场交易的前提，基于私有产权的市场经济被认为是一个更加高级和有效率的经济体系（诺斯，2009）。（3）从赋权的角度，认为向个人赋权不仅是自由和发展的手段，也是目标。私有化为农户开展生计活动提供了资产，使其可以进行抵押贷款或为市场提供生态系统服务（Sikor and Nguyen，2007）。

然而经验研究表明，私有化不一定是森林的福音。对森林资源进行私有化面临的主要问题包括：（1）高昂的产权界定成本有可能成为私有化的阻碍。私有化需要考虑森林可分性、排他性、复杂性等自然特征的限制，否则可能出现私有化成本大于收益的状况。一旦产权界定不彻底或不安全，就有可能导致利益相关者竞相攫取森林资源，引发资源退化（Anderson and Hill，1983；Libecap，2003）。（2）私有化有可能不利于弱势群体，导致资源分配的不公平（Mwangi，2007）。私有化进程受到权力和财富分配的影响，地方精英容易主导私有化的方案，有可能会瓦解作为穷人生计基础和保险的森林资源。（3）私人管理者的个人偏好和理性选择有可能会产生负外部性的结果（Larson and Bromley，1990）。私有森林经营者往往出于个人和家庭的理性对森林进行砍伐，以获取经济收入，而不太关注森林诸如二氧化碳吸收、生物多样性保护、景观等方面的生态和社会价值（Tuker，1999；Sikor，2001；Gibson et al.，2002；Yin et al.，2016；Liu et al.，2017）。例如，在美国，国有森林经营较私有森林更重视野生生物保护、水土保持、休憩、教育等多方面的功能，规模越大，越注意森林多功能目标的实现（Kreutzwiser and Wright，1990）。

自20世纪80年代以来，对公共池塘资源私有化观点最大的冲击来自社区自主管理理论的崛起。在理论上，以奥斯特罗姆等为代表的公共池塘资源学派认为，社区内部如果能解决好制度供给、可信承诺、监督问题，就可以通过集体行动来管理好森林资源，避免公地悲剧的不利后果（Wade，1987；Ostrom，1990；Baland and Platteau，1996）。在一定的条件下，社区森林管理的绩效可以等同或者优于私有化（Gibson et al.，2002；Agrawal and Chhatre，2006）。经过学者们的共同努力，社区自主管理成为公共池塘资源治理中政府和私有化之外的第三条道路（Ostrom，2010）。在实践上，社区森林管理呈现出多样性，合作森林管理、以社区为基础的森林管理、社区林业、社会林业、共同林业、参与式林业等实践层面上的概念被相继提出，并被南亚、东南亚、非洲、拉丁美洲广泛倡导（FAO，2016）。

经验研究表明，社区森林管理也不是包治百病的灵丹妙药。使用者群体自主管理森林面临的主要问题包括：（1）需要满足一系列现实中很难同时具备和模仿的自然、社区、规则条件才有可能带来良好的绩效，否则有可能会陷入囚徒困境、集体行动困境之中（Agrawal，2001；Blaikie，2006）。（2）社区森林管理同样存在着精英俘获、分配不公、冲突等问题（Bullock and Hanna，2008；Persha and Andersson，2014）。例如，Adhikari和Lovett（2006）对尼泊尔社区产权的研究发现，社区中的穷人和富人在林业管理中存在参与程度和收益的不平等。与穷人相比，社区中的富人更加积极地参加社区林业的管理，承担了更多社区林业管理的任务和成本，但也获得了更多收益。（3）社区为了改善生计或公共服务供给，也会进行森林采伐活动或者开垦，带来毁林和生态环境的破坏（Tacconi，2007）。（4）社区森林管理的绩效还受到城镇化、市场化的影响（Berkes，2007；Derssler，2010）。例如，随着收入增加和收入来源多样化，农民参与集体行动的机会成本和群体异质性增加，参与集体行动的意愿下降（Rudel，2011；Yiwen et al.，2020）。

目前，对不同森林产权与多种森林治理目标——收入、生计、生物多样性、生态服务等的改善——之间的关系的研究仍然有待加强。Laron 和 Bromley（1990）认为私有产权和公共产权在自然管理中具有相同的效果。Fernandez（2006）利用来自印度尼西亚农户的数据，出现当加入遗产权后，社区产权和私有产权具有相同的资源利用效率，二者对森林生物多样性和土壤退化具有相同的影响，从而证实了 Laron 和 Bromley 的理论。Gluck（2001）的研究认为，在森林资源管理中，国家对私人产权和社区产权的适当干预是它们实现多种目标的重要条件，并且相比而言，社区产权是一种更加能够实现森林资源多种目标的产权形式。但是，这种观点并没有获得普遍的认同。Yin 等（1997）、乔方彬等（1998）、Zhang 等（2000）对改革开放以来中国林业改革的研究发现，分权式的林地产权改革带来了山林面积的增长，尽管这种增长因省份、林地产权不同而表现不同。Sikor（2001）对越南林地产权从国家向家庭的转变的研究发现，产权的下移对森林面积增长作用不大，反而是农产品市场的自由化改革和农业新技术的引进降低了土地的压力，带来了森林面积的增长。Ostrom（2007）认为，私有产权、社区产权、国有产权与森林覆盖率或森林可持续管理之间仅有有限的联系，不同产权制度、国家层面的数据与森林覆盖率的关系相对较弱，尤其是国有森林。

现实中，社区、私人管理都无法单独解决复杂的森林治理问题。由于权属拥有者的决策都发生在一定的自然、政治、经济、社会、人口背景下，某种产权或治理制度安排不必然等同于森林可持续管理，其绩效问题更多是一个实证问题。明晰林权是导向森林可持续经营的必要条件，但不是充分条件。需要关注传统产权安排，重视导向合理的森林管理模式，并适应自然、社会、经济、文化条件的变化（刘金龙，2009；He et al.，2020）。Tucker（1999）、Agrawal 和 Yadama（1997）的研究表明，历史、政治和生态条件与产权安排的适当配合才能导向森林可持续经营。森林可提供多样化的资源，而这种特性决定了传统权属的安排。尽管有些产权安排不符合本国和国际通行准则，但这些传统权属安排却是有效的。因此，应当根据资源的特性，通过对国家、私人和公众权属的合理组合来实现森林资源管理的有效性，实现个人福利、公众利益和国家目标的统一。由于社会经济条件总是处于不断变化中，多样而非单一的森林经营和管理模式有助于改善整个森林治理的协调性和可塑性。

（二）集体林“分”和“统”的争论

改革开放以来，在集体林“分”还是“统”的争论中，分林到户的观点始终占上风。至于去集体化的原因，归纳起来，主要有如下 4 种观点：第一种观点认为，产权不明晰、经营机制不灵活、监督不到位、利益分配不合理是村集体森林管理中难以克服的问题，容易出现经营效率低、村干部寻租、乱砍滥伐等问题（张红霄等，2007；朱冬亮和贺东航，2010；Hyde，2016）。尤其是，这种观点强调，村集体森林管理面临着严重的产权模糊和不稳定问题，容易引起“名义上人人所有，实际上村干部所有”的问题，导致村民造林护林积极性不高，反而激励农民盗砍盗伐（戴广翠等，2002；郑宝华，2006）。第二种观点认为，政府的过度干预是村集体森林管理效率不高的重要因素。集体林区地方政府大量增加森林有关税费、控制木材价格和采伐，致使村集体管理的大量森林被伐，普通农民获益不多（张晓静等，1999；湖南林业税费调查组，1999）。第三种观点认为，去集体化属于还权于民和制度学习的结果。20 世纪 80 年代初，家庭联产承包责任制几乎同时在农地和集体林地上推行。集体林地与耕地一样，都属于农村还权于民改革的一部分，期待可将家庭承包经营制度从耕地向林地延伸，像“耕者有其田”一样实现“耕者有其山”，实现增加林产品供给和农民收入的目标（杜润生，2005；李周和许勤，2009；Hyde，2019）。第四种观点认为，家庭经营比集体经营具有更高的经济效率（贾治邦，2007）。这种观点认为，如果实行家庭经营，农户能够承担决策的全部收益和成本，必然会提高农户投资的积极性，促进资源的优化配置。社区森林管理有可能导致很大的外部性问题，而家庭经营能够使外部性内在化，不会产生租值的耗散。均山制发挥了产权排他性、外部性内化以及资源有效配置等功能，能够促进农民利益增加、社区经济发展以及森林可持续经营多重目标的实现（张红霄等，2007；Xu and Hyde，2018）。

学者们普遍认同我国集体林权改革虽然有诱致性制度变迁的成分，但政府强制性制度变迁仍然居于主导地位（柯水发和温亚利，2005；刘璨等，2007；刘金龙和徐拓远，2016）。自发性产权制度变迁在部分地方或开始阶段出现，但只有政府主导后才能在全国推开，并对各地的林权安排和森林经营产生影响。正如姚洋（2004）所言，改革开放以来，当农地制度建设从国家转移到村集体手中，自发性的制度创新将会代替原有的国家强制性的制度安排，各地不同的自然、经济、社会条件将会诱发形成千差万别的农地制度。例如，"分股不分山、分利不分林"被林业部门视为我国农村土地制度改革的重要创新（贾治邦，2007）。一些研究对均股形式在新一轮集体林权制度改革的实践给予了高度评价：化解了承包到户造成的"一山多主、一主多山"问题，激发了农民互助合作经营的积极性（张敏新等，2008），在一定程度上兼顾了农民增收、规模经营和生态改善的目标（李娅等，2007）。

现有研究已经注意到，新一轮集体林权制度改革形成了家庭、联户、小组、股份合作等多样化经营形式（朱冬亮和贺东航，2010；Zhang and Kant，2020）。归纳起来，对于出现多样化经营形式的原因，形成了如下两种主要观点：第一种，无法实施均山到户时的权宜之计。例如，林业"三定"改革以来，青山买卖、合作造林、"谁造谁有"造林等一系列复杂的林权变迁，导致可以均山到户的林地面积过少，阻碍了均山到户的实施，均山到组不得不成为一种权衡利弊之后的次优选择（张红霄等，2007）。第二种，将联户、小组、自然村等视为农户根据家庭收入和劳动力配置状况做出的主动选择，即较高的替代性收入降低了农户对林地私有化的需求，使采取非家庭经营形式的比例更高（徐晋涛等，2008）。

新一轮集体林权改革的实施带来了一些积极的影响，如促进了家庭造林的增长（郑风田和阮荣平，2009）、促进了农民的增收（孔凡斌，2008）、促进了经营形式的多样化（徐晋涛等，2008）、改善了政府林业公共服务（刘璨等，2011），但也存在不少的问题，如林权分配不公（裘菊等，2007；朱东亮和贺东航，2010）、县乡财政运行困难（孔凡斌，2009）、政策中相关利益者的协调配合不足（刘金龙等，2014）、夸大林权改革绩效（李周，2008）、忽视林权多样性和传统制度安排（Liu et al.，2020），产生产权界定不清、林地破碎化等方面的问题（刘金龙，2006；李周，2008；何皮特，2008；朱冬亮和贺东航，

2010）。很大程度上，这源于地方政府倾向于“因地制宜”地对国家政策进行解构后再实施改革政策（骆耀峰等，2012）。

我国集体林权制度有关研究主要采用了计量分析和案例研究两种方法，在研究对象选择和研究方法多样性上仍需有所突破：一是以户为分析单位的计量方法。这一类研究是主流，以农户为单位而不是以村庄为单位开展，主要用来评估承包到户改革的绩效（徐晋涛等，2009；张红等，2016；Xie，2016；Liu et al.，2017；于艳丽等，2017；朱文清和张莉琴，2019）、农户生产经营行为的影响因素（廖文梅等，2015；朱烨等，2018；韩雅清等，2018；朱臻等，2019；张寒等，2022）。二是个案或比较案例分析。案例研究可以揭示制度变迁及其成效的过程和复杂性，主要用来分析明晰产权改革的过程和模式（张红霄等，2007；蔡晶晶，2011）、评估承包到户和市场化改革的社区和社会影响（贺东航和朱冬亮，2009；郭亮，2011；Zinda and Zhang，2018）、分析新型林业经营主体的组织行为和运行模式等（翁潮等，2019；Zhang et al.，2020）。总体而言，案例研究及多样化方法的应用仍然不足。

（三）新型林业经营主体的相关研究

近年来，林业专业大户、家庭林场、农民林业合作社、林业企业等新型林业经营主体成为推动林业生产发展的重要力量。新型林业经营主体培育是解决以家庭经营为主的林地细碎化和林业经营规模效益低下问题的创新举措（王成军等，2010；孔凡斌等，2012）。柯水发等（2015）归纳了新型林业经营主体产生的原因：政府引导、农村改革与发展基础、集体林权制度改革的推进和相关配套政策的激励。为了解决林权改革后经营主体分散、经营规模变小、对接市场困难、合法权益难以得到有效维护等困难，地方政府积极引导建立多种形式的林业合作组织，促进林业的规模经营。许多地方政府从林权抵押贷款、林业社会化服务、财政补贴等方面对新型林业经营主体进行扶持，促进解决林地破碎化问题（吴守蓉和郭月亮，2011；张蕾等，2014）。现有林业合作社面临合作水平有待提高、发起人有较高雷同性、规模小、服务功能弱化、人才和资金短缺、金融服务缺失、发展环境差等问题（郑逸芳等，2013）。

新一轮集体制度改革之后，新型林业经营和服务主体不断壮大，多元主体的互动和协作日益频繁；林权、金融、财政、技术、市场信息等林业服务体系不断完善（刘璨等，2014；Liu and Ravenscroft，2016；谢芳婷等，2019；罗攀柱，2020）。现有研究主要关注如何充分发挥市场主体的积极性，从而优化配置森林资源，实现森林环境服务和经济效率提升（柯水发等，2014；张蕾等，2014；Xu et al.，2018）。然而，一些案例研究已经发现，亟须增加村级组织的协调性和可塑性，从而导向合理的森林管理模式，适应自然、社会、经济、文化条件的变化：林地流转、资本上山入林、新型林业经营主体发展造成了市场主体、村集体、农户之间的冲突（何得桂，2009；朱冬亮和贺东航，2009；郭亮，2011；林辉煌，2018）；林业重点工程和生态公益林项目中，村级组织的缺失或执行偏差不仅导致了政府与农户的冲突，还损害了生态保护成效（He et al.，2014；Zinda et al.，2018；Zinda and Zhang，2019）。这都表明与市场和政府活动相适应的社区森林治理安排是缺乏的、不完善的。

林业合作组织是城镇化背景下村庄集体行动的结果。城镇化背景下公共池塘资源集体行动如何形成及其绩效得到了学术界的一些关注，但现有定量研究集中在农业灌溉领域，尚缺乏定量分析社区森林管理的集体行动机制的研究。劳动力从农村向城市流动会增加群体的异质性、减弱成员之间的社会纽带、削弱领导力、降低成员生计对资源的依赖程度，降低社区内部形成集体行动管理公共池塘资源的可能性（Rudal，2011；Wang et al.，2016）。农业灌溉方面的定量研究表明，劳动力流动、异质性的扩大、社会资本的弱化增加了农户参与水利灌溉集体行动的难度（Ito，2012；赵晓峰和何慧丽，2012；蔡荣等，2014；Wang et al.，2016）。影响公共池塘资源集体行为的因素取决于所考察的特定类型的集体行为和资源体系的特征（波蒂特等，2013）。学者们已注意到城镇化是影响公共池塘资源集体行动的重要因素，然而尚没有开展社区森林管理的集体行动机制，包括各种自然、社区、规则条件等方面的研究。考虑到社区管理森林与管理灌溉、牧场的集体行动有很大差异，弥补这一空白对于丰富公共池塘资源的集体行动理论极其重要。

社区林业股份合作组织的出现属于新型林业经营主体发展的重要组成部分。然而，现有关于新型林业经营主体的研究，主要存在以下 3 个缺陷：第一，重点关注了政府推动和“资本下乡”这两个因素对新型林业经营主体形成的促进作用，如柯水发等（2015）和罗攀柱（2015），忽视了对社区内部自发形成集体行动从而产生新型林业经营主体的机制的研究；第二，林业合作组织属于社区自主治理组织的范畴，可以运用公共池塘资源理论框架和概念来分析其形成，但这方面研究在现有文献中仍然缺乏；第三，现有相关文献中的研究方法主要为描述性的定性分析或基于调查的统计分析，基于田野调查的案例分析并不多见，仅有的如谢彦明等（2015）。

（四）评述

一是国内林业经济学术界囿于产权理论来研究我国集体林权制度改革。产权理论把问题着眼点放在"产权不明晰"上，主张把林地资源配置于市场空间，期待市场调节配置森林资源，实现森林环境服务和经济效率提升。产权提供了研究集体林权制度的一种有益视角，对指导和研究集体林所有权和承包权分离发挥了重要的作用。但产权并非唯一的视角。产权视角忽略了其他视角和理论的存在和价值，忽略了任何视角和理论都有局限性和约束条件，容易将制度多样化简单看成某个单一因素（如自然、经济）约束下的选择结果，而不是综合的自然、社会经济、制度变迁条件下社区内部集体行动的结果。此外，产权视角的研究很容易推导出林权模糊的结论，似乎承包到户改革可以解决一切问题，自动带来资源的优化配置。森林的复杂性和多功能性使分林到户很难完全界定清楚林权，可能会形成一种由多利益相关者共同管理的状态。

二是运用公共池塘资源理论框架和概念来分析社区森林管理的形成和绩效，在国内现有文献中仍然少见。20 世纪 90 年代中期，奥斯特罗姆及其团队正式提出了制度分析与发展框架，帮助不同学科学者在分析公共池塘资源时使用共同的解释语言。然而，尽管以奥斯特罗姆为代表的公共池塘治理学派已经在森林、草原、农业灌溉等公共池塘资源管理领域进行了卓有成效的研究，挖掘和整理了许多案例和影响条件，构建了被广泛应用的分析框架、方法和数据库，但对于在一个社会经济剧烈变迁的背景下，社区如何在家庭经营和小规模使用者群体管理之间进行制度选择，如何因地制宜地形成森林管理的集体行动，仍然有待开展有效的实证检验。国内林业部门和学术界更关注如何推动分山到户来调动农户的林地投资和经营积极性，而很少探讨社区形成集体行动来有效管理森林的条件。

三是国内关于集体林权制度选择和社区森林管理的研究方法主要为描述性的定性分析或基于调查的统计分析，采用质性方法的研究并不多见，需要重视案例研究的作用。国内对新一轮集体林权制度改革、新型林业经营主体等进行了较为丰富的研究，但现有研究以描述性分析为主，或者是小规模的农户调研，深入的案例调研和村级调研尚不多见。这阻碍了通过事实来回应学术界关于我国集体林权制度改革“分”与“统”的争论，并将集体林权制度变迁置于农村发展历程的更大场域中考察。现实中，随着农民外出务工的增加，加上森林经营本身的长周期，已经很难开展符合抽样规范的大规模农户抽样调研。考虑到中国如此大的国土面积和千差万别的林区情况，深入的案例研究和大尺度的案例比较是极为必要的。同时，森林产权和治理安排是多样化的、乡土性的，具有较高程度的地方性，全国集体林不可能千篇一律地实施和利用同一种制度安排。如何推动集体林权制度改革是一个不断探索的过程，各地结合实际情况开展了丰富多彩的实践，有必要强化案例研究的方法，对典型个案进行深入细致的分析研究，如实描述实践中发生的故事，积累众多的类型，并逐步从局部走向整体，实现对全貌的了解，从而推动顶层设计。

五、研究目标和内容

（一）研究目标

理论上，对私人和小规模使用者群体自主管理公共池塘资源孰优孰劣的争论，主导了过去半个多世纪公共池塘资源理论和实证的发展。实践上，生态文明建设和乡村振兴战略提供了观察新中国成立 70 多年来集体林权制度变迁历程的新视角，也对我国深化集体林权制度改革提出了更高要求，并指明了未来的发展方向。本书希望通过对福建省集体林权制度变迁的典型案例经验的挖掘，回顾新中国成立 70 多年来集体林权制度的变迁历程、制度选择，分析其中蕴含的逻辑规律、复杂性和多样性，揭示分山到户和集体管理之间的制度选择及其背后的自然、社区和规则条件。研究不仅有助于揭示社会经济快速变迁背景下社区森林管理的产生、变迁、运行逻辑和绩效，还可引导国际国内学术界理解中国集体林权制度变迁的逻辑，提升我国学术界集体林权制度改革理论化的能力，贡献于深入推进集体林权制度改革、乡村振兴、生态文明建设。

（二）研究内容

第一章是绪论，包括研究背景、研究意义、概念界定、文献综述、研究内容、研究方法、创新之处等内容。

第二章是公共池塘资源理论与分析框架。很大程度上，分林到户或社区森林管理是村庄内部集体行动的结果，可以借助奥斯特罗姆及其团队开发的制度分析与发展框架进行分析。本章将回顾公共池塘资源理论与制度分析与发展框架的演进、主要内容，并提出案例分析中需要重点关注的自然、社区和规则因素。

第三章将介绍全球林权变迁的状况，比较中国、印度、印度尼西亚、乌干达、玻利瓦尔等国家森林分权的异同，以明晰我国集体林权制度变迁的特征，以及森林分权概念在我国的适用性。

第四章分析集体林权制度安排的变化状况，探求集体林权制度变迁的驱动因素。本章以福建省长汀县集体林权制度变迁为例，分析国家政策的纵向干预，如林权改革、生态林政策、采伐政策等，以及社会经济变迁带来的人口变化、市场化进程，如何共同影响了集体林权安排的变迁和效果。

第五章分析地方政府提供森林公共服务的激励和行为。集体林权制度改革取得积极效果的重要前提条件是，确保地方政府为市场主体提供良好的森林公共服务，而非向社会和市场伸出“攫取之手”。本章以福建省长汀县为案例，分析 1949 年以来地方政府提供森林公共服务的激励和行为。

第六章探讨林业“三定”改革后为什么出现了乱砍滥伐。从交易成本角度解释运动式的林业“三定”改革与木材市场放开如何共同诱发了乱砍滥伐现象。本章不仅有助于深入理解森林分权改革与乱砍滥伐的关系，还有助于深化对我国集体林权制度变迁逻辑的认识。

第七章将探讨村庄层面分林到户的诱因、实施过程和绩效。通过案例分析 2000 年福建省建瓯市 F 村集体林地调整的动因、决策过程及其绩效，本章将展现村庄内部政治权力与林地产权选择、绩效的关系，丰富中国农村集体林地制度变迁逻辑的研究。

第八章分析村庄选择“分股不分山、分利不分林”模式的原因。本章将利用福建省三明市沙县X村新一轮集体林权改革的案例，基于奥斯特罗姆的制度分析与发展框架，描述了X村是如何开展新一轮集体林权制度改革的，揭示了选择小组管理而非家庭经营的自然、经济、制度原因，展示了我国集体林权明晰和制度变迁的多样化道路。

第九章将分析社区林业股份合作组织形成的自然、社区、规则原因。本章将采用制度分析与发展框架，分析福建省三明市沙县X村将小组经营转变为社区林业股份合作组织的过程和效果，分析影响社区林业股份合作组织形成的自然、社区和规则条件，推动学术界理解影响社区森林管理形成的因素。

第十章对社区林业股份合作组织的运行和绩效进行分析。选择福建省三明市三个社区林业股份合作组织作为比较案例，基于制度分析与发展框架，探讨不同社区林业股份合作组织的绩效，揭示影响当前社区林业股份合作组织绩效的自然、社区、规则条件。

第十一章是结论与讨论。在对集体林权制度变迁逻辑进行反思的基础上，归纳总结研究的主要结论和理论启示，就如何在生态文明建设和乡村振兴战略实施背景下深入推进集体林权制度改革提出政策建议。最后简要提出研究中有待拓展的地方。

六、研究方法

本书将运用经济学、公共管理学、社会学等多学科视角，综合产权理论、集体行动理论、森林治理理论等，利用文献研究、深度访谈、案例分析等多种研究方法开展数据资料收集和分析。

本书选择福建省作为调研省份，并具体选择福建西部的建瓯市、长汀县、沙县为案例县。首先，福建是我国新一轮集体林权制度改革的试点省份，森林覆盖率位列全国第一，保持着相当数量和规模的社区森林管理单位。林业“三定”改革时期，福建省许多地方的集体林地没有承包到户，仍然保留了较大规模的集体森林经营面积。2003年以来，福建省开始采用多样化形式落实集体林地的所有权，允许农民采用家庭承包、村民小组、联户经营等多种形式明晰产权。其次，3 个县经济发展水平和地理条件不尽相同，能够较好地代表不同经济发展水平的地区，保证案例的多样性。最后，研究团队长期在福建省开展田野调研，建立起了比较好的合作关系，有助于资料收集和成本控制。当然，本研究的调研案例不能代表整个中国、南方或者福建省集体林区的情况，需要进一步研究才有可能获得更具普遍性的结论。

对福建省建瓯市、长汀县、沙县的调研贯穿笔者硕士和博士期间。其中，对建瓯市 F 村的案例调研始于 2011 年暑假。选取 F 村作为案例研究对象，一方面源于 F 村的集体林权改革具有较强的自发性和内生性特点，另一方面源于 F 村为笔者硕士同学的家乡，具有调研的便利性。具体调研方法上，采用问卷调查与访谈相结合的方法。F 村进行林改的时间是 2000 年，许多资料并不存在或已经丢失，作者在初步建立一个调查提纲的基础上，更多地采用半结构访谈的方法，以研究问题为主线对村干部和村民进行深入访谈，并对新发现的线索进行持续追踪。同时，也根据访谈发现，选择部分对前后两次林改过程比较清楚、比较重要的人物进行重点访谈。最后，在资料整理和写作过程中，对部分存疑和不清楚的细节，通过电话向村民进行核实。调查中的一个遗憾是没有对 F 村集体林权改革实施过程中的乡镇干部进行访谈，以更有效地分析林地制度变迁中的政府和村庄关系。

对福建省长汀县的案例调查，来自 2013 年、2014 年对新中国成立以来长汀生态建设历程和经验的探索经历。笔者所在师门组织了以教师和研究生为主要力量的调研队伍，分别于 2013 年 7 月、2014 年 4 月、2014 年 7 月开展了 3 次较大规模的调研以及数次单独调研。在案例研究过程中，主要运用以下两类方法进行数据收集。一是小组访谈、关键人物深度访谈。走访了长汀县政府，相关政府部门及其科室（林业局、水土保持局、统计局、档案局、农业局），8 个乡镇政府及其相关林业、水保站所（策武、河田、濯田、红山、铁长、童坊、南山、三洲等乡镇），6 家涉林公司和林业合作社，8 个村庄（南坑村、露湖村、莲湖村、伯湖村、赤土村、彭坊村、芦地村、邓坊村），访谈了相关政府工作人员、公司员工、林业合作社成员、现任和前任村干部、教师、林业大户、农民等 150 余人，为解读长汀生态建设的历程提供了丰富的感性认知与基础资料。访谈方式一般为结构式访谈、半结构式访谈、小组访谈及其结合，目的是掌握所在县、乡镇和村与水土流失治理、森林管理有关的情况。二是二手资料收集。运用中国人民大学图书馆和馆藏数据库搜集与长汀生态建设相关的书籍、论文和新闻报道；购买或借阅与调查地相关的书籍、统计年鉴、县志及林业志；在长汀县档案局、林业局档案室和水土保持局档案室查阅与长汀森林管理相关的档案、文件；在林业局、水土保持局各科室及乡镇林业站、水保站查阅相关的历史档案、政策文件、总结报告等；获取案例村庄关于森林管理的会议记录、村庄基本情况的记录等。

自 2014 年开始，研究团队长期在福建省三明地区进行田野调查，对当地集体林权制度改革的历程有较为全面的了解。案例村由福建省三明市沙县林业局推荐。资料主要来源于研究团队 2014 年 7 月、2016 年 5 月、2016 年 7—8 月开展的田野调查，以及 2017 年 3 月和 8 月对案例村的补充调查。田野调查主要运用以下 4 种方法：一是小组访谈，即在沙县林业局和案例村分别举办多次小组访谈；二是深度访谈，即与当地政府工作人员、村干部、木材商人、普通村民等进行半结构式访谈；三是参与观察，即在村民带领下前往山场实地考察地理状况、森林管理和利用情况；四是资料搜集，在案例村档案室查阅新中国成立以来的林地历史档案、总结报告、会议记录，以及政府下发的相关政策文件。

在数据分析方面，本研究采用案例分析的方法，对案例县或案例村庄集体林权制度改革的实践进行分析，从而更全面和一般地提炼研究结论和政策建议。在调研前，精心准备希望了解的问题，带着问题走访案例县和村庄相关人士，开展访谈。每次调研后，做好数据的整理，并在研究小组中分享、讨论，形成对已有问题的结论，产生疑惑和新的研究问题，再次开始案例县调查。将收集到的二手资料、访谈录音材料、田野笔记的文本按照研究问题整理好，以归纳出概念和关键词，进行下一步的文本收集和分析。如此循环往复，直到获得了满意的答案。将形成的结论与部分访谈对象和相关利益者分享，在分享过程中促使他们提问，以便可以解释研究发现，引起访谈对象的讨论，印证或修改之前的假说和答案，最终形成研究结论。

七、创新之处

相对于国内现有研究，本研究的特色与创新之处主要表现在以下 3 个方面：

一是研究问题新颖。国内林业部门和学术界更关注如何将家庭承包经营制度从耕地向林地延伸以调动农户的林地投资和经营积极性，而很少探讨社区形成集体行动来选择承包到户还是均股均利的集体管理来明晰产权的条件，很少探讨社区林业股份合作组织的形成原因、绩效与影响因素。现有对社区森林管理的研究均源于欧美学者在南亚、拉美和非洲地区的研究，研究结论难以形成一致性，缺乏来自中国的实证经验。本书在现有研究的基础上，用处于经济社会剧烈变迁中的中国案例来检验和推进公共池塘资源理论私有化和社区管理孰优孰劣的实证研究。

二是分析框架有新意。森林是最为典型的公共池塘资源，但运用公共池塘资源理论框架和概念来分析小组经营、社区林业股份合作组织等村集体经营形式，在国内现有文献中仍然不多见。本研究将基于制度分析与发展框架来分析影响社区森林管理的形成条件与绩效，从而强化与公共池塘资源管理理论的对话。

三是研究方法有特色。研究方法上，区别于现有国内研究以描述性的定性分析或基于调查的统计分析为主的状况，本书采用规范的质性研究方法与理论对话。受限于数据的可获得性和森林的复杂性，案例研究是公共池塘资源治理研究的重要方法。通过对典型个案进行深入细致的比较研究，有助于详细地揭示实践中的变迁逻辑和作用机制，为逐步实现从局部走向整体做铺垫。

第二章

公共池塘资源理论与分析框架

20世纪80年代以来，公共池塘资源理论取得了长足的进步，奥斯特罗姆能够获得2009年诺贝尔经济学奖就是明证。制度分析与发展框架是公共池塘资源研究的主要分析框架，为推进公共池塘资源理论和实证研究做出了不可替代的贡献。在我国，集体林地由村集体所有的性质决定了村庄内部集体行动在集体林权制度变迁和经营管理中的重要作用。但运用公共池塘资源理论框架和概念来进行分析的研究仍然欠缺。本章将首先梳理公共池塘资源理论的演进历程，随后讨论制度分析与发展框架的主要内容，并分析该框架应用于本研究案例分析的重点因素。

一、公共池塘资源理论的发展

大多数森林、湿地、草原等自然资源有属地性质，由其所在地的社区管理或使用。社区成员如何形成有效的集体行动管理公共池塘资源？其效果如何？对这两个问题的回答主导了20世纪80年代以来公共池塘资源领域的研究和实践。在认识制度分析与发展框架之前，首先要了解以奥斯特罗姆为代表的公共池塘资源学派推进公共池塘资源理论和实证演进的历程，以更好地理解制度分析与发展框架的研究重点。归纳起来，公共池塘资源理论的演进历程可以分为3个阶段：

第一，挖掘社区在公共池塘资源管理中的成功或失败案例，论证自主管理的可行性，找出影响公共池塘资源社区集体行动的关键因素。案例研究是从反思哈丁“公地悲剧”开始的，认为国有化和私有化是克服公地悲剧的出路。公地悲剧、囚徒困境和集体行动的困境揭示了理性的个人因"搭便车"和机会主义行为导致的集体行动或合作的困难，造成了公共资源的退化。早期公共池塘资源领域的研究学者注重在现实和历史中挖掘和整理以成功社区为基础的自然资源管理案例，涵盖森林、草原、农业灌溉、湖泊、海洋渔业等资源，以论证公地悲剧的逻辑和事实缺陷以及自我管理实践的可行性（Wade，1987；Ostrom，1990；Baland and Platteau，1996）。这一阶段的成果体现在奥斯特罗姆在 1990 年出版的《公共事物的治理之道》一书上。Ostrom（1990）归纳了清晰界定的边界、因地制宜的占用与供应规则、照顾到少数人的集体选择安排、有效的监督、分层级的制裁、有效的冲突解决机制、存在社区自主治理的空间、分权制的管理单位八个社区成功自主管理自然资源的条件。成员权确定、资源使用者的规模、市场远近、资源条件和社会资本等社区内在条件，以及产权保护、赋予社区足够的自主权、财政和技术支持、司法服务等社区外条件，都逐渐被发现影响了社区集体行动的生成和社区制度的维护（Ostrom，1990；Agrawal，2001；Campbell et al.，2001）。这一阶段的成果总结集中体现在 2001 年 Agrawal 在 *World Development* 上发表的文献综述，其对各种影响成功社区集体行动的因素进行了总结，并提出了需要突破案例方法局限、引入计量分析、大样本数据的设想。

第二，引入博弈论、计量分析、实验方法、荟萃分析等多种方法来规范化和检验各种条件与集体行动的形成及其效果的关系。这方面有两个最为显著的工作。首先，20 世纪 90 年代中期正式提出了制度分析与发展框架，将博弈论进一步引入对公共池塘资源的分析，帮助不同学科学者在分析公共池塘资源时使用共同的解释语言。其次，基于制度分析与发展框架建立了国际林业研究网络（IFRI），从 1993 年开始逐步收集 16 个发展中国家 200 个社区森林使用者群体的数据，形成了可多次访问和代表性相当广泛的数据库。这套数据在 2005 年以后主导了森林资源领域与集体行动有关的重要计量研究（Gibson et al.，2005；Agrawal and Chhatre，2006；Chhatre and Agrawal，2008；Persha et al.，2011）。根据艾米・波蒂特等（2011）的统计，已经证实有超过 30 个因素被认为影响了公共池塘资源的集体行动，涵盖资源流动性、成员权确定、资源使用者的规模、异质性、社会资本、司法服务等。

第三，拓展对全球、国家层面公共池塘资源治理的解释，提出社会—生态系统框架。这方面的工作主要包括：拓展多中心治理在自然资源治理中的应用，寻求解释国家、全球等宏观层面公共产品集体行动的条件，如气候变化、海洋保护、空气污染等（Dietz et al.，2003；Ostrom，2010；Nagendra and Ostrom，2012）。尤其是，考虑到人类社会与生态系统的互动关系呈现出不可预期性、非线性、弹性，Ostrom（2009）在制度分析与发展框架（IAD）的基础上提出了社会生态系统（SES）框架，帮助研究者评估特定措施的作用机制、适用性和效果。SES 框架提出研究者要避免陷入单一措施可以包治百病的错误思维，因为从制度的角度，需要考虑到制度的多样性，将制度复制移植到另一个环境的困难、路径依赖问题，以及现实中多种机制、多元制度和政策的共存（Ostrom，2007）。SES 框架已被应用在海洋捕鱼、毁林、水资源管理、草原管理等领域（Basurto et al.，2013；Guevara et al.，2016；Tenzing et al.，2018）。

二、制度分析与发展框架

框架、理论与模型对分析自然资源使用者的行为及其结果十分重要，而了解 Ostrom（2011）对框架、理论、模型的定义对认识制度分析与发展框架的内容十分必要。奥斯特罗姆认为，框架着眼于确定影响制度分析的组成因素及彼此可能的关系，为理论形成和模型开发提供指导。理论针对框架中的特定现象和问题提出假设、解释机制、预测结果，使之具有普遍性。模型是在理论的指导下基于变量和参数对结果开展预测。一个有解释力的理论框架不仅需要有助于问题诊断和规范性研究，还应该富有洞见、逻辑清晰，具有适用的条件和边界。该框架又应具有明确的文献脉络和解释逻辑，能够为后来者根据条件的变异进行拓展和延伸（见图 2-1）。

制度分析与发展框架是一个关于规则、自然和自然条件以及共同体属性如何影响行动舞台结构、个体面临的激励及其结果产出的通用框架（王涛和王学伦，2010）。1994 年，奥斯特罗姆等（2011）在《规则、博弈与公共池塘资源》一书中第一次系统描述制度分析与发展框架，用于分析自然、社区、规则变量如何影响公共池塘资源管理的集体行动及其效果。建立在奥斯特罗姆及其团队过去 10 多年公共池塘资源案例研究的基础上，制度分析与发展框架寻求在以下两个方面对公共池塘资源治理的研究进行突破：第一，对《公共事物的治理之道》及其他公共池塘资源研究中社区集体行动形成的条件进行归纳。经过10多年的案例积累，公共池塘资源治理研究在全世界积累了丰富的森林、渔场、水资源等案例，案例研究分散且量大，需要建立一个统一的分析框架来指导理论和模型的发展。第二，公共池塘资源的案例研究分散在经济学家、社会学家、人类学家、生态学家等不同学科背景的研究者中，缺乏共同的学科语言，不利于该领域研究的推进。为此，奥斯特罗姆从“制度”这一社会科学共用的概念出发，构建制度分析与发展框架，以分析公共池塘资源治理中特定情境下的制度和个体行为，帮助研究者进行制度比较和评估。制度分析与发展框架已成为研究社区森林治理的操作指南，从理解社区森林管理的集体行动出发，帮助分析基层森林治理安排的变迁及其制度逻辑。

制度分析与发展框架需要分析影响场域的外部自然物理、社会和规则因素，再分析这些外部因素如何影响场域的互动。外部因素和行动场域的互动决定了公共池塘资源集体行动的效果。应用制度分析与发展框架的第一步是确定行动场域。行动场域由行动情境和行动者两部分组成。行动情境为人们进行互动、交换物品与服务、提取与提供、解决问题或争斗等在行动情景中可能采取的诸多行为选择的社会空间。为了区分不同的行动情境，行动情境可通过参与者、位置、行动、潜在结果、转换函数、信息和收益关系等组成要素来判断。行动者的行为可以从偏好、信息处理能力、选择标准、资源4个方面进行判断和预测。

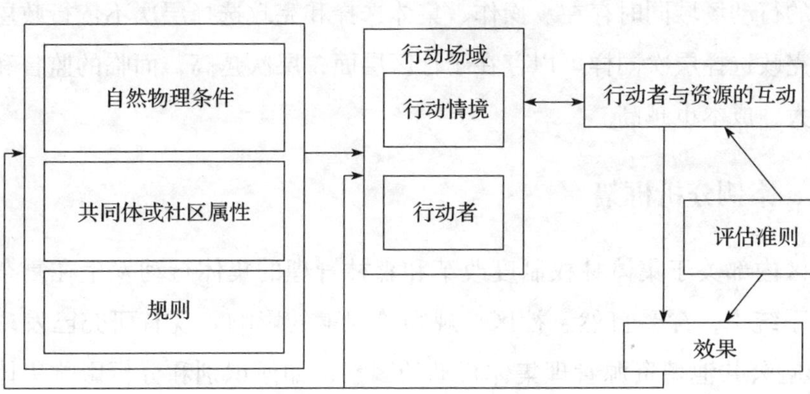

图 2-1　制度分析与发展框架

影响行动场域的外部因素有 3 类：自然物理条件、共同体或社区属性、规则。自然物理条件包括排他性和竞用性，也包括生态系统的系统性特征，如弹性、非线性、异质性等。共同体或社区的属性是多样的，如收入、群体文化、人员构成、信任等。规则被认为是解决集体行动难题的关键，外生于行动场域，可以通过规则设计加以改变。规则被定义为“有关什么行动（或结果）是必须的、禁止的或允许的，以及不遵守规则时会受到什么制裁的规定”，包括位置规则、边界规则、权威规则、聚合规则、范围规则、信息规则、收益规则（Ostrom et al.，2011）。这 3 个外部因素，不仅允许制度分析与发展框架兼容于生态学、社会学、经济学等学科的理论，也允许框架能够分析不同大小、不同层次、不同复杂程度的公共池塘资源系统。

制度分析与发展框架可以应用于多层次的制度分析中，从而识别社区森林治理安排如何受到全球、国家、地方不同层次行动者的影响。使用规则是联系不同层次的纽带。奥斯特罗姆区分了宪政选择、集体选择和操作三个层次，高层次可以自上而下地影响低层次的操作规则。具体而言，操作层次直接影响行动场域中参与者做出日常决策。集体选择层次通过决定操作活动参与者的资质与改变操作规则所使用的具体规则来影响操作活动及其结果。宪政选择层次通过确定集体选择活动参与者的资质与设计集体选择规则所使用的规则来影响集体选择规则，进而影响操作活动及其结果。集体行动的困境并不必然发生在操作选择层次，也可以发生在集体选择和宪政选择层次。也就是说，可以有多个层次的行动场域同时存在。操作、集体选择和宪政选择层次不依行政层级来划分，宪政选择层次同样可以存在于社区层面，层次越高，面临的监督和制裁困难越大，成本也越高。

三、案例分析框架

社区内部关于集体林权制度改革和森林管理的集体行动发生在复杂的社会生态系统中，深受自然、社区、规则等因素的影响。现有研究已发现超过 30 个影响公共池塘资源管理集体行动的因素，如何识别和分析影响集体行动的关键因素一直是包括本研究在内的公共池塘资源集体行动研究的难点。为此，公共池塘资源集体行动研究形成了制度分析的两条路径：一是奥斯特罗姆团队提出的制度主义。制度主义认为，资源使用者的行为是被规则所塑造的，强调设计稳健的制度安排或规则是形成集体行动的前提，因而可以事先确定影响因素（Ostrom，1990；Ostrom et al.，1994；Ostrom，2010）。二是 Bas Arts 领导的荷兰瓦格宁根大学森林与资源政策分析组提出的批判制度主义。批判制度主义基于实践导向方法，认为理解人类行为不应聚焦规则和激励，而应分析实践，因为制度是内嵌于情境的，实践常常不符合制度主义中的规则设计预期，需要在理解实践情境之后再选择变量（Arts et al.，2014；Arts et al.，2017）。实际上，Ostrom（2009）基于 IAD 框架提出 SES 框架时，就融合了制度主义和批判制度主义的观点，强调制度多样性、适应性、复杂性和学习的重要性（Ostrom，2007，2009）。因此，本研究将结合现有研究成果并基于实践导向方法来识别和分析影响村集体在集体林权制度改革中进行制度选择的关键因素。

根据制度分析与发展框架，影响行动场域的外部因素有三类：自然物理条件、共同体或社区属性、规则。根据不同的情境，本书将重点从如下 3 个方面运用制度分析与发展框架展开分析。

（一）分山到户与均股均利之间制度选择的分析框架

分山到户还是集体管理是自然经济社会变迁背景下社区内部集体行动的结果。影响集体行动效果的自然、社区、制度条件更多是一个实证问题，很难说有适用于一切地方的条件和制度安排。在这里，集体行动是指社区内部集体成员或其代表采取共同行动选择明晰产权方式的行为，主要包括为形成新制度而发生的商讨、决策和实施活动。无论是分山到户还是“分股不分山、分利不分林”，本质上都只是集体成员实现集体土地所有权的不同形式，都属于成员权派生出来的制度安排，即在农村土地集体所有的前提下，成员权的实现形式可以简化为均地或均股。

本研究将重点从以下 4 个因素讨论影响村集体均地还是均股的因素（见图 2-2）：一是森林资源可分性。排他性产权的建立意味着要耗费一定的产权界定成本去度量、分配、划界。产权界定的成本受到地理、结构、规模、技术等影响。尤其是，森林资源的物理可分性会极大地影响产权界定的交易成本。一般而言，高昂的交易成本会阻碍农民在公共池塘资源建立排他性的产权，而较低的交易成本则可能增加建立个人化产权的可行性。二是对森林的依赖程度。当农户对森林的依赖程度较低时，森林的生计和社会保障功能弱化，均山到户的吸引力就会下降。相反，如果农户对森林的依赖程度较高，森林发挥着重要的生计和社会保障功能，则农民对建立个人化的产权就会有较高的诉求。三是市场化的水平。一个运行良好的林业要素市场可以作为均山到户的替代，因为农民可以通过林业要素市场兑现其成员权的收益，而不必亲自经营。林业要素市场化水平越高，村民依靠市场来获得成员权收益的成本越低，就越有可能采取“分股不分山、分利不分林”的方式。四是决策自由权。村集体是否享有充分的决策和裁量自由度，会影响村集体在森林分权过程中选择遵循政府偏好还是因地制宜的制度安排。如果当地社区在森林分权过程中对选择分山到户还是集体管理发挥重要甚至决定性的作用，村民就有可能会在分山到户困难时选择均股均利的方式明晰产权。本书第八章将通过具体的案例来展示村庄内部在分山到户和“分股不分山、分利不分林”的集体管理之间的制度选择及关键影响因素。

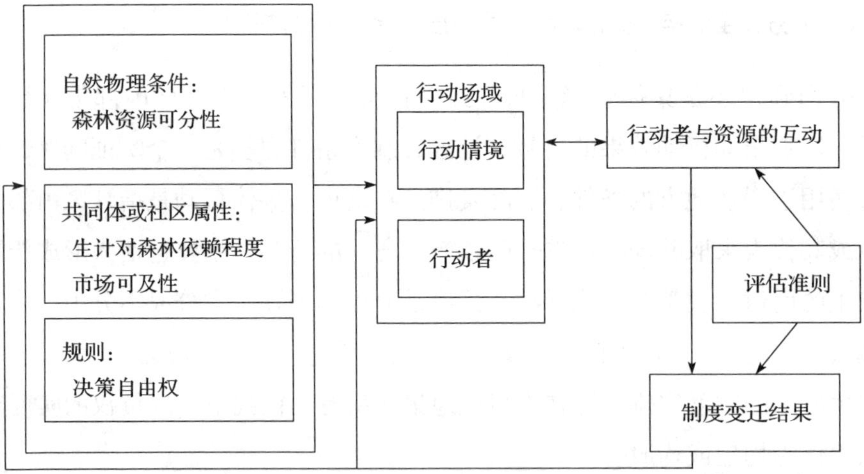

图 2-2　分山到户 vs 均股均利的分析框架

（二）社区林业股份合作组织形成的分析框架

社区林业股份合作组织是经济社会变迁背景下社区内部成功形成集体行动的结果。在本书的案例研究中，集体行动是指社区内部集体成员或其代表采取共同行动成立股份林场的行为，主要包括为制定形成社区林业股份合作组织的相关制度而发生的商讨和决策活动。根据制度分析与发展框架，新制度的供给类似于提供一种具有非排他性和非竞争性的公共物品，需要社区内部形成有效的集体行动，避免“搭便车”和机会主义行为的产生。社区就如何管理公共池塘资源采取集体行动往往充满不确定性与复杂性，而新制度能否产生往往取决于其在不确定和复杂环境下预期总收益和预期总成本的比较。由于精确计算制度变迁的预期总收益和预期总成本基本上不可能，分析自然、社区、规则等因素如何影响集体行动就成为制度分析与发展框架的重点。自然、社区、规则因素会影响行动者的集体行动，进而影响制度变迁的结果。一般而言，社区采取集体行动获得的净收益要高于集体成员各自独立行动带来的加总净收益。然而，“搭便车”问题的存在使社区不一定能够获得集体行动的预期收益。奥斯特罗姆（2012）认为，当集体成员普遍认识到或社区领袖们积极推动使其他人相信“危机”临近，社区内部可以较容易地形成集体行动，促成新制度的产生。

需要注意的是，不能假定只要制度变迁的净收益超过了净成本，新制度就会产生，因为理性的个人常常会面对很强的规避责任、“搭便车”和机会主义行为的诱惑来寻求自己的利益，可能导致制度供给的失败。从一种制度转换到另一种制度也不是一蹴而就的，而是各种规则渐进发展和不断累积的结果，且新制度的预期成果不会自动和立马取得，取决于使用者和其他相关利益者是否遵循新制度的各项规则和对外部环境的适应能力。结合中国农村的具体情况，本书将从以下 3 个方面重点讨论影响成立社区林业股份合作组织这一集体行动形成的因素（见图 2-3）：

第一，村集体管理的林地规模和经营单位的细碎化程度。在中国，由于历经多次集体林权制度改革，社区内部存在家庭经营、村民小组经营、联户经营等多种形式，而由行政村或自然村直接管理的集体林面积已经所剩不多，这增加了村庄形成集体行动的困难。如果存在较大规模的村集体管理林地，每个村民可以从中分配的股权或经济利益较多，则有利于激励村干部和村民成立社区林业股份合作组织来进行专门管理；相反，如果村集体管理的集体林地规模较小，每个村民可以从中获益很小，则很难激发村干部和村民成立社区林业股份合作组织的兴趣和积极性。

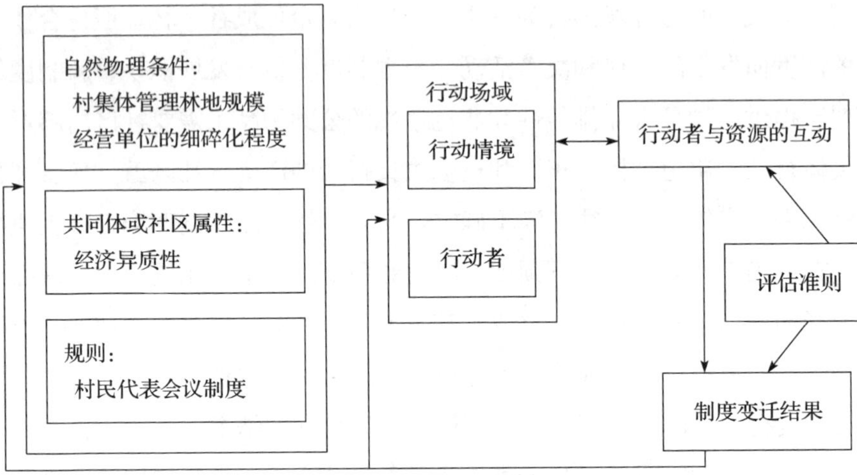

图 2-3 社区林业股份合作组织形成的分析框架

第二，社区内部的经济异质性。中国农村是全世界社会经济变革最为快速的区域之一，外出务工和非农就业已成为农民的主要就业形式和主要收入来源。经济社会的发展和人口迁移进程的加快不断瓦解社区原有的经济结构和规范，社区成员在职业、收入、利益需求、关系网络等方面的分化趋于严重（陆益龙，2009）。异质性构成了社区形成森林管理集体行动最重要的挑战。异质性有多个维度，衡量方式多样，本研究重点关注经济异质性这一较重要且较常见的异质性维度，并以社区成员间生计方式的差异性来测量经济异质性。经济异质性对集体行动的影响较为复杂，二者之间是非线性关系。一方面，经济不平等增加了富裕成员对集体行动的投入；另一方面，经济不平等会降低弱势群体对管理方案的接受程度，增加了集体行动的困难（Baland and Platteau，1999）。异质性和集体行动之间的关系有可能是“U”形的：异质性很小时，每个人有近似的激励，集体行动更容易产生；当异质性适中时，穷人没有能力参加集体行动，富人没有足够的激励投入，导致了低水平的集体行动；当异质性足够大时，富人主导了集体行动，穷人则“搭便车”，此时的集体行动水平比较高。然而，异质性和集体行动之间也有可能是倒“U”形关系。低和高的财富异质性不容易产生集体行动，而较为平等的异质性则容易产生集体行动，原因是财富分配不均等程度较低或较高的社区为集体行动付出劳动时间的激励不足（Naidu，2009）。

第三，村民代表会议制度。村民自治制度对公共产品供给和公共池塘资源管理有重要影响（Ribot et al.，2006）。对于很多山区村庄而言，森林资源是其最丰富的集体资产，是村庄治理的博弈焦点。《中华人民共和国农村土地承包法》和新一轮集体林权制度改革确立了村民代表会议制度在林地制度改革中的主导地位，村民代表大会成为村庄形成森林管理集体行动的重要行动场域。如果村民代表参与村民代表大会的频率和程度较高，将能对村干部的行为进行有效的问责和监督，社区形成森林管理集体行动的可能性就会较高；相反，如果村民代表参与村民代表大会的频率和程度较低，将不能对村干部的行为进行有效的问责和监督，则难以就成立社区林业股份合作组织形成有效的集体行动。

（三）社区林业股份合作组织绩效的分析框架

社区林业股份合作组织的绩效是社区内部集体行动有效管理的结果。结合中国农村的具体情况，本书将重点从以下 5 个方面讨论影响社区林业股份合作组织这一集体行动的因素（见图 2-4）：

第一，森林资源的规模和构成。森林资源的规模和构成在很大程度上决定了社区林业股份合作组织的收益性和可持续性，又成为管理者和村民积极性的重要影响因素，因此可以将森林资源的规模和构成作为自然特征的关键条件。

第二，社区居民的生计对森林的依赖程度。在森林对于村民生计十分重要的阶段，大多数村民“靠山吃山”，木材及相关林产品带来的收入为其主要收入，村民会追求森林利用的多样性来满足多样化的生计需求，增加了集体行动的困难。随着农村劳动力向非农产业转移，森林对村民生计的重要性日益下降，公平分享林地、林木升值收益以及为村庄公共服务提供收入保障对于村民而言变得更加重要，社区内部森林管理目标逐渐趋向采用林地规模化经营形式来获益，降低了集体行动的难度。

第三，村干部领导力。有效的领导力能促使村干部为了集体利益或个人荣誉，积极组织村民形成有效的集体行动来管理森林，打破集体行动的悖论；相反，如果一个村庄缺乏有魄力的领导干部，就很难组织起日趋原子化、个体化的村民形成集体行动，维持社区森林管理组织的运行。

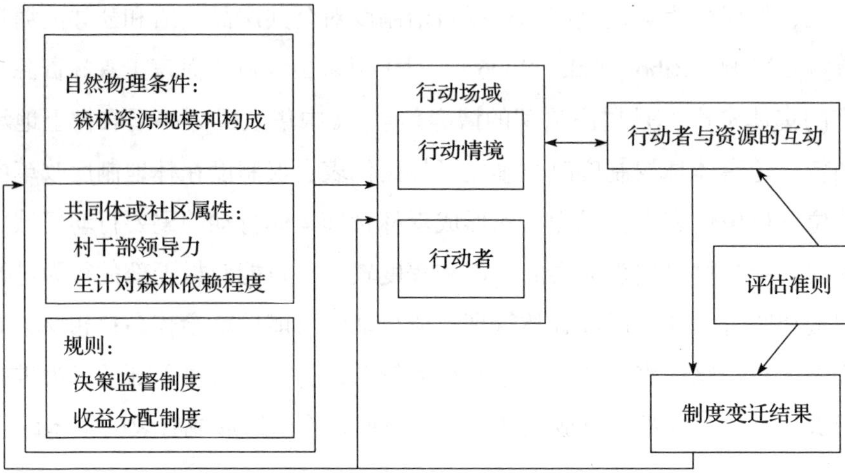

图 2-4　社区林业股份合作组织绩效的分析框架

第四，决策监督制度。在一个允许社区自治的体制中，社区成员可以选择他们认可的制度安排和规范，构成了社区自主形成集体行动来管理森林资源的重要前提。如果村民代表积极参与决策，就能对村干部或管理者的行为进行有效的问责和监督，社区林业股份合作组织的绩效就会较好；相反，如果村民代表不积极参与决策，不能对村干部或管理者的行为进行有效的问责和监督，则社区林业股份合作组织的绩效就会较差。

第五，收益分配制度。政府、村集体、社区成员三者之间的利益关系决定了不同利益者的积极性。如果林木相关税费较高或者村集体获取大部分收益，政府、村集体、社区成员三者之间的利益分配关系不利于集体成员，社区成员对收益分配不满，就往往会通过超额采伐或者盗伐的方式来弥补自己的不足，造成森林资源的破坏，最终不利于社区林业股份合作组织的运行；相反，如果利益分配制度实现了村集体与社区成员之间的平衡，社区成员的利益逐年增加或不至于受损，则社区成员就会积极地支持社区林业股份合作组织的运行。

第三章

发展中国家森林分权实践

全世界共有16亿人口的生活依赖森林资源，其中有4亿人口直接以森林资源为生。20世纪80年代以来，随着全球经济自由化改革，发展中国家森林资源管理开始了向下分权的进程，推动了发展中国家地方森林治理的转变。我国集体林权制度改革是全球发展中国家森林分权改革行动的重要组成部分，不仅可以从全球森林分权行动中吸取经验教训，也可以用中国方案贡献于发展中国家良好地方森林治理实践的实现。本章将首先梳理发展中国家森林分权变迁的历程和效果，随后比较中国、印度、印度尼西亚、玻利瓦尔和乌干达等不同区域典型发展中国家森林分权改革的特征，以明晰中国森林分权改革的特色。

一、发展中国家森林分权改革的兴起和模式

从二战结束到20世纪70年代末期，强烈的发展主义浪潮主导了亚、非、拉新兴独立主权国家的森林资源管理实践。在发展经济学结构主义的指引下，许多发展中国家以发达国家为现代化样板，政府成了发展干预浪潮中的积极推动者与实施者，试图通过国有化和计划管理使森林资源成为工业化发展的资本来源和助推器。森林国有化、木材生产工业化、价格管制成为许多发展中国家森林治理的主要措施，社区和居民普遍被排斥在森林经营之外（Haeuber,

1993）。根据联合国粮农组织（FAO）对全球森林产权的定义[①]和统计，全球80%的森林为公有制形式（见表3-1）。在除东亚国家之外的几乎所有新兴主权国家，公有制为森林资源的主导产权形式。在很多森林覆盖率高的国家，公有制也是最常见的所有制，如巴西、刚果民主共和国、印度尼西亚及俄罗斯等。欧洲（不包括俄罗斯）和东亚地区的公有林和私有林面积几乎相等。私有林还常见于北美洲（31%）、中美洲（46%）和大洋洲（37%）。中国农村拥有和管理了发展中国家规模最大的“私有”林，这使中国有可能走出一条有别于大部分发展中国家的森林管理道路，即我国森林分权主要是从村集体向农户分权，而非从政府向社区或农户分权。

表3-1　2005年各区域森林所有制情况

区域	公有制		私有制		其他所有制	
	面积/万公顷	占比/%	面积/万公顷	占比/%	面积/万公顷	占比/%
非洲	63457.1	94.6	2571.0	3.8	1048.7	1.6
亚洲（不包括中国）	47587.9	81.5	10752.0	18.4	64.0	0.1
中国	8320.0	40.0	12480.0	60.0	0	0
欧洲（不包括俄罗斯）	10438.0	50.2	10181.7	48.9	184.7	0.9
俄罗斯	80879.0	100.0	0	0	0	0
北美洲和中美洲	43230.7	61.7	22279.9	31.8	4604.0	6.6
大洋洲	12131.6	61.9	7267.7	37.1	208.8	1.1
南美洲	64150.5	75.3	18060.2	21.2	2955.2	3.5
世界	320304.0	80.0	71112.5	17.8	9065.4	2.3

资料来源：根据FAO（2011）《2010森林资源评估总报告》整理。

然而，政府主导管理模式在许多发展中国家不仅没有实现经济发展和人民福利改善的目标，反而导致了森林减少和退化，带来了腐败、资源浪费、社会冲突、林区贫困等问题（Kummer and Turner，1994；Geist and Lambin，

① 联合国粮农组织对“公有”和“私有”森林的定义不同于中国对“公有”和“私有”森林的定义，“公有”仅包括国家和地方政府所有，社区、私人和土著所有被联合国定义为“私有”。

2002）。加之这一时期人口迅速增长，毁林开垦严重，造成了贫困和毁林的恶性循环（Alen and Barnes，1985）。在森林资源丰富的发展中国家，自然资源的诅咒普遍发生，开发森林资源只能带来短期的繁荣，随之而来的就是经济萧条和生态退化。几乎没有发展中国家能够走出一条同时实现森林可持续管理、经济发展和人民生计改善三重目标的道路。

20 世纪 80 年代以来，森林分权改革的产生和盛行是政治、经济、社会、生态等各种因素推波助澜的结果。第一，在宏观经济社会方面，计划经济体制和结构发展主义的失败，以及新自由主义的兴起，直接推动了发展中国家和转型国家的分权、民主和市场化改革（Parpart and Veltmeyer，2004）。森林分权改革成为发展中国家分权改革在自然资源管理领域最为显著的特征和表现之一。第二，在国际层面，森林问题逐渐成为国际政治、发展、环境议题的重要部分。在国际发展赋权、民主、可持续发展、绿色消费、公民运动等思潮和运动的推动下，各国政府和非政府组织积极促进森林分权改革和相关发展干预（Larson and Ribot，2005）。第三，在林业部门，中央政府管制的政治、经济、社会、生态负面影响逐渐凸显，越来越多的地方政府、社区、居民也积极要求分享森林的权属。为了减贫和促进林区经济的发展，下放森林经营权、促进自然资源可持续利用和管理被认为是重要的措施。第四，在理论层面，相关理论不断发展并被广泛认可，包括以奥斯特罗姆为代表的公共池塘资源理论、可持续发展和参与式发展等新发展理论、公共选择理论、从单一经营树木实现可持续的采伐转向实现森林可持续经营和当地人生计改善的世界森林经营思想，以及华盛顿共识代表的新自由主义。森林分权的基本逻辑是，与中央政府相比，地方政府和居民更有信息和知识优势来管理森林、改善生计。在政治上，森林分权也被认为可以满足赋权、平等、参与、民主等理念的要求。

国际社会和学术界提出了一系列普遍性原则来指导发展中国家的森林分权实践。概括起来，包括：（1）充分的自由裁量权，尤其是充分而有安全保障的管理权和收益权。权利向地方行动者的转移形成自由裁量权。只有建立在广泛参与之上的自由裁量权，才有助于实现森林分权改革的效率、平等和生计改善目标，带来地方森林治理的改善（Ribot，2002）。（2）运行良好的对下问责制度。对下问责制度与自由裁量权构成了民主分权理论的两大关键条件。尤其是，在向地方政府和社区进行森林分权的改革中，需要重视建立对下问责制度，使地方居民更好行使监督和参与权，避免精英俘获和寻租腐败。一个运行良好的问责制度，将有助于实现赋权、平等、参与、民主、可持续森林管理等治理目标。（3）重视传统的森林管理制度。森林分权改革的倡导者十分重视与产权相关的传统知识在森林管理中的作用。森林分权改革需要尊重传统森林管理制度（如村规民约）的作用，促进新制度与社区传统制度和文化的相互协调和适应，形成复杂和多样的林权组合模式。（4）关注弱势群体和能力建设。在森林分权过程中，需要配套有利于弱势群体可持续生计和参与决策的政策，提高弱势群体的维权能力和可持续管理森林的能力，真正改善弱势群体的处境，促进社区公平与和谐。

过去30多年来，国际社会和发展中国家政府在向下分权、明晰产权上做出了不懈的努力，全球森林经营向下分权和私有化进程加速推进。据统计，全球有超过60个发展中国家向地方政府、社区和农民转移了不同程度的森林权属（Agrawal et al.，2008）。各国根据自己的国情和林情，促进林权变革的方式也不一样。加拿大、澳大利亚等发达国家十分重视土著民族的传统林权。在部分东盟国家，社区林区是林权变迁的焦点。南亚（尤其是印度、尼泊尔）和非洲则更多偏向于林业部门与社区分享森林管理的权利。南美国家则侧重于保护土著民族传统的森林管理权利。中国和越南强调农户平等均分森林资源，既不同于南美和加拿大、澳大利亚、新西兰等国的情况，也不同于印度、尼泊尔等南亚国家的社区合作林业。

具体而言，在印度尼西亚，地方政府分享了丰富森林资源的税收，传统或者土著社区的林权也在森林分权改革中得到了法律确定（Wollenberg et al.，2006）。在玻利瓦尔，地方政府获得了20%国有森林的管理权（Andersson，2003）。在乌干达，地方政府获得了部分辖区内森林和保护区森林的管理和执行权（Muhereza，2006）。在印度和尼泊尔，地方社区获得了从政府转移来的国有退化森林的经营管理权和部分收益权（Agrawal and Ostrom，2001）。在中国，随着计划体制向市场化体制的改革，森林经营权也逐渐从村集体向农户和私营部门转移，农户获得了逐渐扩大的林地承包经营权和林木所有权。越南效仿了我国家庭联产承包责任制的制度安排，农户可以获得50年的林地承包经营权。在加拿大等西方发达国家，在环保运动和民权运动的推动下，原住民的森林管理权利逐渐得到认可和保障。

二、发展中国家森林分权改革的效果

与 20 世纪 80 年代相比，超过 2 亿公顷森林的权属不同程度地向地方社区、农民和民间组织进行了转移（White and Martin，2002）。在欧洲、南美洲和非洲，国营森林管理的占比都有所下降。对拥有全球 80% 森林面积的 25 个国家的研究表明，2002—2008 年，国有经营的森林面积占比从 80.3% 下降到 74.3%，由社区和土著居民社区经营的森林面积占比从 1.5% 上升到 2.3%，社区经营的森林面积占比从 7.7% 上升到 9.1%，个人和公司经营的森林面积占比从 10.5% 上升到 14.2%（Sunderlin et al.，2009）。综合来看，森林所有权变化不大，但经营权逐渐从国有向社区、农户和私有企业转移。印度将退化的国有林地委托给当地社区来管理，为此恢复了至少 500 万公顷的天然林，当地社区从森林退化过程中分享了利益。到 2008 年，尼泊尔 20% 的退化国有森林转交给社区经营，森林得到了恢复，当地社区的生计也得到了改善。

森林分权改革对发展中国家地方森林治理产生了基础性的影响，并成功引导了国际社会和学术界关注地方居民的权益和贡献。森林分权改变了过去自上而下的政府管制模式，推动了地方森林治理话语、实践和理论的日益活跃。为应对森林管理的复杂性和不确定性，森林分权改革使越来越多的相关利益者介入地方森林管理，弥补了政府单一主体知识和激励的不足，有利于探索综合自然资源管理的方法，形成公私合作的伙伴关系（Larson and Soto，2008）。森林分权后，地方政府、社区和农户在森林资源管理、林权安排上扮演了越来越重要的角色。非政府行动者在森林治理中的权威、合法性、问责和能力不断增强，并不断拓展自己的治理边界、参与程度。政府与非政府行动者的相互依赖日益增强，政府的职能逐渐由控制管理转向协调不同行动者的行为和提供公共服务。然而，如何调整和应对如此多的新兴非政府行动者成为政府的一大挑战。

森林分权改革得到了学术界、政界的广泛推崇，但改革总体成效却不如预期。对亚洲、非洲和拉丁美洲等 9 个国家森林分权的综合研究发现，改革没有实现预期的森林可持续经营、生计改善、民主化的效果，在一些地方森林反而继续遭到破坏、治理恶化，如冲突频发、腐败加剧、精英俘获、森林管理无序化等（Mccarthy，2004；Persha and Andersson，2014）。从全球来看，森林分权改革没有遏止住全球森林面积下降的趋势。在南美洲、非洲、东南亚、大洋洲的发展中国家，毁林依然十分严重（FAO，2011）。对森林分权成效不佳的机制的研究主要从政治权力、民主化或赋权等方面进行。Larson（2003）构建了法律结构、地方政府决策和外部调节三因素的森林分权改革成效的分析框架。一些社会学家和人类学家认为，基层森林管理实践中的林权变迁只能是诱致性的，森林分权是导向森林可持续经营和良好生计的必要条件，但不是充分条件。民主分权是研究森林分权的操作指南，突出分析赋权制度、对下问责制对社区森林治理及其效果的重要性（Agrawal and Ribot，1999）。但现实中，民主分权作为一种理想类型，或者一种指导森林分权改革的策略，在发展中国家并没有完整地实现过。

实证研究发现，森林分权改革成效不佳的主要原因包括：（1）政府不愿意放弃权力，假分权，或分权后又收权（Ribot et al.，2006；Larson and Soto，2008）。在许多发展中国家，中央政府保持控制着重要和有价值的森林资源，地方政府或当地社区只获得了一些生计性的退化森林，或者森林的部分管理权能，且经常发生分权和集权的往复（Pulhin and Dressler，2009）。Ibarra（2007）对哥斯达黎加分权式改革的研究发现，政府政策的协调性和稳定性对分权式改革的成果至关重要。由于政府政策的相互冲突，以及政府无法为农民创造一个稳定的预期，不可持续的传统森林砍伐方式仍然延续。产权不稳定导致权利获得者会快速地对森林进行砍伐和攫取。（2）地方政府和社区缺乏对下问责制和公众的参与，缺乏对地方选民负责任的机制，改革收益为地方精英所俘获，社区和居民获益很少（Agrawal and Ribot，1999；Wollenberg et al.，2006；Tacconi，2007）。Coleman 和 Fleischman（2012）通过比较研究玻利维亚、肯尼亚、墨西哥和乌干达 4 个国家的分权式改革，发现问责制和赋权是决定改革效果的主要因素。当重要权利被赋予社区、社区成员利用新权利的能力提高时，分权式改革将发挥最大作用。（3）权利转移到社区、社会组织、公司等，形成了新的权威，但缺乏相对应的能力和激励（Ribot and Lund，2010）。例如，在印度尼西亚，中央、地方政府和社区之间权力的碎片化，致使森林分权的利益为地方精英所攫取（Mccarthy，2004）。（4）缺乏中央政府的监督（Larson and Soto，2008；Andersson and Ostrom，2008）。同样在印度尼西亚，当地区政府数量由2000年的189个上升到2008年的312个，地区间竞争加剧推动了木材价格下降，地方政府为维持租金收入不得不增加非法采伐的数量（Robin et al.，2012）。显然，单纯的管理权转移并不能带来良好的生态、经济和社会效益。正如Tacconi（2007）总结的，森林分权改革过于理想，忽略了改革中复杂的政治、经济、社会条件，也没有充分的证据表明家庭经营、社区为基础的森林管理必然能带来森林的可持续经营。

三、典型发展中国家森林分权比较

表3-2简要比较了典型发展中国家的森林分权情况。中国、印度、印度尼西亚、玻利瓦尔、乌干达被认为是发展中国家森林分权的典型代表，受到了国际社会的高度关注。在这5个国家中，中国大规模森林分权改革的时间最早，其他4个国家都起步于20世纪90年代。中国和印度属于森林稀缺国家，而印度尼西亚、乌干达、玻利瓦尔属于高森林资源的国家，并通过出口森林获取财政收入。森林稀缺国家相对而言有更强的保护动力，更加重视森林的生态功能；而高森林资源国家则更看重森林的经济价值，容易形成攫取森林的政治势力与产业结构。关于改革原因，中国和印度尼西亚的森林分权是系统性危机后的分权改革；印度是森林危机后的分权；乌干达和玻利瓦尔的森林分权类似于国家建设的重要内容，为国家基层政治制度的过程、系统性改革的部分内容。一个证据是乌干达和玻利瓦尔分权改革的重要内容是建立了新地方政府，从而将权力从中央授予地方政府。5个国家具体的森林分权原因都包括中央政府为了提高森林经营效率和降低管理成本，鼓励发挥地方政府的自主权和参与权。

与其他国家较强的内部性危机导致的不同，印度尼西亚的森林分权改革是亚洲金融危机后在世界银行等国际组织的推动下发生的，会相对削弱中央政府分权改革的决心和政治意愿，造成改革的反复。中国国有森林比例最低，印度、印度尼西亚、乌干达、玻利瓦尔4个国家的森林都是以国有产权为主。国有森林占比的高低对森林分权方向和程度有着重要影响。国有森林产权意味着中央政府对森林享有较大的垂直控制权，地方政府和社区容易被排斥在国有森林管理之外。社区或私人产权占比越大，地方政府和农民对森林的影响越大。如果国有森林产权占比大，中央政府、国有企业等利益集团在森林中的利益就有可能固化了，不会轻易向地方政府或社区让渡权利。

表 3-2 不同发展中国家森林分权比较

指标	中国	印度	印度尼西亚	玻利瓦尔	乌干达
森林产权	40% 为国有	86% 为国有	接近 100% 为国有	100% 国有	100% 国有
森林资源数量	稀缺	稀缺	丰富	丰富	丰富
森林分权改革时间	20 世纪 80 年代	1990 年	1999 年	1996 年	1998 年
森林分权类型	社区向农户	政府向社区	中央政府向地方政府	中央政府向地方政府	中央政府向地方政府
国有林管理	地方政府管理国有林	中央和地方政府共同管理辖区国有林	中央政府直接管理辖区国有林	中央政府直接管理辖区国有林	中央政府直接管理大部分国有林
地方政府行政权	全部行政执行权	较大的行政执行权	100 公顷的小规模森林的采伐权	协助监督和管理国有林	地方森林保护区的行政权
地方政府财权	税收分成；有权征收税费	收入分成	木材收入分成	20% 地方木材收入；不允许地方政府单独征收税费	有征税权
年森林变化率	1.38%（1990—2010 年）	0.34%（1990—2010 年）	–0.51%（2000—2010 年）	–0.49%（2000—2010 年）	–2.55%（2000—2010 年）

资料来源：Sundar（2010）；Larson 和 Ribot（2005）；Agrawal 和 Chhatre（2006）；Andersson 等（2006）；Wollenberg 等（2006）；Muhereza（2006）；FAO（2011）。

中国是上述发展中国家对地方政府森林分权最为彻底的国家。中国和印度的地方政府都享有较大的森林管理权、行政执行权和财权。在中国，中央政府的森林行政权力很多都要通过地方政府来执行。地方政府享有辖区森林事务的大部分管辖权。在印度，产权虽主要由国家所有，但林业权力由中央和地方共同分享。在印度尼西亚，垂直的林业部门主要受中央领导，面临与基层政府的竞争问题。可以说，印度尼西亚、玻利瓦尔、乌干达的地方政府都只获得了有限的森林管理权力。这主要是因为，中国和印度的中央政府对地方森林的管理都需要地方政府的配合，而其他 3 个国家的中央政府建立了垂直的林业管理体制，仍然负责管理大部分森林，保留了大部分权力，如决策权、采伐权、审批权。一方面，中国与印度都是超大规模、历史悠久的国家，具有较深的分权传统。森林分权与集权的往复在印度尼西亚和乌干达较为频发，源于中央政府倾向于将森林管理成本转移给地方政府，但又不愿意放弃来自森林的丰厚收入。另一方面，中国的中央政府有着绝对的控制权和权威，地方政府的合法性来自中央政府的授权，中央政府可以随时收回地方政府的权力。在某种程度上，与单一的集权或分权体制相比，这种高度分权和集权相结合的体制与森林的属地管理和国家产权存在较高的适应性，容易调动中央与地方政府的积极性。

1998 年以来，中国在所有发展中国家中对林业投资最多。这已经成为国际生态环境学术界的共识。例如，退耕还林工程为发展中国家最大的 PES 项目。在印度，20 点项目（20-Point Programme）和国家五年计划都开展了大规模的国家造林活动。印度尼西亚政府也实施过一些林业造林项目，但因资金有限、社区参与不足、激励不够、管理滞后、产权问题等，在部分地区成效不明显。玻利瓦尔和乌干达的国家林业项目不多，对国际组织的援助形成了一定的依赖。

如果从对地方政府分权、社区或农民的分权、国家对林业的投资 3 个方面来看，中国的地方森林治理有理由比其他发展中国家做得更好，取得举世瞩目的生态成就也实属正常。可以期许，中国地方森林治理的改善和森林的增长并不是一个例外，其他发展中国家若有如此大范围的森林分权和大规模的林业投资，也有可能带来森林的增长。例如，韩国和越南与我国有类似的森林产权结构和政府投资，这两个国家也成功实现了森林转型。印度也是一个成功的典范。20 世纪 80 年代末期，印度政府开始将部分森林的管理权和收益权转让给社区和农民，同时政府开展了大规模的植树造林活动，最终也成功实现了森林转型。然而，中国、越南、韩国与其他发展中国家，尤其是热带国家又有所不同。中国、韩国、越南、印度有世代传承的小农经济，森林嵌入在社区之中。同时，当代中国、韩国、越南又具有儒家文化圈的强政府传承，官僚体制对推动森林增长发挥了重要作用。如此看来，中国的森林分权和政府角色是历史传承的结果，亚非拉地区的新兴殖民地或半殖民地国家一时难以模仿，因为对很多发展中国家而言，国家建设仍然是未完成的任务。

四、小结

森林分权改革始于20世纪80年代，成为许多国家和地区用来提高森林资源利用效率和减少资源退化的政策选择，并被认为是21世纪森林治理的三大趋势之一。但由于历史条件和所处发展阶段的限制，目前发展中国家的分权改革主要是赋予地方政府或社区管理林业的权限，很少直接将社区林业产权下放给家庭，向农户甚至私有化的转型主要发生在社会主义的转型国家，如中国、越南等。然而，不管是从经济发展带来食物、能源和森林产品稀缺性和竞争性日趋增加的角度，还是从产权理论和自然资源治理理论的角度来看，未来都不可避免出现继续深化当前民间和社区参与森林治理的趋势，并有可能逐步代之以更大规模的私有化（Agrawal et al.，2008）。在此国际背景下，中国集体林权改革先行一步，在更大规模上实现了林业资源从社区管理向家庭经营的转变。

我国改革开放以来的两次集体林权改革都属于全球森林分权改革的重要组成部分。中国私有林规模之大、占比之高为发展中国家所少见。中国集体林不是典型意义上的私有产权，而是村集体所有。中国集体林也不是从国有森林转变或分权而来，而是村集体直接拥有了所有权。表现在森林分权上，中国集体林的森林分权改革（集体林权改革）不是发展中国家典型意义上从政府向社区或农户的分权，而是在国家推动下从社区向农户的分权。或者说，国际主流森林分权改革或者理论强调以社区为基础的森林经营，而中国是在瓦解社区森林经营，通过分林到户实现更大程度的森林分权。一种可能的解释是，中国森林分权改革实践扎根于中国强大的官僚体制传统、分权传统和小农户传统，很难为其他发展中国家所学习。独特的林权设计和国家体制决定了我国不可能照搬任何教科书和任何国家的经验，而是要探索符合中国实际的集体林权制度安排和改革路径。随着经济发展和森林资源升值，公共资源私有化在理论和实践上都是发展中国家林业发展的一条重要制度变迁路径，但受历史条件和所处发展阶段的限制，国际上很难找到可供参考的现实案例。而中国集体林在近些年恰恰实现了向家庭经营的转变，可以为发展中国家贡献一些产权改革的经验。

第四章

集体林权制度变迁及其驱动力

1949年中华人民共和国成立以来，我国集体林权制度经历了土地革命、合作社和人民公社、林业“三定”改革、林权市场化等多次大变革。总体来看，集体林权制度与农村土地制度改革保持了大体一致的变革历程和方向，也进入了家庭经营和市场化主导的时代。各个省份集体林权制度变迁的步伐并不一致，导致了多样化的集体林权制度变迁路径。尤其是，福建、江西很大一部分集体林在林业“三定”改革时尚未分林到户，成为新一轮集体林权制度改革的重点。本章在回顾1949年以来集体林权制度整体变迁历程的基础上，以福建省长汀县为例梳理集体林权制度变迁轨迹，并从人地压力、政府政策、市场化3个方面分析集体林权制度变迁的驱动力。

一、集体林权制度变迁总体历程

我国集体林权制度变迁频繁。不同研究者的划分标准和阶段稍有差别，但基本上都是在遵循农村土地制度变迁整体轨迹的基础上，结合集体林权制度改革进行了划分。本书将1949年以来的集体林权制度变迁划为4个阶段：1949—1955年、1956—1980年、1981—2012年、2013年以后。

（一）土地改革时期：1949—1955年

1949年中华人民共和国成立以后，各地纷纷响应中央政府号召，开展了以废除封建半封建土地所有制、实行农民土地所有制为主要内容的土地改革。

1950 年《中华人民共和国土地改革法》第十六条规定："没收和征收的山林、鱼塘、茶山、桐山、桑田、竹林、果园、芦苇地、荒山及其他可分土地，应按照适当比例，折合普通土地统一分配之。"截至 1952 年，除少数民族地区和台湾地区，全国基本完成了土地改革，约有 3 亿多农民分配到了 4667 万公顷林地（刘璨等，2006）。同时，各地政府根据《中华人民共和国土地改革法》第十八条规定，将偏远地区的大森林或无主森林划归为国有林，建立国营林场、采育场负责管理和开发，为工业化建设输送木材和积累资金。例如，根据福建省当时的调查数据，在没征收的山林中，分配给农民的占 80.82%，收归国有的占 19%，归乡村所有的占 0.17%。

土地改革后，一家一户的小农经济很快因劳力、农具等生产资料不足，无法满足工业化建设对农产品和资本积累的要求，而逐渐被互助组和合作社取代。林业跟随种植业一起，步入了合作化和集体化的进程。1954 年，全国已经有 58% 的农户加入了互助组。各地政府在互助组的基础上进一步组织农民，将农田、山林入股，牲畜、农具等折价入社，组建初级合作社。初级合作社维持山林私人所有不变，保留了农户对自留山、自留林、自留树的经营权，将松林、杉木、果园、茶山、竹林等转为合作社统一经营并与农户进行分红。截至 1955 年 12 月，全国已经有 59% 的农户加入了合作社。这一时期，集体林区的地方政府也开始着手建立林业行政管理体系，设立林业管理部门、木材收购站，实行挂牌收购和订约收购，以满足国民经济建设对木材日益增长的需求。

（二）集体化时期：1956—1980 年

1956 年，农业合作化进入高潮阶段。根据全国人民代表大会通过的《高级农业生产合作社示范章程》，除少量零星的树木仍属社员私有外，幼林和苗圃、大量成片经济林和用材林要根据收益大小、当时材积等作价转为合作社集体所有。经过合作化运动，农村原有的私有山林所有制转变为集体所有制。1958 年，农村实现人民公社化后，合作化时入社的山林全部归公社所有，山林收益也全归公社。由于合作化运动要求过急、工作粗糙，加上林木折价过低甚至不折价，折价款兑现少或长期拖欠，农民的经济利益受到了较大损害，不仅造成了集体林区的乱砍滥伐问题，也削弱了农民的造林和经营积极性。土地改革时期遗留下的界线不清、林权纠纷、林证不符等问题在合作化运动过程中也搁置了下来，没有得到处理。

为了解决公社化中发生的“一平二调”和“以大吃小”等问题，1961 年 6 月中共中央发布《关于确定林权、保护山林和发展林业的若干政策规定（试行草案）》（即“林业十八条”），对确定和保障山林所有权、山林经营管理和收益分配、木材的采伐和收购和积极造林等做出了明确规定。根据“林业十八条”，“高级合作社时期，划归合作社、生产队集体所有的山林和社员个人所有的山林，应该仍然归生产大队、生产队集体所有和社员个人所有”。除此以外，政府鼓励给予生产队和生产大队自主权，采取“社造社有，队造队有，社员个人种植的零星树木，归社员个人所有”，以调动生产队和农民的积极性。1962 年，中共中央颁布《关于改变农村人民公社基本核算单位问题的指示》，明确了人民公社三级所有、队为基础的体制，规定“原来归大队所有的大片集中的林木，可以根据情况，仍归大队所有，或者下放给生产队所有。归大队所有的林木，可以由大队直接经营，也可以包给省队经营”。同一年，《农村人民公社工作条例草案》（即“60 条”）进一步明确了“队为基础”的地位，强调“公社所有的山林，一般地应该下放给生产队所有；不宜于下放的，仍旧归公社或者生产大队所有。归公社或者生产大队所有的山林，一般地也应该固定包给生产队经营；不适合生产队经营的，由公社或者生产大队组织专业队负责经营”。同时明确，“这些山林的所有权和经营权，定下来以后，长期不变”。由此，集体林地的集体所有权基本得到了确定，并长期稳定了下来。

依托人民公社体制，国家支配了集体林区林业生产、销售、使用的方方面面。一方面，组织动员群众进行大面积造林，开展“大跃进”大炼钢铁、“农业学大寨”向山要粮，在促进国土绿化的同时也对森林资源造成了严重破坏。另一方面，鼓励成立乡办或村办林场、木材加工厂，从事造林、采伐和加工，丰富林区经济和农民生产生活，源源不断地向国家输送了大量木材和林产品。尽管政府对木材生产、加工、使用实行了全方位控制，但造林质量不高、管护不到位、农民获益少的问题长期得不到解决。此外，由于人口增长、缺乏替代性能源、林业机构解散，乱砍滥伐、木材投机倒把、毁林开荒在一些地方泛滥成风。

（三）集体林权制度改革时期：1981—2012 年

改革开放初期，家庭联产承包责任制在耕地上取得的良好效果激励林业部门将家庭联产承包责任制的经验推广到集体林地上。1981 年 3 月 8 日，中共中央、国务院颁布《关于保护森林发展林业若干问题的决定》，主要内容为稳定山权林权、划定自留山和落实林业生产责任制，史称林业“三定”，拉开了全国林业“三定”改革的序幕。在产权形式上，各地可以因地制宜，将社队集体林业承包到组、承包到户、承包到劳力；在方式上，实行合理计酬、超产奖励或收益比例分成。

1985 年 1 月 1 日，中共中央发布《关于进一步活跃农村经济十项政策》的文件，提出“集体林区取消木材统购，开放木材市场，允许林农和集体的木材自由上市，实行议购议销，木材收购部门可以用换购合同的形式收购一部分木材”。这项政策实施后，集体林区出现了集体林木乱砍滥伐屡禁不止、愈演愈烈的状况，国营林场和自然保护区的林木也遭到了盗伐哄抢。乱砍滥伐诱发了对林业“三定”改革的质疑和反对。1987 年 6 月，中共中央、国务院发出了《关于加强南方集体林区森林资源管理，坚决制止乱砍滥伐的指示》，明确提出“重点产材县由林业部门统一管理和进山收购”。至此，新放开的林木自由流通市场就此夭折，政府主导的木材收购部门重新成为木材进山收购的主导者。不仅如此，文件还要求，“集体所有集中成片的用材林凡没有分到户的不得再分。已经分到户的，要以乡或村为单位组织专人统一护林，积极引导农民实行多种形式的联合采伐，联合更新、造林”。一些地方林业部门根据此文件的要求，收回或者调整已经分配的责任山和自留山，林业“三定”改革被迫中断。

林业“三定”改革后，为了防范资源风险、保护森林资源、激发积极性，集体林权制度变迁主要沿着三条主线开展：一是在政府和市场两种力量的推动下形成了形式多样的创新，如林地拍卖、股份合作制、“谁造谁有”政策等，出现了家庭经营为主导，大户经营、集体经营、股份合作等不同经营制度共存的格局。然而，家庭经营方面，权属不清、产权不稳定不安全等产权问题，木材采伐限额制度、林业税费、林地流转市场等外部制度环境僵化问题，迟迟得不到解决，农民造林、营林和护林的积极性不高。集体管理、林业股份合作等由于无法解决所有权主体虚置、监督、收益分配等问题，“干部林”、乱砍滥伐、偷盗等现象屡见不鲜。新一轮集体林权制度改革前，全国还有5704万公顷无主林地，其中宜林荒山占82%，以至于“为什么中国的许多林地不长树”成为一个严重的问题（张道卫，2001）。二是林业部门不断加强对集体林地生产和经营的管理，建立和强化木材一家进山收购、木材采伐限额、林业税费、林地管理等各项管制制度和政策。三是启动了一些生态工程项目，如世界银行贷款林业项目、分类经营等。自20世纪90年代末期开始，中央、地方政府分别在全国范围内划定中央重点生态林和地方生态公益林，实行森林生态效益补偿制度，维护国家生态安全和满足全社会对生态服务的需求。据统计，从2001年开始实施，到2009年，中国已划定重点生态公益林15.39亿亩，地方生态公益林11.5亿亩，占到全国林地面积45.6亿亩的一半以上。

2008年，新一轮集体林权制度改革在全国范围内全面启动，计划用5年左右时间基本完成明晰产权、承包到户的改革任务。新一轮集体林权制度改革以林业产权明晰为主、以相关配套措施跟进为辅，促进市场对林业生产要素的有效配置，使林木、林地产权和其他商品一样进入市场流通。实际上，2003年开始，福建、江西、浙江、辽宁等省份率先了开展新一轮集体林权改革试点，以解决产权不明晰、经营机制不灵活、利益分配不合理等问题。福建、江西等许多省份没有采用“一刀切”的方式承包到户，允许采用“分股不分山、分利不分林”、承包到组或联户等多种形式来明晰产权。2008年新一轮集体林权制度改革在全国铺开时，有意识地借鉴了福建和江西的做法，鼓励采用多种方式明晰产权到户，“对不宜实行家庭承包经营的林地，依法经本集体经济组织成员同意，可以通过均股、均利等其他方式落实产权”。新一轮集体林权制度改革形成了以分山到户为主导的多样化改革模式。在明晰产权的同时，林权流转、生态效益补偿、集体林采伐、森林保险、林权抵押贷款等改革配套政策也相继实施，使林权改革有更加稳固的权力保证。到2012年，全国集体林区基本完成了明晰产权、承包到户的改革任务，确权集体林地27.05亿亩，发放林权证1.01亿本，林地流转、林权抵押贷款、森林保险等政策不断完善。以家庭林场、林业合作社和林业企业为核心的新型林业经营主体逐渐发育并成为商品林发展的重要力量。

（四）生态文明建设时期：2013 年至今

党的十八大以来，集体林面临的内外部环境发生了重大的变化，对深化集体林权制度改革提出了新的要求和方向，也标志着集体林权制度变迁逐渐从模仿耕地为主向更尊重生态规律和森林可持续经营转变。第一，随着工业化和城镇化深入推进，农村劳动力大量进入城镇就业，“谁来经营森林”“如何经营森林”等经营问题日益凸显，已取代产权明晰问题成为集体林面临的首要问题。小规模经营带来的林地经营问题逐渐凸显。第二，随着生态文明建设和乡村振兴成为新一届中央政府的重要施政目标，全社会对生态产品的需求大幅增长，化解森林破碎化、改善森林质量、提高森林生态系统服务的能力成为我国集体林政策着力的方向。森林碳汇、水土保持、生物多样性、景观等功能大小与森林经营规模和质量直接相关，迫切需要集体林权与经营制度做出调整。第三，我国木材安全形势十分严峻，需要用全球 5% 的森林面积和 3% 的森林蓄积，支撑起占全球 20% 的人口日益增长的木材消费需求，且木材对外依存度长期高达 40% 以上。自 2017 年起，我国全面停止天然林商业性采伐，木材产量急剧减少，我国木材供需缺口持续增大。面对日益增长的生态产品和木材产品需求，如何形成促进集体林规模化经营、规范化管理和生态服务供给的制度体系，成为全面深化集体林权制度改革的紧迫问题。

2016 年 11 月，国务院办公厅印发《关于完善集体林权制度的意见》，明确要求巩固和扩大集体林权制度改革成果，推动解决集体林存在的产权保护不严格、生产经营自主权落实不到位、规模经营支持政策不完善、管理服务体系不健全等问题。近几年，各级政府及相关部门主要从以下 3 个方面提升商品林经营水平和产出效率。一是在“两权分离”的基础上探索推进所有权、承包权、经营权“三权分置”改革。各地积极试点和探索“三权分置”的权能和保护问题。例如，在依法保护集体林地所有权和农户承包权前提下，允许林地经营权依法向金融机构融资担保或者入股从事林业产业化经营。二是引导和规范林地流转，发展家庭林场、集体经营、合作经营、企业经营等新型林业经营主体，推动适度规模经营。人工造林和经济林逐渐向社会资本流转，许多小农户开始逐步退出或托管经营。越来越多的工商业资本在地方政府招商引资的引导下，投资经济林果开发、山林经营、生态旅游，促进地方绿色经济的升级和发展。林业专业大户、家庭林场、集体林场、林业合作社、林业企业等多种类型的新型林业经营主体，成为推动林业规模生产的主导力量。三是加强林业社会化服务体系建设，为投资和经营林业创造更好条件。例如，中国银监会与国家林业局联合出台《关于林权抵押贷款的实施意见》，推动集体林权抵押贷款余额从 300 亿元增加到 818 亿元。各地还探索了林权收储交易中心、林产品互联网电商销售平台，以及森林防火、病虫害防治、管护等生产性服务社会化服务新模式等试点。

近年来，生态文明建设和乡村振兴战略推动了以提供生态产品为主要功能的集体林面积的不断增长，也使商品林经营的生态化趋势越来越明显。为此，各级政府在实践中不断改革创新集体林权制度，以更好地发挥集体林在生态文明建设和乡村振兴战略实施中的作用。一方面，积极探索采取市场化方式，解决因国家公园建设、生态公益林和天然林禁伐引发的生态保护与林权权利人利益间的矛盾。例如，对于未纳入生态公益林管理但有重要生态作用的商品林，福建省采取赎买的方式，以政府赎买为主，通过“赎买 + 生态补助”“赎买 + 合作经营”“赎买 + 改造提升”模式破解生态保护与林农利益之间的矛盾。另一方面，积极探索形成依靠集体林生态优势促进乡村振兴的体制机制。各地不仅加强了集体林区内自然景观、古树名木、生物多样性保护，还大力实施乡村绿化工程，抓好四旁植树、村屯绿化、庭院美化等身边增绿，打造美丽乡村，提升乡村生态宜居水平，促进“绿水青山”转为“金山银山”。一些地方围绕实施乡村振兴战略，积极探索森林小镇、森林人家、森林乡村建设，加快发展生态旅游、森林康养等绿色产业，促进生态产品价值实现，推动产业兴旺和生态宜居。

二、福建省长汀县集体林权制度变迁历程

长汀县史称“汀州”，位于福建西部，为龙岩市管理。自唐开元二十四年（736 年）置汀州开始，长汀一直是各朝代在闽西的州、郡、路、府治所在地。长汀地理位置优越，水利交通便利，自唐以来逐渐成为客家人往福建和广东南

迁的必经之路。明清以来，长汀县商品经济发展迅速，成为闽西商业中心，城内店铺林立、商贾云集，广东的食盐、海味、布匹、杂货自汀州转运闽赣十几个县市。出产于汀州及其覆盖的闽赣山区县的纸、竹木、茶叶、烟叶、工艺品等土特产则通过汀江航道运至潮汕，再转运至广东、上海、香港及东南亚。尤其是，汀州木材名闻海内外，清人郭柏苍在《闽产异录》中曾评论："福州、兴化和龙岩的杉木不及延州和建州，但延州和建州的杉木又不及汀州。"

（一）私有林权涌现：清朝与民国时期

清朝时期，随着人口迅猛增长和商品经济发展，长汀及其周边地区出现了大量私有山林。成片的杉树多为地主和富农所经营，贫苦农民也占有部分杉林或无杉林。因地处汀江上游，竹麻造纸可沿江出口，竹山也多为地主或富农所经营。除杉、竹山为私有外，庵观、寺庙、院塔等古建筑周围林木，零星茶山、桐山、水果山也属私有。村庄或宗族所有的森林主要为族有林、村风景林、祖宗风水林等。风水林广泛分布在农村，大多为自然村村口或村镇房屋后的自然屏障林。即使在水土流失严重的地方，这部分林木也保护甚好并被视为村庄的保护神，成为村庄神圣不可侵犯的精神支柱。表 4-1 展示了 1950 年土地改革前对龙岩市（当时称为龙岩地区）私有林占有的统计，代表了长汀及周边地区私有林的占用状况。可以看到，土地改革前龙岩市拥有私有林面积 9.73 万公顷，全市大部分森林仍然为天然林。在占用方面，私有山林主要集中在中农和贫农手上，分别占总面积的 35.75% 和 41.67%，但地主和富农人均山林面积为贫农和中农的 2 ～ 3 倍。富农人均山林面积最高，达到了 0.88 公顷。大部分山林拥有者以经营农业为主，工商业及小地主出租者所有的山林仅占总面积的 0.06%。

表 4-1　1950 年土地改革前龙岩市主要林区私有山林占有统计

所有者	户数 / 户	人口 / 人	私有山林面积 / 公顷	占总面积比例 /%	人均占有 / 公顷
地主	1982	10180	8343.33	8.58	0.82
半地主式富农	94	459	2178.27	2.24	4.75
富农	1200	6295	5527.87	5.68	0.88

续表

所有者	户数 / 户	人口 / 人	私有山林面积 / 公顷	占总面积比例 /%	人均占有 / 公顷
中农	22457	97249	34771.27	35.75	0.34
贫农	43377	151097	40537.33	41.67	0.27
雇农	1055	2013	850.67	0.87	0.42
其他劳动者	1859	7895	5006.93	5.15	0.63
工商业及小地主出租者	155	444	58.00	0.06	0.13
合计	72179	275632	97273.67	100.00	0.35

资料来源：福建省龙岩市政协文史和学习委员（2013）。

注：土地改革前后山林面积均非实地测量，按收益扣除成本后对照耕地产量折算田亩。

长汀私有山林产权的形成离不开日趋紧张的人地压力。明清以来，长汀县人口和耕地快速增长，人地矛盾迅速上升，人均耕地面积从明朝时期的 9.6 亩降至 1949 年的不足 2 亩（见表 4-2）。面对人口压力，一方面，长汀存在着广泛的毁林和林地转换为农田的现象。人口增长直接推动了农田数量、燃料消耗和建房等其他生活用木材的增加，加之战争破坏，带来了严重的毁林、森林退化和水土流失问题。长汀县水土流失最严重的河田镇曾是重要的木材产地、木材加工中心、贸易集散地。据长汀旧县志（清道光时修撰），河田原名柳村，境内有“五通松涛”“铁山拥翠”“帆飞北浦”等景物记载，又有“上有芦竹，下有松林”的传说（卢程隆等，1981）。另一方面，长汀县也对森林进行保护、维护和管理，存在着寺庙与寺院林、宗族、农业林、经济林、原始森林等丰富多样的森林管理形式。长汀县农民形成了以耕种为主业，兼有手工业、经济林果种植的生计模式。私有林、木材贸易、手工业与农业的结合不仅丰富了农户的生计方式，还有利于最大化地利用土地和劳动力资源，缓解人地压力和生活贫困。然而，与庞大的人口数量相比，商品经济和手工业对农业劳动力就业的吸纳有限，绝大部分居民仍然以农业为生。面对人地紧张的趋势，长汀人不断沿着汀江向广东省和福建省沿海、台湾省甚至东南亚地区迁徙。

表 4-2　1949 年前长汀县人口和土地变化

年份	户数 / 户	人口 / 人	耕地面积 / 万亩	人均耕地面积 / 亩
1391	13693	61253	—	—
1492	8797	40731	39.22	9.6
1572	7911	30905	29.91	9.68
1633	10084	36668	—	8.16
1666	13057	—	—	—
1829	60541	494157	—	—
1935	47756	210756	—	—
1945	38366	200162	46.38	2.3
1949	39096	198308	37.31	1.89

资料来源：福建省长汀县地方志编纂委员会（1993）。

注：1572 年耕地面积为 1562 年统计数据；1945 年耕地面积为 1947 年统计数据。

木材贸易和手工纸业发展对长汀私有山林产权的形成也发挥了重要作用。明清时期，汀江流域的木材贸易就已较为发达，主要产区有长汀、连城、永定、上杭、武平 5 个县，木材由汀江下广东潮州，以潮州为木材集散地和输出口岸，外销至全国和东南亚等各地（福建省长汀县地方志编纂委员会，1996）。《民国长汀县志（1940 年）》记载，民国时长汀县的货物有 21 种[①]，其中“有竹木二项为出产大宗”（邓光瀛等，2000），又以杉木享誉八闽和潮汕。民国前的繁荣时期，杉木贸易一年可有数十万（银圆）。商品经济渗透到手工业发展中，推动了手工土纸的发展。1936 年城关登记的商店有 452 家，其中纸业就达 73 家（福建省长汀县地方志编纂委员会，1993）。1935—1937 年，长汀县最高峰时拥有纸槽户 1000 多户，雇用纸工近万人（福建省长汀县地方志编纂委员会，1993）。随着汀江流域的山林越来越深地被纳入近代商业社会，相应的商业性制度、商业习惯、商业网络逐渐形成和发展起来，如山林买卖契约文书、木行、木票、木帮，近代商业制度和传统乡土制度由此产生了融合和摩擦。例如，契约、族谱、阄书等在界定和保护森林产权中发挥了重要作用；产权纠纷多由宗族协商调停，但地方官府也常常依据契约凭证参与到纠纷解决中。山林

① 货物 21 种：书、纸、烟、蜡、漆、香、油、糖、蜜、茶、箬叶、蓝靛、薯榔、杉木、布、冶器、窑器、皮器、竹器、铜丝器、棕丝器。

很早就与家庭生计、地方经济社会形成了紧密的联系，成为乡土社会不可分割的一部分。

（二）从私有产权走向集体产权：1949—1980 年

1949 年以后，长汀县私有产权为主的林权安排逐渐让位于集体林权。1950 年 12 月，长汀县开展土地改革，废除封建土地所有制、实行耕者有其田。土地改革将地主的山林没收，按杉山、竹山、茶山与山田统一分配的办法，大部分分配给了农民。竹林山场也分给农民，形成了几千家纸槽户。土地改革并未完全取消宗族或社区对山林的所有权，一部分村庄所有的山林或松杂天然林和荒山、疏林地转变为村有林或乡有林，风水林作为防护林或风景林也得到了保存（福建省长汀县地方志编纂委员会，1993）。

在土地改革尚未结束的 1951 年，长汀县政府在濯田镇领导下试办了第一个农业生产互助组，拉开了农民和土地集体化、组织化的进程。随着集体化运动，农村经济组织数量不断减少，但组织规模越来越大，包括的农户数量也越来越多（见表 4-3）。1956 年，长汀县只有 41.38% 的农户参加了 598 个初级农业生产合作社；1957 年，形成了 464 个高级农业生产合作社，96.4% 农户入社。山林也随耕地一样，折价入社，归高级农业生产合作社所有。手工造纸也随着集体化运动而加入高级农业生产合作社和人民公社。1958 年，人民公社化运动更是将 99.8% 的农户集中到 13 个人民公社中。与集体化运动同时发生的，还有统购统销政策，以尽可能将农业剩余和木材通过计划管理满足城市或工业建设需求。1953 年，长汀县政府开始在重点林区设立木材收购站，实行挂牌收购和订约收购。1955 年，木材被列为统购统销物资实行计划采伐。即使集体和社员个人用材，也需要经生产大队和人民公社颁发采伐许可证。通过统一支配农村的各种资源并将农民限制在人民公社，国家自上而下地实现了对包括木材在内的农业生产、经营和消费的完全控制。

表 4-3　1952—1958 年长汀县农业生产经营形式变迁

年份	经营形式	数量 / 个	涉及户数 / 户	占总农户比例 /%
1952	土地私有制	—	49547	100.0
1953	农业生产互助组	4632	29708	61.7

续表

年份	经营形式	数量 / 个	涉及户数 / 户	占总农户比例 /%
1956	初级农业生产合作社	598	24089	41.38
1957	高级农业生产合作社	464	48231	96.4
1958	人民公社	13	45171	99.8

资料来源：福建省长汀县地方志编纂委员会（1993）。

国家对乡村社会的全面渗透并不意味着农民完全失去了自主权。与国有森工局和国有林场相比，生产大队和生产队对集体林管理拥有更高的自主权，嵌入基层政治、经济、社会网络中，而非脱离乡土社会。1961 年“四固定”时期，长汀县依据上级政府部署，对生产大队和生产队所有的山林进行了确定，“凡是社员折股入社的山林，社员死亡绝户没有继承人的山林，高级社、大队集体营造的林木，为大队所有林；凡是原来划归自然村所有的山林、村前村后的风景林、水源林、后龙山、土改时划给选区或分山组所有的山林、互助组、初级社、小队集体营造的各种林木，属生产队所有林”。政府鼓励给予生产队和生产大队自主权，“社造社有、队造队有、社员房前屋后零星植树为社员个人所有”，以调动生产队和农民的积极性。此外，国家不可能完全监督和控制日常的决策和生产行为，生产大队或生产大队内部对生产落实、劳动力配置、收益分配仍然具有较大的影响力，具有一定的自主集体行动权，并非机械执行一切指令政策。例如，政府就无法对农民的造林和乱砍滥伐行为进行全面的控制。尽管政府三令五申，造林质量不高、管护不到位、成效低的问题一直存在。

这一时期，人口增长和燃料需求增加给森林管理和保护带来困难，造成森林资源长期持续性的破坏。农业人口由 1949 年的 16 万人增长到 1976 年的 30.14 万人，农村人口占总人口比重由 80.12% 上升到了 88.58%（福建省长汀县地方志编纂委员会，1993）。农村劳动力大多被人民公社体制固定在土地上，林区农户大多以耕地和林地为生，导致农业人口绝对数量和比重都不断上升。由于缺煤少电，农村能源主要来自山上植被资源，出现了一次又一次大规模的乱砍滥伐，森林资源遭到毁灭性的破坏。据估计，人民公社时期，山区每人平均消耗柴片等燃料折合 3 立方米，半山区、丘陵平原地区 1 立方米；平均每户有 1 个人以上在山上搞燃料、割灌草、扒树叶，甚至在幼松上乱折枝、扯松针（卢程隆等，1981）。此外，农民上山乱砍滥伐、偷卖木材补充家用，在 20 世纪 70 年代后期成为普遍现象，以至于打击农民的违法行为成为长汀县政府很长一段时期的一项重要工作。

（三）明晰产权、承包到户：1981—2005 年

1980 年，长汀县实施包产到组、专业承包、联产计酬的生产责任制。1981 年，长汀县开始推行林业“三定”改革。长汀县主要将自留山承包到户，44918 户农户分到了 41940.67 公顷林地，占农户总数的 94.2%，占山地总面积的 16.5%，户均 0.93 公顷。尽管中央政府规定可以将社队集体山林承包到组、承包到户、承包到劳力，但整个福建省还是采取了比较审慎的方式，只对乡办林场和社队林场实行了各种形式的承包经营责任制，大部分集体山林仍然由集体管理，并没有进一步分林到户。1987 年，为贯彻落实中共中央、国务院颁布的《关于加强南方集体林区森林资源管理，坚决制止乱砍滥伐的指示》文件，包括长汀县在内的整个福建省都停止了承包到户的探索和改革，转而强化集体山林的集体或股份经营。20 世纪 80 年代的林业改革没能给长汀农民带来多大的收益，改革收益主要通过税费和其他截留被林业部门和村集体获取；自留山和承包责任制因投资周期长、效益少，许多农民承包后就置之不理、不管了。

作为偏远革命老区和山区县，贫瘠的水土流失土地、庞大的农村人口、缓慢的乡镇企业发展，使长汀县面临巨大的减贫压力。为了解决农民贫困问题，脱贫致富始终成为 20 世纪 80 年代、90 年代长汀县政府的中心工作，并受到了国家领导人的高度关注。发展竹林、油茶、杨梅等经济林果和造林成为长汀县政府脱贫致富的重要举措，充分利用了占全县土地 80% 以上的林地。正是在此背景下，20 世纪 90 年代长汀开展了经济林果和“四荒”地的市场化改革、农业综合大开发，调动农民投资林业的积极性。

1993 年，长汀县开展林业经营体制改革工作，主要包括两个方面的内容：一是对非用材林实行承包到户。通过分户承包、分组承包、联户承包、租赁经营、招标承包等形式，将大部分毛竹林、果树林被承包到个人进行管理。毛竹林中的松、杉、杂同时承包到户。除了缴纳必要的税费和村集体管理费外，毛

竹经营收入大部分归农户所有。二是对用材林鼓励兴办股份林场，维持行政村和自然村的统一管理。与此同时，1994 年长汀县开展了“四荒”地拍卖，拍卖对象不局限在村集体，推动专业大户、股份合作、“公司 + 农户”等多种经营方式发展，鼓励各种社会和市场力量参与到荒地拍卖和治理中。承包到户或个人改革的目标都是着眼于发展经济林果，促进地方经济林果产业的发展。长汀县政府将毛竹和果树种植指标层层加压到政府部门、乡镇政府、村集体和农户，竹林与果树种植面积与政府工作人员和村干部考核相结合。县政府与乡镇政府、政府部门，乡镇政府与村集体签订责任状，建立岗位责任制和奖惩制度，作为考核领导工作的一项重要内容。

长汀县在 2002 年实施新一轮集体林权改革具有深厚的制度背景。20 世纪 90 年代末期长汀县天然林几乎耗竭，用材林对地方政府和村集体财政收入的吸引力下降。庞大的森工企业和林业行政执法队伍反而成为地方政府的经济和社会包袱。2001 年，长汀县放开木材经营和市场。2002 年，在福建省统一部署下，长汀县在 3 个乡镇开展集体林权改革试点，并在 2003 年全面开展集体林权制度改革。在林业“三定”和 20 世纪 90 年代完善林业生产责任制改革的基础上，新一轮集体林权改革试图将林地承包经营权、林木所有权落实到户。对不宜实行家庭承包经营的林地和林木，需要经集体经济组织成员同意，由集体经济组织通过招标、拍卖、公开协商等方式发包给集体经济组织的农户或集体经济组织以外的单位或个人，并通过均股、均利等其他方式落实产权。同时，村集体经济组织可保留少量的集体林地，由集体经济组织依法实行民主经营管理。

新一轮集体林权改革后长汀县形成了自留山经营、均山到户经营、联户承包经营、大户承包经营、集体经济组织股份经营、集体统一经营等多种集体林经营形式。根据长汀县 2005 年的统计，自留山面积为 19.8 万亩，占 8.4%；家庭承包面积为 70.6 万亩，占 29.8%；联户承包面积为 81.2 万亩，占 34.3%；承包未到期经营面积为 10.3 万亩，占 4.3%；村股份林场等经济实体经营面积为 9.0 万亩，占 3.8%；村集体统一经营的面积为 31.5 万亩，占 13.3%；公开招标承包经营面积为 14.5 万亩，占 6.1%。以农户为单位经营的面积（自留山和家庭承包面积）占长汀林地面积的 38.2%，而采取各种形式集体或合作经营

(联户承包面积、村股份林场经营面积、村集体统一经营)的面积则占到了长汀林地总面积的 50.4%。考虑到“承包未到期”林地和“公开招标承包经营”林地也多为大户承包，家庭经营和集体管理在长汀集体林中占据了同等重要的地位。长汀县集体林明晰产权到户的形式和结果在福建省很是普遍，这与家庭经营在其他南方集体林区占据主导地位的情形有所不同。

表 4-4　改革开放以来长汀县集体林权改革历程

改革	内容
1980—1982 年林业“三定”改革	稳定山林权，划定自留山，确定林业生产责任制
1985 年木材市场改革	取消木材统购，开放木材市场，允许林农和集体的木材自由上市，实行议购议销
1987 年木材“一家收购”制度	关闭木材市场，实行木材“一家收购”制度
1993—1994 年林业经营体制改革	将大部分毛竹林、果树林落实到户管理，兴办股份林场
1994 年“四荒”拍卖	将“四荒”地拍卖给个人或单位
2001 年木材市场改革	取消木材“一家收购”制度，放开木材市场和经营
2002 年新一轮集体林权改革	明晰林地林木产权，将林地使用权、林木所有权、林木使用权落实到户，或招投标落实到个人或其他单位所有

(四) 林权市场化：2006 年至今

新一轮集体林权改革以后，随着林权市场化进程加快，有两股力量主导了长汀县集体林治理安排。第一股力量来自市场主体。随着城镇化、市场化进程的加快和农村剩余劳动力的减少，长汀林业经营主体由改革初期的家庭经营占主导逐步向多类型经营主体并存转变，新型林业经营主体如专业大户、家庭林场、农民专业合作社、林业企业等在长汀林业发展中发挥着日益重要的作用。在这一进程中，长汀县经济林经营主体从小农户逐步向专业大户、企业、农民专业合作社等转变。新扩大的人工林、油茶、竹林、杨梅种植面积主要是由林业企业和大户来推动的。例如，2009 年长汀县油茶种植面积为 7067 公顷，2013 年迅速增长到 9880 公顷，增长 2813 公顷。同时，与 20 世纪 70 年代依赖动员群众的植树造林和 20 世纪 80 年代依赖政府的植树造林不同，资本丰富和劳动力稀缺使得人工造林服务变得有利起来，带来了改革开放后长汀市场化人工造林服务的真正兴起。经济发展和生活改善又增加了全社会对林产品的需求，使经济林更加资本密集，最后向生态旅游转变。

第二股力量来自政府的生态建设。21 世纪以来，随着国家对生态保护的重视，越来越多的专项项目进入集体林区。由于集体林产权为农民所有，政府对集体林区的生态建设以农村剩余劳动力转移为前提，降低了政府项目的进入成本。影响最大的政府干预为生态公益林的区划。2001 年，长汀县将 116.3 万亩森林划为生态公益林，占县林业用地面积的 30%，其中有 74.9 万亩分布在水土流失区，占生态公益林面积的 64.4%，超过 70% 的生态公益林来自集体林。生态公益林区实施全封山，禁止打枝、割草、放牧、采伐、采脂和野外用火，禁止毁林开垦和毁林采石、采土建设等，相当于以较低的生态补偿强制购买了相关权属，限定了权属拥有者的相关权利。2012 年以来，长汀县政府把生态文明建设作为“一号工程”来抓，掀起了生态文明建设的浪潮。在生态家园、绿色经济、绿色走廊等战略的引导下，各种将“绿水青山”转化为“金山银山”的举措也迅速增多。

集体林权安排的变化带来了森林保护和管理方式的变化。2001 年全县封山面积达 10.13 万公顷，封山面积逐渐扩大，并开始延伸至占据全县 30% 面积的生态公益林。长汀县农村剩余劳动力向外转移和集体林权市场化改革也共同促进了当地森林资源的保护。一位林业工作人员对此感触很深：“原来是在山上找活儿干，现在是到工厂里、到城市里找活儿干，大量的劳动力转移出去，大量人口转移出去。这让山林有了繁衍生息的机会，才能发生从荒山到森林正向演替的可能性。封山育林是最好的措施，就是无为而治，不要动它。”外出务工增加不仅减少了森林破坏，许多年轻人外出务工回家，还动员老人使用电和煤气，停止砍柴火。在此背景下，长汀森林资源的保护主要通过两种途径：一是政府管护。长汀县政府借助国家和福建省的生态公益林补贴，将包括生态林区域在内的全县森林划分为 492 个护林责任区，建立村级监管组织，组建 228 个村级护林队伍，聘用护林员 456 名，开展护林管护巡查。由于大量农民外出务工，难以动员足够的农民灭火，防山林火灾和灭火的责任只能落到专门队伍肩上。这进一步促进了政府的进入和投入。二是大户和林业企业等市场化主体的私人管护。随着大户和林业企业等市场化主体成为长汀林业投资的主力军，他们对森林资源的保护更加重视。许多林业企业都聘请专门管护人员，吃住在山上，防止千辛万苦的投资“打水漂”。森林得到良好保护进一步激励了市场主体投资造林的积极性，带来了林业投资的良性循环。

三、福建省长汀县集体林权变迁驱动力分析

（一）集体林权变迁轨迹

表 4-5 展示了百年来长汀县集体林权制度的变迁。1949 年以来，长汀农民拥有的林权经历了先减少、后增多的历程。无论是通过国家正式赋权的方式，如林业“三定”改革和新一轮集体林权改革，还是通过非正式甚至非法的方式，如上山砍柴、乱砍滥伐、偷盗、侵占林地，农民始终对集体山林拥有部分林权，并在改革开放以后不断扩大。人民公社时期，国家依托人民公社体制和统购统销制度，对集体山林实施了自上而下的控制，但农民依然拥有集体林的管理权和部分收益权，如房前屋后零星植树、薪柴、社队林场管理和收益分配。改革开放以来，长汀集体林权变迁进入了双轨制改革时期，农民拥有的森林权属不断增长，先是自留山，后来进一步获得了竹林和经济林的管理权、收益权、转让权。1981 年，长汀县开始推行林业“三定”改革。与整个福建省一样，长汀县主要对农户承包了自留山和果园，大部分集体山林仍然由集体来管理。1993 年，长汀县继续进行林业经营体制改革，将大部分毛竹林、果树林、毛竹林中的松、杉、杂树承包到户，但用材林仍留在集体管理。1994 年，长汀县在福建省率先开展“四荒”地使用权拍卖，对水土流失区的荒山进行拍卖和流转。新一轮集体林权改革进一步将林地承包使用权、林木所有权通过均地或均股均利落实到户，或者通过招投标方式落实到个人或其他单位所有，各类市场主体拥有的集体林管理权、收益权和转让权持续扩大。不可忽视的是，这一时期生态公益林的划定在一定程度上侵蚀了市场主体拥有的林权，带来了政府和林权权利人之间的矛盾。

表 4-5　长汀县集体林权变迁驱动力

时间段	人地压力	政府干预	农民拥有的林权	市场力量	林地主要利用方式
1949 年以前	高	弱	所有权	一般	杉木、毛竹
1950—1956 年	高	中	所有权	较弱	杉木、毛竹
1957—1980 年	高	强	部分管理权和收益权，房前屋后零星树木的所有权	较弱	果树
1981—2005 年	中	强	自留山，竹林、经济林和“谁造谁有”林地的管理权和收益权	一般	毛竹、油茶、果树、杉木
2006 年以来	低	中	林地管理权、收益权、转让权、排他权、林木所有权	渐强	毛竹、杉木、油茶

长汀县集体林管理主体经历了由私人为主向集体为主，再到多种市场主体共存的转变。1949 年以前，地主、富农和贫农都同样作为山林经营管理的主体。在 1950—1956 年的过渡时期，农户成为长汀森林的主要管理者，但宗族林和风水林仍为村庄拥有和管理。人民公社时期，生产大队和生产队掌握了管理森林的直接权利，但农民仍然拥有一定的管理权和收益权，如四旁树和工分收入。改革开放初期，村集体和农民分别成为用材林和经济林与毛竹的管理者，政府利用管制手段控制了木材的生产和销售。2002 年以来，随着农村劳动力的大量转移和国家对生态建设的投入，许多小农户逐渐退出毛竹之外的森林经营，政府和新型林业经营主体分别成为生态林和商品林的主要管理者。

（二）人地压力变化

集体林权安排的变迁并非毫无社会经济基础可言，是需要顺应社会经济发展的规律，而其中的关键因素是人地压力。清朝以来，农业人口和农业劳动力总量和结构的变化推动了长汀县人地压力先增大、后减少的历程。人地压力推动森林成为乡土社会的重要部分，深刻影响了农民对待山林、利用山林的态度和方式。反过来，由于长汀耕地面积持续减少，农村劳动力就业结构和森林利用方式的变迁也成为缓解人地压力的主要方式。人民公社时期，长汀县人口迎来了爆炸性增长，人地压力进一步恶化。由于政府对利用经济林、竹林的方式和人口流动进行严格的限制，庞大的人口压力不得不通过社队林场、乱砍滥伐、偷盗木材、采集薪柴等方式缓解。改革开放初期，虽说非农就业的增加和农村剩余劳动力的转移减缓了一定的人地压力，但人民公社时期人口增长的惯性集中爆发，导致长汀县农业剩余劳动力迅速增加，迎来了人地压力的高峰。2002 年前后，随着外出务工持续增加，农村劳动力转移由量变到质变，农村剩余劳动力基本消失，农村劳动力变得稀缺，人均土地面积和农业用工成本开始不断上升。

在耕地面积有限甚至不断下降的情况下，人地压力决定了农民向山要粮、向山要钱、向山要柴。人地压力的增加使长汀在清朝中期就形成了私有山林、经济林、竹林的产权安排和林地利用方式。然而，新中国成立前大部分农民只拥有少量或不拥有山林，大部分山林仍为地主、宗族所有或为天然林。1950—1956 年，土地改革没收地主山林均分到户，在一定程度上促进了长汀私有山林的发展。集体化时期，尽管国家对私有山林进行了严格的限制，但人地压力仍然驱使农民开垦森林、房前屋后零星植树、乱砍滥伐、开展木材和毛竹加工。改革开放初期，长汀县人地压力进一步上升，推动了小农户发展油茶、杨梅、板栗等经济林和毛竹种植。2002 年以来，长汀县人地压力减少削弱了家庭经营的推广，推动了林业大户和林业企业积极投资毛竹、油茶和杨梅等经济林果和用材林造林。可以说，21 世纪以前，为了缓解人地压力及其带来的贫困问题，长汀县农民获得了越来越多的山林权属，推动了毛竹、油茶和杨梅等劳动密集型经济林果和杉木产业的发展。2002 年以后，随着农村剩余劳动力基本消失，农民对森林的依赖度不断降低，长汀县林地利用尽管没有发生根本改变，但经营主体发生了重大的变化，许多小农户开始退出森林直接经营管理，大量经济林流转给了新型林业经营主体经营管理。

（三）市场化力量

改革开放以来崛起的市场主体对长汀集体林权制度的影响日益上升。20 世纪 80 年代，林业“三定”改革就促进了市场类主体的兴起，丰富了集体林治理安排的多样性。专业大户、家庭林场、农民专业合作社、林业企业等市场类主体日益显示出强大的生机和潜力。20 世纪 90 年代，由于长汀政府和乡村内部缺乏资金，乡村内部劳动力、资金外流严重，越来越多的市场主体参与到经济林果开发、山林经营、生态旅游，促进了地方绿色经济的升级和发展。2002 年，长汀开展了新一轮集体林权改革，各级政府与市场主体在林权市场化的方向上达成了共识、形成了合力，进一步促进了多层次不同主体的参与。工商业资本往往采取“公司 + 农户”、合作社、股份合作制等方式进入农村。种植大户、林业企业、公司、专业合作社已经成为长汀油茶、毛竹、杨梅、杉木产业的主力。林业企业在产品加工、流通等环节比小规模农户有优势，还能提升产品的价值链。长汀县政府积极引导推动油茶产品从粗加工向深加工转变，发展毛竹加工和笋竹产品加工，发展杨梅生态旅游，延长了林产品的产业链。可以说，市场主体的兴起发挥了市场机制在配置森林经济功能方面的作用，降低了政府对森林经营的直接干预。

长汀县非公有制主体的造林已经占据了绝对的规模。毛竹、杨梅、油茶、人工造林等产业基本上为新型林业经营主体所主导。地方政府也越来越重视在林业政策制定过程中咨询各相关利益群体，确定政策发展的方向和途径，分享政策实施过程中的责任和所获得的利益，评估政策实施的效果。许多林业大户和企业主动影响地方林业政策的实施，如采伐管理、林权抵押贷款、生态公益林划定等。这就需要调动所有利益相关者的积极性，扩大共识、调和矛盾，优势互补，实现生态和经济效益的共赢。

（四）政府干预

政府干预是长汀集体林权制度变迁的最大驱动力。新中国成立初期，长汀县自清朝中期开始形成的私有林产权在国家自上而下的土地改革和集体化运动中被集体所有取代。集体林的产权名为集体成员所有，实为国家掌握了最终的控制权。政府林业发展目标从集体化时期的木材为主、改革开放初期的木材供给和减贫，向 2002 年以后的生态保护和林业产业发展转变。政府林业发展目标的变化深刻影响着长汀农民拥有的集体林权权属。政府成为 1962 年“四固定”、1981 年林业“三定”改革、1993 年林业责任制改革、1994 年“四荒”地拍卖、2002 年新一轮集体林权改革等历次森林产权改革的发动者和推动者。

政府决定了改革的时间、基本内容和方式，主导了主要制度安排的供给和资源分配，如生态公益林划定和资金分配、采伐指标分配、运输许可证、林地征用管制、造林和抚育补贴发放、新型林业经营主体补贴、林权抵押贷款、森林保险发放、生态功能区规划。然而，农民并不会自动接受政府的管制安排，会采取各种措施影响政策落实，获取本该属于他们的收益。例如，20 世纪 80 年代和 90 年代，封山育林因没有解决群众薪柴问题而效果不佳，根本管不住农民到山上砍柴和乱砍滥伐；人口猛增带来了“四料”消耗的猛增，导致乱砍滥伐屡禁不止，森林资源遭到破坏。

在政府与市场的关系上，政府主导的改革进程既推动了经济市场化和社会多元化，却也成为林权矛盾的源头。一方面，分权改革和市场化改革缩小了政府控制范围和控制能力，市场力量越发占据主导。家庭联产承包责任制、林产工业发展、国有森林改革、林地林木市场化改革等，带来了数量庞大的林业市场主体，催生了活跃、相对独立的社区、市场、社会力量，其自我组织、配置资源能力与日俱增。另一方面，通过水土流失治理、生态公益林、天然林禁伐等生态项目，以及木材采伐管理制度等，政府对森林经营仍然保持了相当程度的控制。例如，长汀超过 30% 的森林被划定为国家或省级生态公益林，其经营和采伐受到了严格的限制，林权拥有者的意见不小。

四、小结

改革开放以来，集体林权制度呈现出多样化和复杂化的变迁轨迹，多样化林权安排同时存在。毛竹林、经济林、人工私有造林近似为私有经营，生态公益林近似为国家、集体、农民共同管理，而风水林、水源林则多为集体管理。显然，不是每一种林地利用类型都适合于家庭经营或者集体经营。关键问题不在于是否私有化或承包到户，而是如何明晰集体、农民、政府、林业投资者的权责关系，尤其是保护农民的利益不被政府、村集体或投资者侵蚀。与此同时，集体林的产权束从来就没有全部为单一的集体或农户所有。即使在高度集中统一的人民公社时期，政府或集体也未能完全地实现对集体山林的控制，农民仍然拥有对房前屋后零星树木的所有权、采集薪柴的收益权，甚至还以乱砍滥伐、盗伐的方式间接使用了集体山林。改革开放以来，承包到户改革也并没有让农民拥有全部的管理权、收益权和转让权，例如，生态公益林的划定削弱了农户对集体林的管理和收益权。在某种程度上，森林资源为政府、集体、农民等不同主体不同程度地拥有和共同管理，没有任何一个主体拥有绝对的排他权。当森林生态服务功能变得愈加重要时，森林资源在这一层面上已经属于公共池塘资源的范畴，向社会提供生态公共产品。

林权安排不是设计而来的，也没有普适的模式，需要适应经济社会的发展。它扎根于我国集体林与乡土社会、小农经济紧密结合的传统，与工业化、城镇化和市场化进程有着紧密的关系，也是我国国家和农民关系变迁的结果。长汀县百年来集体林权安排和治理安排的变迁历程表明，集体林嵌入在小农经济中，为小规模家庭农场的一部分。这种农林结合的经营单位，既不同于国有林场或森工局，也不同于耕地的小农经济，而是将生产建立在农林系统结合的基础上。森林与乡土社会的结合发挥了生计多样化、风险规避、乡村文化载体的作用。明晰产权到户和林权市场化使我国走出了一条家庭经营和规模化经营相结合的道路，较好地解决了农民权利分享和经营效率的问题，但并没有根本上解决森林与乡村之间的关系，以及小农户与林业企业、大户等市场化主体和政府之间的治理关系。当下，我国农村经济社会正发生重大转型，城镇化成为普遍趋势，许多偏远地区的乡村因衰败已经难以被称为社区，对偏远山区的山林经营产生了巨大的影响。过多强调分山到户有可能弱化了村集体与农民之间本来存在的森林纽带，并有可能导致资本以效率为名的弱肉强食、政府以生态文明建设为名的集权化。森林生态系统已经为不同利益主体所分享，单一主体排他性占有森林反而会激化不同利益相关者之间的矛盾。因此，林权理论和实践需要经历由寻求普适私有产权安排到寻求适应性的、多样化的产权安排转变，并重点需要理顺政府、村集体、农户、林业企业等不同主体的产权治理关系。

第五章

分权改革与地方政府林业管理体系变迁

森林分权改革面临的重要棘手问题是，当地方森林管理权增加时，如何确保地方政府和官员运用手中的权力改善森林公共服务，如保护产权、打击乱砍滥伐、提供技术服务。在许多发展中国家，地方政府的“攫取之手”常常使森林分权改革面临集权和分权的摇摆和冲突，恶化地方森林治理的状况。流行的解决办法是呼吁发展中国家提高地方政府的对下问责性，确保实现森林分权改革的效率、治理和生计改善目标。本章利用福建省长汀县政府林业管理体系从“攫取之手”向“援助之手”转变的案例，探寻分权改革与地方政府森林公共服务供给转变的关系，以理解地方政府在森林分权体制中的激励和行为。

一、以条管理为主：1949—1978 年

封建时期，由于“皇权不下县”，长汀县林业管理呈现出以下几个特点：一是纵观历朝历代的地方政府结构，长汀没有设立过专门的政府机构来管理森林。森林事务与其他农业和民事事务一起行政发包给了地方政府。以明代为例，明代府衙设知县、县丞、主簿、典史、教谕、训导、巡检、驿丞，包括吏、户、礼、兵、刑、工六房，另有阴阳学正术、医学正科，以及民、皂、快三班衙役。二是对于政府而言，森林的主要使命是为农业生产提供足够的耕地资源以提供赋税，而不是生产木材。自唐至清，长汀县财政收入主要为田赋、差役银、贡银、工商税、盐课五类。历史上，木材虽是长汀重要的贸易货物，但对地方财政收入的贡献不大。三是地方政府处理的森林事务相对有限，主要

是林权纠纷调解、市场维护、植树造林、古城森林管理等，很少直接介入森林管理。至今，长汀县城卧龙山公园、北山公园、龙潭公园，以及中区小学、少年体育学校等单位仍然保存着许多上至千年的古树名木，多得益于地方政府的管理和保护。四是和平时期地方性的社会和市场主体是长汀森林开发和管理的主导力量，但森林的命运始终通过战争与王朝兴衰更替紧密联系。唐末中原战乱，大批中原氏族南迁，宋朝年间多达 11 万余人。战争带来的人口南迁不断推动森林开发以获取耕地资源。同时，长汀经常性成为历朝历代的重要战场，如文天祥抗元、陈友谅起义、太平天国战争，以及民国初期、中华苏维埃共和国时期、抗日战争时期。每当战乱临近，地方性的市场和社会力量迅速被战争进程打乱，带来大规模的森林破坏。

1949 年以来，长汀森林管理最引人注目的组织变化是出现了自上而下的林业行政组织，构成了国家对长汀森林进行管理的重要支柱。政府林业管理组织不是由历史传承自发演化而来，而是国家政权建设和工业化建设狂飙突进的结果。随着政党下乡和政权下乡，中央政府自上而下主导形成了林业组织体系的基本架构。与对东北、西南、西北原始林区实行国有化和垂直管理不同，集体林区主要依赖地方政府对当地森林行使管理。首先，通过土地改革、合作社运动、人民公社运动，长汀县政府完成了对传统乡村政治、经济和社会组织的改造和整合，实现了国家对集体山林的有效管理和控制。许多社队兴办了林场，从事造林和木材采伐。其次，长汀县政府将边远地区森林划归为国有林，建立国营林场和采育场负责管理和开发。长汀县政府建立了楼子坝、南岩、腊口 3 个国营伐木场，开展以木材采伐为主的各种生产性活动，为国家工业化建设输送木材。最后，建立一套林业行政管理体系。早在 1953 年，长汀县就开始在林区设立木材采购站，开展木材挂牌收购和订约收购。1956 年正式设立县林业局，在古城、新桥、四都、涂坊、河田等乡镇设立木材检查站或林业站。通过形成人民公社、国营林场和林业行政机构等政治、经济、社会“三位一体”的组织体制，并纳入更高级别行政体制，国家自上而下地主导和控制了林业组织体系，实现了对乡村森林资源的渗透和管理。

20 世纪 50 年代，长汀林业管理体制的另一个突出变化是林业计划经济体制的建立，构成了国家对长汀集体林进行控制的另一个重要支柱。第一个五年计划时期（1953—1957 年），中央政府决定模仿苏联建立集中管理的计划经济体制，以服务于工业化建设。作为工业化建设的基础原料，木材成为中央计划管理的重要对象。1953 年起，林业计划经济体制在长汀逐渐被建立起来。上级林业主管部门主要通过指令性采伐计划、统购统销、物资分配发挥影响，实行木材产、运、贮合一。通常的程序是，长汀县政府组织国营林场和人民公社根据国家下达的指标实施采伐，外销木材在汀江干流的城关和支流的四都河、濯田河等处集中，或者由林业车队保修厂运至龙岩贮木场，再运销至汕头、南昌、南京等地。对集体山林，长汀县政府依托人民公社体制负责对木材实行统购统销，集体和社员个人用材需要须经生产大队和人民公社颁发采伐许可证。人民公社体制和林业计划经济体制的建立赋予了政府巨大的组织和动员能力，带来了不断攀升并与国家整体形势紧密相连的木材产量（见图 5-1）。

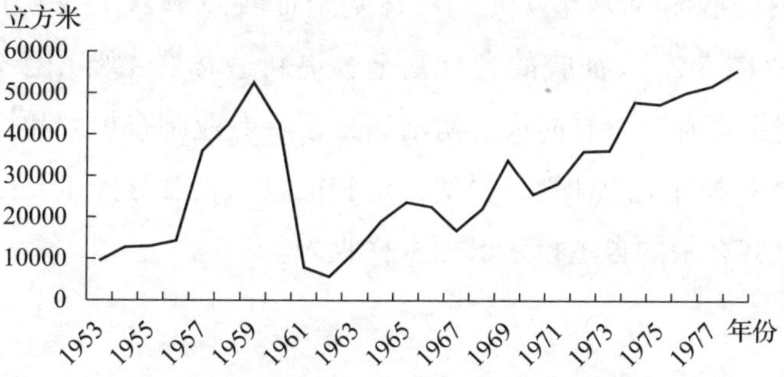

图 5-1　1953—1978 年长汀县木材产量

资料来源：福建省长汀县地方志编纂委员会（1993）。

计划经济时期的林业管理体制束缚了长汀县政府和人民公社的自主性，但并没有根本上改变长汀森林分权治理的特征。得益于新中国中国共产党第一代领导集体对苏联高度集权体制的反思和对我国国情的探索，中央和地方关系一直处于调整和变化中，地方管理经济的权力不可逆地在增加（周黎安，2008）。在行政隶属关系上，长汀县政府对长汀林业局、人民公社和国营林场拥有直接领导关系，掌握人事、机构设置、资源分配的直接控制权。国有林场名义上为国家所有，中央政府并没有直接进行管理，而是实行“省级领导，省、地、县分级管理”的领导体制，实际上主要为长汀县政府所管理。上级政府和上级林业部门需要借助长汀县政府来实施各种计划和命令，而生产计划实施多由长汀县政府结合地方情况来平衡和分配。一些行政和收益权力仍然转移给了长汀县政府。1969 年，国营林场的人事管理权下放给县，资金、计划仍由省、地管理；1972 年，长汀县政府获得了育林资金管理和使用权，只需将育林基金年度收支计划和会计决算抄送给上级林业部门。

长汀县政府的林业管理主要为满足计划指标而服务，但长汀县政府仍从以下两个方面分享了木材生产的收入：一是县办森工企业的利润和折旧。集体企业的利润收入由人民公社支配。1973 年，全县森工企业的利润达到了 24.02 万元，并在 1978 年增长到了 40.15 万元。森工企业利润成为长汀县财政收入的重要来源。二是集体林育林基金的支配和使用。1964 年起，长汀按国家“以营林为基础”的林业建设方针，开征集体林育林基金。育林基金及更新造林费的征收、提留标准主要根据商品木材销售的数量酌定。1964—1980 年，每立方米木材征收育林基金 7 元，育林基金征收总额从 13.29 万元增长到了 39.08 万元（见图 5-2）。征收的育林基金、更新造林费主要用于造林、育苗、抚育管理、封山育林、森林防火、防治病虫害、专业调查规划和护林人员工资等。然而，由于木材生产计划、税费设定和征收、收益分配主要由上级政府控制，长汀县仅有有限的自主权来增加木材收入。

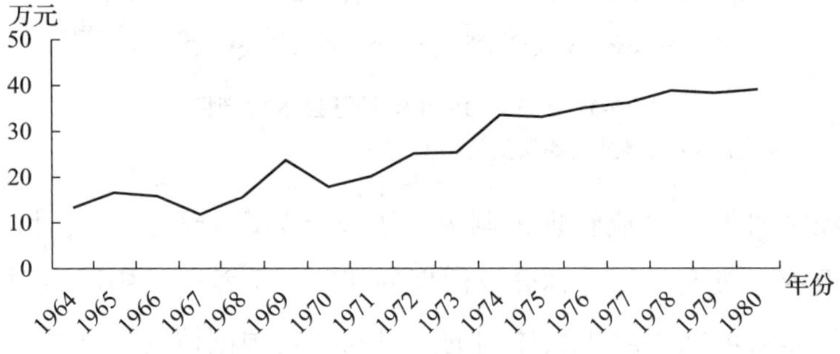

图 5-2　长汀县 1964—1980 年育林基金收入

资料来源：福建省长汀县地方志编纂委员会（1993）。

二、以块管理为主：1978—1999 年

党的十一届三中全会标志着我国进入改革开放和社会主义现代化建设新时期，经济发展、生态治理得以安定地开展。在此背景下，长汀县政府把工作重心转移到经济建设上来，相继实施了家庭联产承包责任制、财政体制、市场化

和国有企业等一系列改革。行政体制方面，长汀县政府森林公共服务的供给主要受到3个重要因素的影响：一是长汀县政府在林业领域享有自由裁量权的程度；二是本级政府对林业管理的支持和要求；三是上级政府对长汀县政府林业干预和支持的程度。改革开放以来，长汀森林治理的天平开始从集权向分权倾斜，财政包干制和分税制的实施强化了长汀县政府对森林管理和收益的支配权和自主权。

（一）森林行政分权

1978年以来，计划经济向市场经济的转型进一步扩大了长汀县政府林业管理的自由裁量权。其中，木材统购统销制度和木材采伐计划制度的实施对扩大地方政府的计划管理权尤为关键。早在1979年，中央政府就开始实行木材收购的“双轨制”。1985年，《中共中央国务院关于进一步活跃农村的十项政策》进一步取消了集体林区木材统购，开放木材市场允许林农和集体的木材自由上市，实行议购议销。因出现严重的乱砍滥伐现象，1987年中共中央、国务院关闭了木材市场，规定重点产材县由林业部门统一管理和进山收购。为了控制林业“三定”改革后愈演愈烈的乱砍滥伐问题，中央政府加快和强化了木材采伐限额制度的实施，赋予了地方政府制定和执行木材采伐限额制度的权力。1985年，长汀正式实行采伐限额制度，根据各乡村成熟及过熟林蓄积量分布情况，由县核定下达限额采伐指标。为了配合木材采伐限额制度的实施，1985年起开始逐步实行凭证采伐制度、木材运输证制度、木材经营加工管理制度，采伐林木必须申请采伐许可证，从林区运出的木材必须持有木材运输证，在林区经营加工木材必须得到县林业局批准。上述改革相当于明确赋予了长汀县政府支配辖区木材生产和市场的权力，使地方政府从计划经济时期被动的计划执行者变为积极的计划者和管理者，极大地激励了长汀县政府参与木材生产和经营的积极性。或者说，地方政府已经由计划经济时期垂直控制体系中的一员，变成了具有一定独立经济利益和权力的垄断管理者，拥有了较大程度的木材采伐和销售的剩余控制权。

1984年《中华人民共和国森林法》在法律上明确了森林属地管理的体制：“国务院林业主管部门主管全国林业工作。县级以上地方人民政府林业主管部门，主管该地区的林业工作。乡级人民政府设专职或者兼职人员负责林业工作。”具体而言，县级政府职能如下：（1）确认国有或集体森林资源的所有权或者使用权，发放证书；（2）对森林资源的保护、利用、更新，实行管理和监督；（3）负责组织森林资源清查，建立资源档案制度，掌握资源变化情况；（4）制定本级国有林业企业事业单位和自然保护区的林业规划和森林经营规划；（5）对林木、林地所有权和使用权争议进行处理；（6）对占用或者征收、征用林地的行为进行审核，督促、检查、组织植树造林、恢复森林植被；（7）建立护林组织开展护林，设立森林公安机关负责保护辖区内的森林资源；（8）负责森林火灾的预防和扑救、森林病虫害防治工作；（9）组织植树造林，制定植树造林规划；（10）划定和管理本级自然保护区和生物多样性；（11）制定年采伐限额，审核发放采伐许可证和运输证件，并设立木材检查站检查木材运输；（12）对植树造林、保护森林、森林管理等方面成绩显著的单位或者个人给予奖励，对盗伐森林或者其他林木、违法破坏林地或林木的行为进行处罚。可以说，除了荒漠化防治、经济调节政策制定、生态补偿政策制定、科技、教育和外事等少数工作之外，县级林业局几乎就是国家林业局的翻版。职责同构现象也表现在机构设置上，县级林业局与上级林业部门的机构设置同样保持着高度一致。

长汀县政府拥有了辖区内森林管理和保护的全部执行权，地方林业行政管理几乎全部依赖县政府来组织开展。在行政隶属关系上，长汀县林业局的职能配置、内设机构、人员编制、单位预算主要受长汀县政府的控制。机构设置和人员编制的调整需要报长汀县委和县人民政府批准。林业部门的人、财、物具体如何调配，大多由县级政府掌握。这带来了林业管理体制中组织和财政支出的金字塔形结构，即县级政府不仅形成了从采伐、运输、加工，到执法和市场管理完整而庞大的林业行政体系，还承担了辖区森林绝大部分财政支出任务。

（二）财政分权改革

始于1980年的财政分权改革对作为贫困山区县的长汀影响最大。1980年，长汀县开始执行中央对福建省实行的财政包干任务，财政上划分收支，定额补助，5年不变。税收增收部分50%留县，县办工业利润60%留县，亏损由县负担20%。1985年以后，实行“划分收支，定额缴补，增收分成，分级包干”新体制，其中竹木产品税的70%、竹木特产税的50%上缴，粮食、农林、农机等企业收入列入县财政预算。在财政包干任务设计上，林业产业的增收，如森工企业利润、特产税、企业收入等很大一部分收入都归长汀县政府所有。财政分权改革增加了地方政府的经济自主性和独立利益诉求，极大地调动了长汀县政府发展经济的积极性。

财政包干制对长汀县财政的负面影响在运行的第二年就出现了。财政包干制恶化了长汀县地方财政，扩大了收不抵支问题，对上级财政补助的依赖加大。长汀县地方财政收入占支出比重由1980年的60.69%迅速下降到1986年的28.26%，在20世纪80年代末90年代初逐步恢复到50%左右（见图5-3）。由于县办工业企业经营不善，企业收入从1984年开始逐年减少。1981—1985年“六五”时期，企业收入下降到171.95万元，比“五五”时期下降了54.3%。1983年利改税后，企业盈利改为征收所得税，税后利润才归企业安排使用，进一步减少了县级财政收入。1991年，由于自然灾害和木材外销不畅，长汀县财政结算累计财政赤字已经达到县财政收入的一半，严重制约了长汀县各项经济社会事务的发展。为此，长汀县想方设法增加各类行政事业性收费，兴办各种创收活动，扩大预算外收入，以缓解地方财政面临的压力。1981—1985年，预算外收入共729.79万元，年均145.95万元，比之前任何一年都多（福建省长汀县地方志编纂委员会，1993）。此后，除了1986年和1987年因预算外收入项目调整之外，预算外收入占长汀地方财政收入的比重始终维持在50%左右。

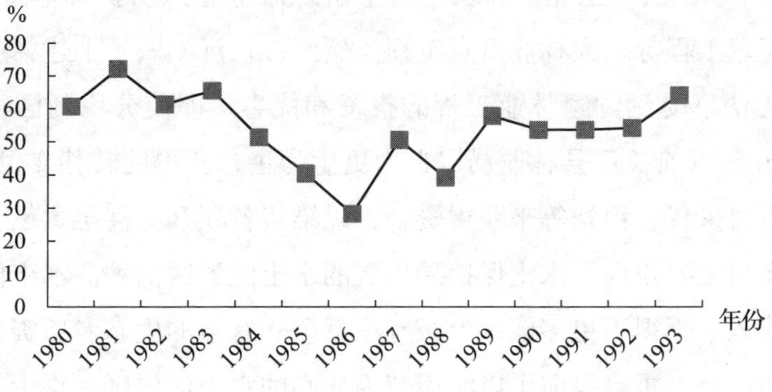

图5-3　1980—1993年长汀地方财政收入占支出比重

资料来源：长汀县统计年鉴（2012）。

1994年起分税制在全国推行。作为欠发达地区，分税制的实施没有从根本上改变长汀县财政高度依赖上级财政转移支付维持运转的状况，反而进一步增大了其对上级政府转移支付的依赖程度。分税制改革以后，中央对长汀县的财政专项和转移支付规模越来越大。1994—2011年，长汀县地方财政收入占财政支出的比重不断下降，由1994年的43.32%下降到了2011年的27.28%（见图5-4），上级政府累计税收返还补助、专项补助、转移支付补助和其他上级补助收入长期占县财政支出的70%左右。向上级争取财政专项和转移支付成为长汀县解决财政收不抵支、公共物品供给问题的重要手段。

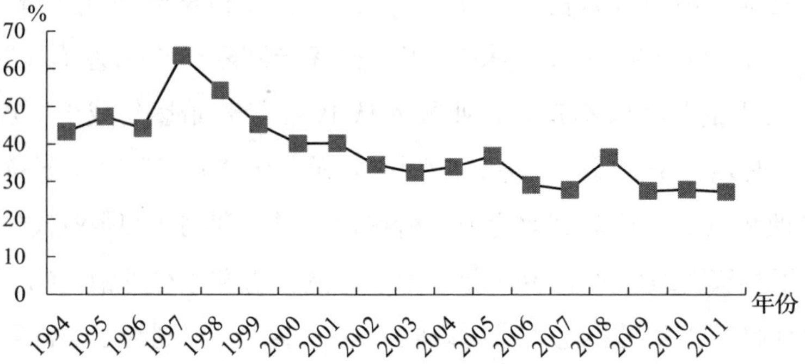

图5-4　1994—2011年长汀地方财政收入占财政支出比重

资料来源：长汀县统计年鉴（2012）。

财政包干制时期，长汀县获得的生态转移支付相对有限。国家林业工程包括始于1978年的“三北”防护林工程，先后形成的太行山绿化工程、平原绿化工程、沿海防护林体系建设等十大林业重点工程，以及1998年以后的天然林资源保护工程、“三北”和长江中下游地区等重点防护林体系建设工程、退耕还林还草工程等六大林业重点工程。然而，长汀不属于上述林业工程的实施区域，无法享受到国家林业工程的投资和优惠。即使分税制已经实施了好几年，2000年以前长汀县林业局以自力更生为主，获得的转移支付很是有限，主要通过木材采伐、税费等来获得资金，以维持各项开支甚至贡献全县财政收入。转移支付主要投向了水土保持局负责的水土流失区治理。水土保持局基本没有自身收入，不得不更多依赖上级专项资金。有限的生态专项资金将生态治理与减贫相结合，重点投向了以河田镇为核心的水土流失区，很少关注整个县的森林保护和管理。

（三）"攫取之手"

20世纪八九十年代，为了维持机构运转、履行造林任务和财政收入任务，依托于自然生长木材的林产化工、木材加工和竹业等山区经济成为长汀县的重点产业和财税来源。长汀县政府对林业系统各级单位都实行了财政包干制。第一，长汀县政府对林业局实现税利承包。1980年开始，长汀县政府对林业系统实行税利捆绑，由林业局向县政府统一承包。承包基数由林业局和县政府根据往年基数和生产经营预期确定。第二，长汀林业局对木材收购站、乡镇林业站、森工企业等二级企事业单位实行二级承包。在扩权自主和自负盈亏的基础上，实行与企业承包利润的办法，利润分成情况视企业利润水平而定。实行税利总承包后，下属企事业单位上缴县财政超过承包基数部分实行分成，一般为县财政二成，返还森工企业八成。第三，与乡镇政府形成承包合约。乡办和村办林场在人民公社时期就已经是林区乡镇的重要收入来源。改革开放后，乡办和村办林场迅猛发展，1995年时仅木材经营加工企业就一度高达87家。由于木材由林业部门独家经营，县林业局与乡镇签订承包利润合约，实现利润20%分给木材所在乡镇，80%由县木材公司汇总后统一上缴财政。第四，为了激励林业局和森工企业工作人员努力完成包干任务，县政府对林业局领导和森工企业人员实行风险抵押承包，缴纳一定数量的风险金。完成承包基数任务后，对林业局及森工企业给予奖励，奖金按完成承包基数部分和超过基数部分计提，完不成基数任务则用风险金抵扣。简而言之，财政包干制将长汀县林业部门改造成了一个以获取利润和维持垄断地位为重要目标的企业综合体。

森工企业利润和育林基金收入在改革开放以前就已经存在，但财政包干制改革后长汀县政府有了更多的自主权来通过森工利润、各种税费、基金收入弥补收入的不足。越来越庞大的预算外收入就是其后果。表5-1显示了1999年林业收购站从村集体收购1立方米杉木的各种成本和盈余。从中可以发现：第一，通过木材公司和木材收购站严格执行木材和竹子"一家收购"制度，由木材公司统一对外销售木材赚取差价利润。由于全国木材市场价格已经放开由市场决定，长汀县林业部门垄断了林区的木材收购价、收购和销售，集体和林农无权对外直接销售，林业部门可以获得木材市场价与收购价、税费之间的差价，最终形成了森工企业的利润。1999 年，杉木（直径 20 ～ 24 cm）的市场价格为 395.5 元 / 立方米，集体木材的平均收购价为 175 元 / 立方米，除去必要的各种税费，剩余的 53.27 元成为林业部门的盈余（见表 5-1）。第二，设定种类繁多的林业税费，包括育林基金和更新改造基金（以下简称“两金”）、森林保护费、林道建设费、增值税、基础设施配套费、教育费附加、丰旦发展费、印花税、特产税、检尺费。林业税费占木材价格的一半以上，林农支付的税费占林农实得收入的将近一半。在各种税费分配中，除了增值税、特产税和城市维护建设税与上级政府分成，其他税费全部由县乡政府获取。第三，税费主要由林业收购站上缴，但许多税费同时对销售方和收购方征收，如乡村服务费和特产税。除了员工的社保、工资和必要的运营费用，只要森林不枯竭，林业部门几乎不用付出投资成本，仅凭借垄断地位就维持了高额的收益。归纳起来，木材价格超过 70% 的收益由政府获得，林农仅仅能获得木材价格的 30%。

表 5-1　1999 年长汀县集体山林 1 立方米杉木（直径 20 ～ 24 cm）价款

名录	价款 / 元
含税价	395.5
平均收购价	175
扣除更新造林费	24.5
特产税	15.4
乡村服务费	20
林农实得	115.1
林业收购站得	220.5
扣除“两金”	70
森林保护费	5
林道建设费	3
增值税	28
城市维护建设税	1.4
基础设施配套费	1.4
教育费附加	1.12

续表

名录	价款 / 元
丰旦发展费	0.7
印花税	0.05
特产税	21.56
乡村服务费	20
检尺费	15
林业部门盈余	53.27

资料来源：长汀县林业局档案资料。

除了维持垄断利润，长汀县林业部门还通过以下几种方式来维持机构运转和履行职能。第一，大量征收育林基金和更新改造基金。1981 年开始，每立方米木材征收的育林基金从 7 元提高至 15 元，更新造林费按每立方米木材标价的 35% 提取。1988 年，长汀县将育林基金和更新改造基金改为按照木材售价的 20% 征收。“两金”收入成为林业部门的重要收入来源。据统计，长汀县 1988—2003 年共征收育林基金 6576.43 万元，更新改造基金 2164.7 万元（福建省长汀县地方志编纂委员会，2006）。在缺少上级政府财政转移支付的情况下，“两金”为长汀县林业部门开展人工造林、毛竹林基地建设、经济林基地建设、封山育林、幼林抚育等做出了重要贡献。例如，1988—2003 年筹集的 8741.13 万元“两金”收入，用于营造工程量及建设速生丰产林基地 2606.43 万元、建设毛竹林基地 612.16 万元、建设经济林基地 411.13 万元、建设食用菌林基地 171.86 万元、封山育林 253.84 万元、护林防火 338.08 万元、病虫害防治 265.76 万元、幼林抚育 1511.64 万元、造林贷款利息支出 1301.46 万元、森林资源建设 215.26 万元、林区公路建设 231.62 万元、森工场站房屋建设 471.33 万元、设备购置 223.2 万元、其他支出 2607.25 万元（福建省长汀县地方志编纂委员会，2006）。第二，加强行政执法，以罚款收入弥补办公费用、办案经费不足。长汀县林业部门对林业行政执法单位的罚款收入下达考核指标，超基数部门按比例进行分成。例如，1997 年基数内按照林业站 30%、林政 15%、检查站 15%、森林公安 30% 提取奖励；超基数部分按照林业站 50%、林政 20%、检查站 20%、森林公安

30% 提取比例。1982—2003 年，林业行政执法共挽回经济损失 1672 万元，平均每年 76 万元（福建省长汀县地方志编纂委员会，2006），其中大部分成为林业行政执法机构的收入。这导致乱砍滥伐、高压打击和乱罚款乱收费现象长期并存。第三，县财政困难导致配套资金不到位，林业系统大办各种实体组织，大搞实体经济，增强“造血”功能和自生能力。木材采购站和林业站建立木竹基地和加工基地，走贸工一体化道路。林业站与乡镇、干部职工兴办实体，扩大林业站社会服务功能和有偿服务范围，使林业站逐步转向自收自支。截至 1998 年，县林业局扶持林业干部职工上山包山种树，下山兴办企业，承包开展养种等三产业，其中用材林 10 万亩、毛竹林 3.6 万亩、经济林 0.4 万亩。可以说，这一时期，长汀县林业部门以天然林、林农和村集体的利益为代价，换取了林业部门的垄断地位、地方财政收入的增长和造林面积的增加。

对木材采伐和销售的管制并不必然与促进林业市场化改革和林业投资相冲突。二者的协同发生体现出地方政府运用分类策略来维系经济增长和税收基础。由于需要在财政上保持自给自足，长汀县政府为了促进经济发展、获取税基、完成上级政府布置的植树造林任务，一直有较高的激励推动地方林权的市场化改革和林业投资。第一，推动林地产权改革。早在林业“三定”改革时期，为了鼓励农户植树造林，长汀县就采取形式多样的承包责任制来鼓励农户造林绿化荒山。各种形式的承包责任制、管护政策逐渐被县乡政府建立起来，收益一般在自留山主、治理者（包括政府）、集体之间按比例分成。1994 年，长汀县在福建省率先开展“四荒”地使用权拍卖，拍卖不论对象，不论形式，不论体制，允许农民、城镇居民、下岗职工、机关事业单位、个人购买、承包、租赁或股份合作治理开发。全县完成“四荒”地拍卖上万亩，亩均价格 10 元左右。第二，对植树造林进行财政补贴和信贷支持。林业“三定”改革后，长汀县林业部门和水保部门甚至免费发放种苗和肥料，供村民自愿领取种植。丰富的山地资源和薄弱的财政资源促进了地方政府官员引导私人林业投资的行动。1994 年，长汀县政府启动了长达 4 年的山区综合大开发，综合运用免征农业特产税、财政补贴、政府投资基础设施等方式降低投资者的成本和风险。例如，对在中强度水土流失区发展植被种植或开发种果的，每公顷补贴 450 元。第三，加强技术推广和服务。为了推动山地综合开发，长汀县政府选择了杨梅、板栗、毛竹、油奈等经济林果作为主要品种，开展技术培训、良种改良等，推动农民种植。然而，林业投资的长周期、产品市场的不确定、农村非农就业的增长，限制了农民投资山林和进行管护的积极性。

从对长汀县林业部门的研究来看，在财政包干制和分税制的实施背景下，林业成为改革开放初期长汀县的支柱产业和财政收入来源。不包括预算外收入，林业系统贡献的税金和利润占比一度超过全县财政收入的 20%（见图 5-5）。分税制实施好几年后，长汀县政府仍然以财政包干制的方式从林业系统提取财政收入，直到长汀县木材几近耗竭、替代性工业收入和生态转移支付增长。可以说，以木材生产和财政贡献为目的的林业发展方针，一直主导着 2000 年以前长汀的林业发展。地方政府财政自给自足和财政收入增加的激励，形成了地方林业发展的“双轨制”，即一边对木材的生产、运输、销售和加工实行政府管制，一边鼓励市场化的林业投资，更通俗地说，一边砍树，一边植树造林。

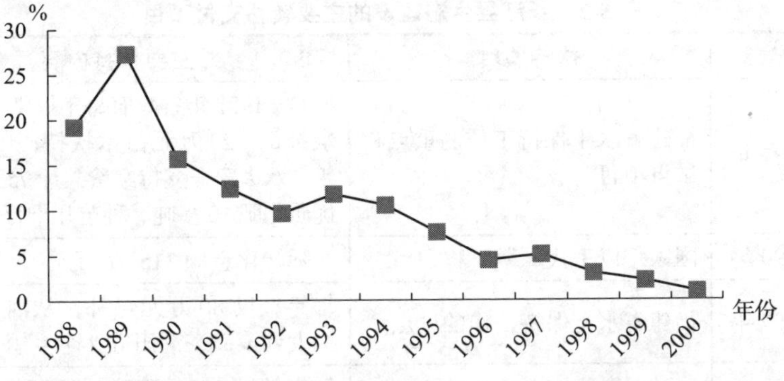

图 5-5 1988—2000 年木材税金和利润占长汀地方财政收入比例

资料来源：福建省长汀县地方志编纂委员会（2006）。

三、走向共同治理：2000 年至今

学术界普遍把 1998 年长江、松花江、嫩江特大洪水作为中国生态建设的起点，此后中央财政逐渐向生态建设倾斜，走向了波澜壮阔的生态建设阶段。2000 年是长汀县林业发展建设的一个转折点。经历了 20 世纪 90 年代的大规模植树造林和山区开发性治理，长汀县依靠自力更生已经难以进一步开展生态建设。为了完成福建省“三五七”绿化造林工程，1989—1998 年长汀县向农

业银行贷款了 1390 万元，1991—1997 年向世界银行贷款了 1089.9 万元（其中世行贷款 591.4 万元，配套资金 498.5 万元）用于造林（福建省长汀县地方志编纂委员会，2006）。这极大地增加了长汀县林业部门的经济负担，林业部门不得不增加税费和木材采伐、兴办实体来偿还银行贷款。2000 年以后，福建省为民办实事项目、生态公益林和国家水土保持重点工程项目等一系列专项资金解决了长汀县生态建设的燃眉之急。表 5-2 虽然没有反映出全部的生态转移支付，但反映了基本的增长趋势。随着国家财力增加、对欠发达地区专项转移支付的倾斜，长汀县争取的项目资金不断增多。长汀与林业相关的专项转移支付项目包括生态公益林保护、油茶产业发展、毛竹产业发展、林分改造补助、保护区建设等。例如，2012 年，长汀县林业局共获取国家级、省级、市级林业项目 24 个，各级林业项目资金 7521.624 万元，其中国家林业局 4850.820 万元、省林业厅 2448.480 万元、市林业局 222.324 万元。

表 5-2　长汀县生态建设的主要转移支付项目

时间	扶持项目	主要扶持内容
1983—1987 年	福建省水土保持工作的重点和试点项目	1983—1991 年省政府每年提供 30 万元煤炭补助、20 万元苗木扶持；1983—1987 年“八大家”支持经费共计 75.195 万元、优质化肥 10 多吨、种苗几十万株
1986—1990 年	国家“以工代赈”工程	实际转化金额 315.92 万元
1992—1999 年	福建省水土保持工作的试点	每年补助 80 万元煤补，从河田、三洲扩大到策武、濯田等 7 个乡镇
2000—2009 年	福建省十大为民办实事项目	每年补助 1000 万元，市政府每年补助 190 万元
2001 年至今	国家级和福建省级生态公益林补偿	涉及 116.5 万亩生态公益林，省级以上生态公益林补偿标准 2016—2018 年为 16 元 / 亩，2019—2022 年为 22 元 / 亩，补偿标准根据政府财力逐步提高
2004—2011 年	国家预算内专项投资水土保持项目、国家水土保持重点工程项目、国家新增投资项目等	2004—2011 年累计投入资金 1.6 亿元
2010—2019 年	国家油茶基地建设	中央和省级项目资金投入 4000 多万元
2012 年、2013 年	省重点长汀县水土流失综合治理项目	福建省 5000 万元，龙岩市 450 万元，长汀县 850 万元

资料来源：长汀县林业局和水保局档案。

生态建设带来的转移支付强化了上级政府对长汀森林经营和林权安排的支持和干预。这些专项资金具有指定用途和使用要求，项目和资金随上级政府生态建设意图的变化而变化。中央政府逐渐通过垂直管理的方式推动经营性的政府行为向以公共服务为本的治理体系转变，法治化、规范化和技术化成为政府治理的核心议题（渠敬东等，2009）。具体而言，上级政府通过以下几种方式来影响长汀县政府财政专项项目的实施：一是项目规划制度。财政专项资金的获得需要以申报规划方案为基础。项目规划通常包括治理任务、工程和治理措施、步骤、地点、时间安排、财政预算安排等。执行部门需要及时制定年度或阶段实施方案，严格按照设计施工，使项目实施工作有据可循。二是项目管理制度。项目管理需要建立组织管理、制度管理、工程施工管理和资金管理等一整套项目管理体系。对于重点工程，项目实施过程中需要明确法人主体，对工程推行招投标制，对肥料、林草苗种、设备集中采购，实行工程监理制。此外，还需要及时进行信息统计报告，建立项目管理卡、管理图等，对每一具体措施的地点、数量、责任人、质量、业主等造册登记。三是监督检查制度。这通常包括上级政府和科研机构进行的年度或者结项检查，上级领导、县政府领导、人大代表、政协委员对重点项目的检查指导，县政府或上级政府审计部门对专项资金使用管理情况的审计。项目制的转移支付成为上级政府实现纵向干预的重要举措。

专项资金带来的运动式治理成为打破常规部门分割和僵化的重要手段。改革开放推动了部门利益化和专业化，部门分割成为政府治理的难题。长汀县每一次较大规模的专项资金，都伴随着运动式治理带来的跨部门协调，因为专项资金项目的实施跃升为县政府的重要工作。长汀县生态治理中共发生了 3 次较大规模的跨部门合作。表 5-3 比较分析了 3 次跨部门合作的内容、参与者和协调机构。省政府推动的跨部门协调主要关注生态治理和减贫，而长汀县政府自身推动的跨部门协调重在发展经济。协调机构方面，受上级领导的关注和转移支付越多、机构级别越高，参与部门就越多、级别就越高。在对上问责的官僚体制中，级别越高，动员和组织能力越强。“八大家”项目支持和为民办实事项目的参与部门不仅包括长汀县政府各部门，还包括福建省和龙岩市的相关部门。例如，2000 年为民办实事项目中，龙岩市市长就作为协调小组组长。

由于林业部门或水保部门是主要推进和实施的部门，协调机构的办公室一般设在林业局和水保局。这无形中增加了林业局和水保局组织和协调部门的能力。

表 5-3　不同阶段跨部门合作的比较

项目	“八大家”项目支持	山地综合开发	为民办实事项目
时间	20 世纪 80 年代	20 世纪 90 年代	21 世纪头 10 年
项目级别	福建	长汀	福建
内容	生态治理，能源消费升级	经济林果开发	生态治理，能源消费升级
协调机构	县治理小流域领导小组	河田水保农业综合开发区领导小组	长汀县水土流失综合治理领导小组
上级参与部门	省林业厅、水电厅、农业厅、水土保持办公室、福建农林大学、福建省林业科学研究院、龙岩地区行署等	无	福建省和龙岩市政府及相关单位、科研机构
县内参与部门	县乡镇机关、企事业单位	18 个部门	长汀县计委、财政、审计、监察、农办、水利、林业、水保局等

资料来源：调研资料整理。

1998 年以后，长汀县林业逐渐走出以木材生产为主的模式，越来越重视森林的生态、社会和民生等功能，政府提供的森林公共服务也不断增多。一是把生态环境改善作为首要任务和第一目标，加大对森林生态功能的投资。实施生态公益林划分和生物多样性工程，把汀江两岸、水土流失区、大小水库等重要区位林逐步划入国家和福建省生态公益林。将森林生态补偿金分配到村集体和农民，聘请专职护林员进行护林防火、资源保护。建设自然保护区、保护小区、国家湿地公园，保护生物多样性。二是剥离森工企业，大幅取消林业税费。“两金”占比从木材价格的 20% 降到 10%。除了木材检尺费、林地征用补偿费等少量费用，各种政府附加的费用一律取消。三是为林业投资者提供金融、财政、技术等服务。开展森林资源资产抵押贷款和小额贷款，开展森林保险业务，成立林业金融服务中心，为林农或企业提供评估、担保、贷款、收储、流转“一站式”服务。政府对杨梅、银杏、毛竹、油茶、造林、林下经济等进行补贴，鼓励农民、承包大户、城镇居民、企业参与林业投资。

四是启动商品林采伐管理制度改革，按林龄从大到小排序将采伐指标落实到山头地块。简化林木采伐许可证办理程序，推行林业部门联合会审制度，把办理采伐许可证延伸到基层林业站，改林农跑审批为林业内部会审，减少办证环节，方便林农办理林木采伐许可证。五是兴建长汀县水土保持科教园和汀江国家湿地公园，使之成为各界人士、中小学生接受环境保护教育、支持生态建设、享受生态公共产品的重要场所，丰富地方居民的休闲生活和精神文化生活。

四、从“攫取之手”向“援助之手”转变的驱动力

新中国成立以来，长汀县政府在林业领域享有的自由裁量权经历了倒“U”形的变化。人民公社时期，长汀县政府林业管理以服从、执行国家下达的各种计划指令为首要任务，不仅以较低的成本价格为国家提供了大量木材，还组织开展了大规模的植树造林活动和水土流失治理活动。然而，长汀县政府对辖区林业管理仍然享有一定的自由裁量权和较多的执行权，如掌握人民公社和国有林场等经营单位的人事、机构设置、资源分配控制权，对上级生产计划进行平衡和分配，森工企业利润和育林基金收入的使用和支配，等等。改革开放初期，长汀县政府由计划经济时期垂直控制体系中的一员，变成了具有独立经济利益和权力的代理人，拥有了辖区内森林管理和保护的几乎全部执行权、收益决定权、税费设定和征收权。由于森林的属地性和信息不对称，地方政府较上级政府拥有更多关于森林状况的信息，上级政府很难完全监督地方政府的行为，造成了较多的税费、管制和采伐问题。2000 年以来，随着国家对生态建设的重视，上级政府一改过去过度放权的做法，利用项目制的转移支付增加了对地方政府的激励和行为的调动和干预。对地方政府的考核和监督嵌入项目制中，不仅缓和了地方政府财权和事权不匹配的问题，还强化了对代理人的监督和控制，从而在一定程度上维持了地方森林治理的稳定性和可持续性。地方政府的逐利性容易使其逃避投资周期长、见效慢的生态保护，而转移支付带来的集权和控制可以平衡生态保护与经济发展的矛盾，强化中央政府和地方政府在生态建设上的共治局面。

改革开放初期，由于缺乏相应的制衡机制，森林行政分权和财政分权促

使长汀县政府向森林伸出了“攫取之手”，并没有带来分权改革预期的治理水平的改善。2000 年以后，上级政府将对上问责制的考核和监督功能内置于项目制中，对长汀县政府及其官员的行为发挥了一定程度的引导和约束作用。对上问责制普遍存在于地方政府林业管理中，林业管理有严格的等级结构，其合法性来自自上而下的授权。同时，上级政府致力于发展各种治理技术来约束官员，如整党整风、激励设置、考核指标，不断通过各种政绩来强化官员的认可、服从。

为何林业转移支付和对上问责制对地方森林治理如此重要？当森林的管理权和收益权从上级政府转移到地方政府，必然涉及上级政府对地方政府的监督和考核问题。森林作为财政收入的重要来源，很有必要监督地方政府是砍伐森林来获取财政收入还是对其实施良好保护与管理。同时，作为公共产品，森林由国家到社区、个人等多层级和多利益相关者管理和分享，但森林分权后，地方政府承担了越来越多的森林公共服务供给责任，其收益与成本不相匹配。活跃在全球、国家层次的行动者更重视森林的生态环境价值，而地方政府更加关心森林的生计和经济价值。越来越多的国家资金进入地方层面，以激励地方行动者更好地保护和管理森林。自上而下的干预增加了上级政府监督和考核下级政府的必要性。在资金分配和使用、监督和考核地方政府方面，良好的对上问责制都可以发挥一定的积极作用。然而，错误的考核指标体系和硬监督有可能给地方森林治理带来灾难性的结果，诱导地方政府去实现容易被监督和考核的指标，忽视难以被监督的森林质量指标。结果必然是，造林面积增加的同时，成熟森林减少，地方居民的需要容易被忽视和排斥。

财政分权、林业转移支付等纵向干预是重要的调节变量，塑造了地方政府森林公共服务的激励和约束。计划经济时期，地方政府只有有限的自由裁量权，上级政府为地方林业生产提供的物资和资金不多，地方政府处于森林管理和利益分配的边缘位置，木材收益主要被中央政府获得。1978—2000 年，长汀林业管理从集权为主向分权为主转变，长汀县政府作为中央政府的代理人承担了大量地方森林管理和生态建设的任务。由于地方政府财政困难和很少得到上级政府的转移支付支持，分权改革的后果是不得不“以林为生”“靠山吃山”，手段包括增加税费罚款、垄断木材经营、兴办实体经济等，恶化了地方森林治理。2000年以后，项目制在增加了集权干预的同时，赋予了地方政府较多的支出自主权，打破了事权和财权不匹配的问题，弥补了地方政府管理和保护森林的成本。专项资金的增加在改善地方经济发展水平的同时，也缓解了地方森林的压力，增加了地方政府对森林公共服务的投入。上级政府不仅维持了地方政府较大的自由裁量权，还通过转移支付激励和控制地方政府行为，带来了地方政府从“攫取之手”向“援助之手”的转变，如保护森林产权、减少管制等。上级政府实现其转移支付目标的程度又取决于地方政府对上问责的程度。缺乏上级政府的转移支付，会增加地方政府毁林来增加收入的动机。只有通过设计一个合理的合约，提供一定程度的监督和转移支付，保证地方政府有积极性去保护森林，才能减少地方政府对森林的攫取，增加森林公共服务。这回应了公共财政理论的基本原则：财权和事权的匹配才能达到效率和公平的目标，事权和财权的不匹配需要通过转移支付来平衡，否则会降低地方政府的积极性。

五、小结

改革开放以来，长汀县林业管理体系从管制向服务转变的历程表明，政府间森林分权和财政分权并不必然带来地方政府森林公共服务的改善。地方政府从“攫取之手”向“援助之手”的转变，取决于两个至关重要的条件的相互配合——一是森林行政和财政分权使地方政府拥有了较高程度的自由裁量权，二是有特定用途和目标的转移支付，即专项资金，从而采用行政和经济手段给地方政府以激励和约束，强化了地方政府的对上问责。1953—1977年，长汀县政府不具备上述两个条件中的任何一个，此时国家成为地方森林的直接攫取者。1978—1999年，森林行政分权和财政分权赋予了长汀县决定地方森林事务的高度自由裁量权，但却缺乏与之匹配的、以生态效益为核心追求的转移支付。加上财政分权带来的地方财政收支恶化，地方政府向森林伸出了“攫取之手”，带来了成熟林的过快消耗。2000年以来，随着上级政府对生态建设的重视和接踵而来的专项资金，上级政府的纵向干预、地方经济的发展与长汀县政府的自由裁量权相结合，帮助长汀县政府逐步实现了从“攫取之手”向“援助之手”的转变。长汀县政府从“攫取之手”向“援助之手”的转变不是个案，是改革开放以来许多山区县森林治理转变的写照。

“设计”出能够给予地方政府足够又尺度合适的自由裁量权的监督和财政转移，是发展中国家走向良好地方森林治理面临的重大挑战。这个尺度并不是人为设计出来的，更主要是长期摸索演化而来的。由于缺乏有效的对下问责制或对上问责制，发展中国家森林治理的现状不容乐观。尽管很多发展中国家的中央政府向地方政府转移了不同程度的管理权和收益权，建立监督和考核体系、转移支付体制仍是长远的挑战。其背后是国家政权建设的程度，或者说韦伯意义上的官僚制和蒂伯特（Tibeout）意义上的联邦财政分权制度。这种现代化国家政权制度建设，在大部分热带发展中国家尚不具备。

抽象地看，自由裁量权和林业转移支付的变量可以应用于任何一个发展中国家的森林治理。这两个条件的结合，也恰恰符合了国际森林治理从 20 世纪 80 年代以来强调的森林分权改革向国家干预活动的转变，即超越集权和分权的对立，探寻集权和分权良好结合的方式。长汀县政府森林公共服务实现顺利转型的两个条件，伴随改革开放以来我国政府间关系的调整而来，或者说是我国政府和财政体制改革在森林领域的自然产物。这两个条件建立在中国高度发达的官僚体制、政治集权与分权的传统、迅速增长的经济和财政实力之上，嵌入中国国家治理中，属于历史传统延续和经济高速增长成果的一部分。某种程度上，当代中国整齐划一的林业管理，与官僚体制科层化、等级化、动员组织等特点相符合，森林恢复像高楼大厦、高铁、高速公路、港口建设一样，被政府主导设计和改造。然而，当我们将视线放到热带发展中国家，自由裁量权和转移支付对大部分热带发展中国家的地方政府来说依然是奢侈品。对拉丁美洲和非洲的很多发展中国家而言，国家建设和经济发展都还是长期、持久而有待完成的任务。如果从这种角度看，长汀案例为发展中国家提供了实现地方政府从“攫取之手”向“援助之手”转变的另一种可能，一种有别于西方民主分权理论的模式。中国森林增长确实有较强的政府主导色彩和中国特色，政府采取了有选择退出和进入的策略：退出了容易与民争利的森工企业经营、集体林管理，进入了森林产权保护、解决外部性、产业发展、执法、提供技术服务等森林公共服务领域。当然，政府对生态建设的过度干预有可能会挤压社会参与的空间和利益。尤其是，政府不断进入集体林造成权属破碎或集中，很容易激起农民和其他市场主体的抵制。如何权衡集权与分权的关系仍需要探索。

第六章

林业“三定”改革与森林乱砍滥伐

20 世纪 80 年代初期，家庭联产承包责任制在我国农村的耕地和林地上先后推行。然而，林业“三定”改革没能取得像分田到户改革一样辉煌的成就，反而因木材市场放开在部分地区引起了严重的乱砍滥伐问题，破坏了森林资源。乱砍滥伐问题引发了各界对承包到户是否适用于集体林地的质疑，最终导致分山到户被迫叫停。对于林业“三定”改革后出现的乱砍滥伐，主要有改革配套措施跟不上（乔方彬等，1998；柯水发和温亚利，2005；贺东航和朱冬亮，2009）、林业部门因放开木材市场利益受损而阻止改革进程（李周和许勤，2009）、农民担心政策多变（Bruce et al.，1995；Albers et al.，1998；杜润生，2005；徐晋涛等，2008；刘璨等，2007）、长期贫困的林农短期增收现金需求大（李晨婕和温铁军，2009）等几种解释。这些解释主要从改革外部条件进行分析，忽视了分山到户改革的具体实施及成本分担问题。本章提出了一个新解释：与耕地相比，森林的地形、空间分布、附着物、生长周期、保护、交易要复杂得多，高昂的交易成本导致分山到户过程中产权界定、保护和实施不完全，加上木材市场放开诱发了公共领域的攫取行为，共同成为林业“三定”改革后一些地区发生乱砍滥伐的主要原因。本研究不仅有助于深入理解分山到户与乱砍滥伐的关系，也有助于深化对我国集体林权制度变迁逻辑的认识。

一、分山到户交易成本分析

哈丁的“公地悲剧”描画了公共池塘资源因个人与社会之间的成本—收益

冲突而被过度使用的悲惨结局，因而私有化成为公共池塘资源外部性内部化的一种重要选择。然而，高昂的交易成本常常成为公共池塘资源私有化的阻碍。借鉴巴泽尔（1997）、诺斯（2008）等对交易成本的定义，本研究认为交易成本是产权界定、保护和实施所投入的资源。巴泽尔（1997）认为，交易成本的存在，使产权的界定、保护不完全，造成了公共领域的产生，进而引起了资源的攫取或追租行为。下面以巴泽尔的产权分析理论为基础，对分山到户面临的产权界定、产权保护和产权实施成本进行分析。

（一）产权界定成本

分山到户将集体林地按照家庭人口或劳动力均分到户，首先意味着要耗费一定的资源去度量和描述森林资产。森林具有多种属性，林地类型、林种结构、山林价值、历史背景复杂多样，山林承包经营分配方案不可避免地要对山林分布信息、山林价值、历史归属、山林纠纷、人口信息等情况进行摸底调查，组织人员对山林进行踏界，对山林价值进行估算、分类，形成改革方案的基本资料。与耕地可以通过衡量年产量方便地获取价值信息不同，森林的生长周期短则十几年，长则三四十年，收益不确定性、山林复杂性增加了价值衡量的难度。如果衡量粗糙，不仅容易给部分村民尤其是村干部虚报山林信息、违规操作提供机会，还可能会导致最终分林面积和价值出入很大。

分山到户也具有较高的纠纷调处成本。新中国成立后，我国集体山林权属、行政区划变动频繁，权属重复登记、未登记、登记不全、手续不清等档案问题，四至不明、界址不清、证界不符等界址问题严重，造成了许多省与省之间、集体与国有之间、村与村之间、组与组之间的山林纠纷，也给山林纠纷的解决带来了困难。山林纠纷多发生在边远偏僻山区，不仅仅是山林权属问题，还涉及耕地、矿藏、水利等资源问题，宗族势力、历史矛盾等社会问题，且面临证据材料收集难、国家政策多变等困难，综合导致了纠纷调处难度大、工作复杂的局面。

分山到户是一个村庄内部集体行动的过程，协商的结果是产生一种制度安排，保证各方福利都得到有效的考虑。山林具体采用什么样的分配方式，涉及家家户户的利益，只有结合当地的山林状况、经济特点、历史归属、风俗文化、人口状况等，形成比较容易达成多数一致意见的分配方案，才能顺利地开展分林确权工作。值得注意的是，集体协商有可能达成一个大家都认可的方案，但达成协议的成本可能随组织规模和林业依赖程度的增减而变化，也有可能产生“搭便车”行为导致集体行动困境和利益集团操纵下的分林不公问题。因对土地的争取关乎资源的初始分配，短期内赢家不可能对输家进行补偿，输家也预期到赢家不可能补偿其未来的损失，大家都会拼力相争，二者的协商成本都较高。高昂的组织成本、协商成本、监督成本有可能阻碍产权的公平分配。当然，对山林的熟悉程度、组织规模、村庄历史文化、相互间的信任程度、村庄精英都直接或间接地影响了协商成本。例如，如果村干部在分林到户中占据支配地位，有利用手中信息和权利谋利的机会，就很容易导致“干部林”、私自承包或转卖山林、违规操作等问题。

山有凹凸、地有远近、树有优劣，如何分配和划界？这是分山到户面对的另一个难题。与分田到户可以等耕地上生长的作物收获后再进行分配不同，林地通常都生长有树木，树种、树龄复杂，山林的分配就不得不考虑林地上生长的林木的价值，分配成本也要高很多。完全按照山林的价值平均分配甚至是不可能的，只能按照山林的大概价值和范围主观分配，容易造成分割细碎、一山多主、一主多山的情况。与此同时，与农地相比，林地的划界成本也高得多。原因是与农田田坎容易界定范围、具有明显边界不同，林地的范围、地形、附着物要复杂得多，明晰界线的难度要大得多。结果是，在一些难以踏勘的山地中，受限于信息、地理条件以及分林不规范，没有进行精确划界，往往“指山为限”，没有明确的四至，造成界线模糊。物理界线很容易受人为和自然的改变，签订承包合同、明确承包山林界线就成了重要的产权凭证。一些难以划界的深山或者山林较小的地块，要在地图上对权属进行，代价很高，且往往不能按照真实情况进行标识。由于分林粗糙，往往会留下山证不符、界址不清、纠纷繁杂等诸多隐患。总之，山林的复杂性增加了分配、划界、签署合约的难度，使产权关系无法完全明晰，成为许多山林矛盾和纠纷的根源。

（二）产权保护成本

在一个剧烈转型的外部环境中，分山到户具有较高的保护成本。人们对资产的权利不是永久不变的，它们是他们自己直接努力加以保护、他人企图夺取、政府予以保护程度的函数（巴泽尔，1997）。与农作物一年两熟或一年一熟相比，林木生长周期更长，空间散布更广，山林生长过程中面临的风险和不确定因素更多，排他性保护成本也更高。一般而言，以下几个问题增加了农户的保护成本，使其对山林的保护是不完全的，甚至是得不偿失的：一是森林空间分散性、开放性的自然特点增加了排他性困难。山林分布广泛、零碎，尤其是当林产品价值很高或者存在山林纠纷时，更容易遭受他人的侵害，而侵害的成本很低，监督的成本却很高。二是合同本身不完全或山证不符。林木有经济、自然和社会等多重价值属性，林地类型、林种结构、林木价值复杂多样，从集体向农户转让包含多种权利属性。由于交易成本的存在，山林界线、林地承包合同不可能对权利边界做出完美规定，遇到各种山林纠纷，若没有有效的证明，法庭也很难做出判断。三是政府或集体侵占导致的产权不稳定。表现在农户担心政府和集体强征林地、随意调整山林分配、改变林地用途。四是政府实施保护的困难。高昂的交易成本会阻碍政府执行排他性产权的活动。这主要体现在两个方面：一方面是政府为建立相关的林权登记制度和档案管理制度，需要投入巨大的技术力量和人力成本去衡量和登记；另一方面，森林的开放性、分散性增加了林业部门执法的难度，使违法行为不能得到及时和有效的处置和解决。总之，若保护成本太高而收益太低，则农民投资林业、参与保护的积极性会大大降低。

（三）产权实施成本

分山到户需要承包农户承担较高的产权实施成本。分林到户明晰了集体与农户、农户与农户之间的产权关系，但仍然无法保证农户可以很好地实施权利束，尤其是收益权，因为产权拥有者的经济决策不仅受到产权界定程度的影响，还需要外部市场环境的支持。与耕地相比，森林的交易条件和配套措施要复杂得多，高昂的市场交易成本有可能会阻碍农户参与市场的机会。配套改革的目的，就在于降低林业生产者进入和利用市场的交易成本，激活林业生产要素。计划经济体制下，我国几乎所有的林产品交易和生产要素配置都依赖政府这只“看得见的手”，缺乏相关的木材市场、林业借贷市场、林权要素市场。分林到户后，如果没有各种林业配套市场和制度，那么农民手中的山林资源也会被闲置：没有林权抵押贷款市场，就无法解决投资林业的资金问题；缺乏林权要素市场，农民就无法自由地转让山林，实现林地资源的优化配置；没有竞争的林产品交易市场，产品价格也就不能及时地反映供需情况；林地林木转让需要评估，则需要森林评估机构；税费制度、森林采伐管理制度、森林公安、森林防火指挥、森林病虫害防治等机构也要相应地建立或者做出改变。总之，配套改革的目的，就是保障林地产权明晰后，农民的转让权、收益权能够以较低的成本实现。然而，现实中，配套措施的建立和完善并非朝夕之间可以实现的。

不同主体在分林到户过程中的地位、角色、收益函数、行为多种多样，由此产生了成本由谁承担、承担多少的问题。分林到户涉及中央和地方各级政府、村集体、农民及企业等其他相关主体，成本由谁支出、承担多少因改革任务分工而不同。与分田到户相比，分山到户中政府和农户需要承担的成本都比较高。分田到户主要在农村内部实施，成本主要由农民承担，而分林到户的成本由政府和村民共同分担，二者缺一不可。在分林到户过程中，虽说具体度量、分配、划界工作可以主要由村民来完成，但政府几乎需要介入所有改革任务中，如纠纷调处、划界和地籍管理、确权发证、林政管理。例如，在安徽小岗村，村庄内部就可以“偷偷”实施承包到户改革，带来粮食增产。但分林到户改革中，如果没有政府参与纠纷调处、确权发证、林政管理等工作，各行为主体的权属会难以得到明晰、保护。而在各级政府中，县一级政府对林权的影响最大，往往是开展各项林权改革任务的主体，也是承担改革成本的主体。

二、林业“三定”改革历程

20 世纪 80 年代初期，包产到户在农地上显现出的良好效果，激励了各级政府将分田到户的经验应用到集体林地上。1981 年 3 月 8 日，中共中央、国务院颁布《关于保护森林发展林业若干问题的决定》，拉开了林业“三定”改革（稳定山权林权、划定自留山、确定林业生产责任制）的序幕。到 1981 年 7 月，全国已有 10 多个省（区）对“三定”工作进行了试点，其中抓得较早的地方已经全面铺开。例如，贵州省早在 1980 年就在全省抽调力量，全面开展林业“三定”改革。许多地方采取先分田、后分山的方式，迅速将集体林分山到户。截至 1984 年，全国除上海、西藏外，共有 1781 个县完成林业“三定”改革，占全国应开展“三定”工作县的 77.5%；完成林业“三定”改革的生产队有 475.4 万个，占应开展生产队总数的 88.2%；完成定权发证山林面积达 0.9666 亿公顷；建立各种形式的林业生产责任制的山林面积达 0.7866 亿公顷（林业部，1987）。据 1987 年 16 省（区）的粗略统计，在集体林地中，分户经营面积占 58.6%，其中贵州、河南、湖北、湖南、浙江和安徽 6 省已占到 60% 以上（林业部，1988）。

随着农业生产的扩大，农产品统购派购制度的弊端日益凸显。1985 年 1 月 1 日，中共中央发布《关于进一步活跃农村经济十项政策》，规定“集体林区取消木材统购，开放木材市场，允许林农和集体的木材自由上市，实行议购议销，木材收购部门可以用换购合同的形式收购一部分木材”。这项政策将改革范围从林地、林木确权转向林木流通体制，赋予了农民更加完善的收益权。政策实施后，一些集体林区出现了乱砍滥伐屡禁不止、愈演愈烈的状况。国营林场和自然保护区的林木，也遭到盗伐哄抢。据调查，南方集体林区 10 省（区）1984—1988 年的有林地面积比 1977—1981 年减少了 416.64 万公顷，同期活立木总蓄积下降了 16535.47 万立方米：有林地面积和活立木蓄积双双下降（陈根长，1988）。

乱砍滥伐导致林业“三定”改革被迫叫停。1987 年 6 月，中共中央、国务院发出了《关于加强南方集体林区森林资源管理，坚决制止乱砍滥伐的指示》，明确提出“重点产材县由林业部门统一管理和进山收购”。新放开的林木自由流通市场被迫关闭，林业部门的木材收购部门成为木材进山收购的“垄断者”。文件还要求，“集体所有集中成片的用材林凡没有分到户的不得再分。已经分到户的，要以乡或村为单位组织专人统一护林，积极引导农民实行多种形式的联合采伐，联合更新、造林”。南方集体林区的一些地方林业部门根据此文件，要求村集体收回或者调整已经分配的责任山和自留山。林业“三定”

改革使家庭经营成为集体林地的主要经营形式，农民在一定程度上获得了林地使用权和林木所有权，但仍然无法改变改革不彻底的命运。林业的市场化改革短暂开启后又重新回到了计划经济时期的统购统销制度。分林到户没有发挥其在增加农民收入中的应有作用。

林业“三定”改革后，为了防范资源风险以更好地保护森林资源，政府对集体林业的政策主要围绕两条主线开展：一是在原有集体和家庭经营的基础上，稳定和完善家庭经营制度，鼓励和推动多种经营模式，南方各集体林区出现了家庭经营、大户经营、集体经营、股份合作经营等不同经营制度共存的新格局。二是林业部门主动介入集体林业投资和生产流通，建立和完善木材“一家收购”、木材采伐限额、林业税费等各项管制制度和政策，并相继启动了天然林保护工程、退耕还林工程等六大林业重点工程。

然而，这一阶段的集体林权制度政策，采取的是“冷处理”或者政府直接管制的方式，没有真正去解决产权归属不清和外部制度环境僵化造成的交易成本问题。这种交易成本，主要来源于政府深度介入集体林业生产经营流通。林业“三定”改革时期出现的乱砍滥伐使林业部门以保护森林资源的理由，进入集体林业设租，获取部门利益。家庭经营方面，权属不清、林权登记制度不规范、政府或集体任意侵占导致的产权不稳定等产权问题，木材“一家收购”政策、木材采伐限额制度、林业税费、林地流转市场等外部制度环境僵化的问题，迟迟得不到解决，给农民投资林业带来了高昂的交易成本，极大地挫伤了农民的积极性。集体管理或林业股份合作由于难以解决“公地悲剧”造成的过度砍伐和投资不积极的问题，所有权主体虚置、收益分配、监督制衡问题，林业税费高昂和林业管制问题，导致侵占林地、“干部林”、乱砍滥伐、偷盗等现象屡见不鲜，村民造林、营林和护林的积极性也不高。结果，从林业“三定”改革终止的 1987 年到新一轮集体林权改革全面推广的 2008 年，一些集体林区“产权不明晰、经营主体不落实、经营机制不灵活、利益分配不合理等问题仍普遍存在，制约了林业的发展”。

三、运动式改革与森林乱砍滥伐

林业“三定”改革是一场政府主导、自上而下的强制性制度变迁。理论上，政府和农民需要共同分担分林到户改革面临的高昂产权界定和保护成本。作为改革的具体推进者和实施者，地方政府有足够的能力承担改革成本并付诸实施吗？

（一）复杂多变的集体林权变迁历史增加了产权界定难度

新中国成立到林业“三定”改革期间，我国集体林地产权复杂多变，山林纠纷和国有林场权属问题尤为严峻。一方面，新中国成立以来，土地改革、合作化、人民公社等产权变动遗留下约 140 万件山林纠纷（林业部，1987）。皮特（2008）对这一问题进行了较为细致的描述。他认为，有几个问题增加了确定森林产权的难度：（1）没有系统进行过土地权属登记工作，也未存在过完整的地籍簿，要找到合法的土地权属证明是一件很困难的事情。（2）在中国的现行司法体制下，确认土地的习俗权极其困难，更不用说通过法律手段将其合法化。（3）农村集体内部的土地权属因政治运动而遭到破坏，提供证据的任务显得尤为艰巨。另一方面，国有林场的权属、边界需要获得政府的合法性认可和地方农民的民间认可。新中国成立前，全国仅有 74 个国营林场，1963 年发展到 3300 个，1986 年年底全国有国营林场 4171 个，经营管理面积为 5353.8 万公顷，占全国森林总面积的 21.9%（林业部，1987）。集体林区的国有林场主要是 20 世纪五六十年代政府自上而下将资源较丰富、集体无法证明其权属的森林进行划拨、调配并成立的。可以说，国有林场被包围、切割在广大的集体林地中，犹如汪洋大海中的岛屿。

国有林场来源的合法性问题主要表现在两个方面：一是在当时的政治环境下，许多国有林场的成立缺乏合法的手续、详细的权属边界档案证明和清晰的山林界线，其法律意义上的合法性值得商榷；二是在农民眼中，国有林场是政府强行将祖祖辈辈属于他们的森林无偿（或补偿很少）地征收为国有，其“合法性”虽得到政府认可，但并未完全得到农民认可。在人民公社时期，国有林场和集体的权属之争尚处于可控范围。一旦集体林地开始实施分林到户，民间“法不责众”的传统就可能迅速将纠纷演化成群体性冲突，农民可能会要求取回，或肆意侵占、抢夺和偷盗。这就要求集体林地和国有林场的确权发证工作要同时开展，否则不仅原有的山林纠纷得不到有效解决，还会引发农民对国有林场的侵蚀、盗伐。

（二）运动式改革时间短、任务重

林业“三定”改革在实施推进上设定了1年的完成时间表，低估了分林到户的艰巨性和长期性。1981年3月8日，中共中央、国务院颁布《关于保护森林发展林业若干问题的决定》，要求“各级党委和人民政府，必须尽快做出部署，组织力量在明春以前完成这项工作”。1981年7月，为了加快进度，解决“不少地方刚刚布置，有些地区还停留在一般号召上”的问题，中央还号召各地“抓紧时机，集中力量，花大工夫”，以在1982年之前完成改革任务。结果是，截至1984年，全国77.5%的县已完成“三定”改革任务，88.2%的生产队完成“三定”改革，完成定权发证的山林面积达14.5亿亩（林业部，1987）。对比分田到户，1980年年末，分田到户在全国14.9%的生产队开始实施，这一数据在1983年达到93%，1984年达到99%（林毅夫，1994）。也就是说，分林到户起步虽晚，但进展比分田到户还快，但正如第二节所述，分林到户的复杂程度远非分田到户所能比拟的。

（三）基层林业管理机构和队伍薄弱

林业“三定”改革要求地方政府发挥好纠纷调解、划界和地籍管理、国有林确权发证和林政管理等职能，但20世纪80年代初期中央和地方的财政和乡镇行政体制改革却与加强地方政府职能的要求相背离，导致政府（主要是林业部门）缺乏足够的财政资金和人员来支撑分林到户改革的长期、细致实施。与林业“三定”改革同时实施的，还有财政包干改革和农村行政体制“撤社建乡，撤队建村”改革。这两项改革的主要内容，是中央将财政收支的权力下放给地方，同时让地方承担其开支的包袱，即财力上收，支出下移。人民公社解体后，乡镇一级构建了中国历史上人员数量最庞大的基层政府，但国家并没有提供维持其运转的财政资源，反而要求乡镇政府自行“统筹”（杨帅和温铁军，2010）。对于乡镇企业发达的地区，财政包干改革意味着有更多的创收机会，但对于广大的林区，地处偏远、经济发展较为滞后，分林到户改革的责任最重，所需自筹的改革经费最多，由此促进了地方政府的利益化。显然，改革设计并没有顾及这一问题。

负责具体实施的林业部门，同样陷入缺乏机构、队伍和资金的困境。林业“三定”改革时期，林业工作站被认为是林业建设中最为薄弱的环节。一是截至 1987 年年底，全国有近 59.1% 的区乡还没有建立林业工作站，其中不少是迫切需要建站的重点林区乡。安徽省在大约 600 个重点林区乡中，只有 100 个乡建立了林业工作站（林业部，1988）。森林公安于 1984 年才开始建立，截至 1986 年，全国仅有林业公安民警 2.7 万多人，林政管理队伍 5.5 万人，其中包括林政管理机构人员 1.84 万人，林业工作站中的林政管理人员 2.37 万人，木材检查站木材检查人员 1.27 万人（林业部，1987）。二是相当多的区乡林业工作站缺乏必要的工作条件，如办公、仪器等。三是约有 50% 的职工属于临时工，每个林业工作站的技术人员不足 1 人，且林业工作站职工的工资待遇普遍偏低。对于刚刚发生农村行政体制、财政包干制等大变革的地方政府，在如此有限的人力、物力、技术和时间约束下，根本不可能细致、长期地开展产权界定和保护工作，更何况分林到户是新事物，如何改革、怎么改革都需要在改革中摸索。

为了达成设定的 1 年改革时间表，陷入缺钱、缺人、缺经验困境的地方政府不得不将林业“三定”改革变成一场速战速决的运动式改革。在工作方式上，林业“三定”改革延续之前运动式土地改革的特点，全国各地共组织了 70 多万人的工作队，协助基层落实改革任务（林业部，1987）。山林的自然历史复杂性决定了运动式改革与产权明晰的细致程度和长期性相违背。工作队很难全面掌握地方林情、民情，并有效开展纠纷调解、划界和地籍管理、国有山林确权发证等工作。山林承包到户后，许多合作社时期建立的护林队伍解散，许多尚存的护林组织也名存实亡了。然而，截至 1984 年，全国完成确权发证的山林面积达 14.5 亿亩（这一数据是名义上的发证面积，实际和有效发证面积会更少）。总数 8.3 万人左右、薄弱的林业行政和执法队伍与千家万户的分户经营相比，地方林业部门根本无力承担集体山林的产权界定和保护职能，以至于林业“三定”改革被紧急叫停后，加强林业部门执法和基层林业工作站的力量成为林业部门的一件大事。

(四) 产权界定过程操之过急

由此也不难理解，运动式的产权界定过程同样操之过急，过于追求速度，而忽略了产权界定和保护的质量。

一是集体林产权界定方法简单粗糙，多用自报登记方法，没有到实地逐块勘测丈量，对林木或山林的坐落位置、四至、地名及有关参照物的记录不清晰，林权证和土地证填写不清。这在许多政府报告和研究中都得到了确认（林业部，1986；戴广翠等，2002；刘璨，2007）。林业“三定”改革后，面对林权权属界定不明晰的状况，许多省份不得不着手完善刚刚完成的林业生产责任制。仅浙江省对丽水等 41 个县市的完善工作，就共埋设永久性界标 226.5 万处，补换发自留山证 201017 份，处理山林纠纷 53608 起，清理和建立林业档案 54360 卷（林业部，1988）。澄清林地所有权和林权登记工作，被认为是中国政府到新一轮集体林权改革前尚未完成的两项重要任务（皮特，2008）。

二是相当数量的山林纠纷没有解决，工作粗糙、草率发证还引起了新的林权纠纷。据统计，林业“三定”改革解决了 128 万多起山林纠纷，但仍有 12 万多起林权纠纷还没解决（林业部，1987）。到 1987 年年底，据不完全统计，仅省际山林纠纷就有 1100 起，争议面积达 900 多万亩（林业部，1987）。湖南省原有山林纠纷约 188200 起，争议面积达 633 万多亩，林业“三定”改革解决了大量纠纷，但仍有 9000 多起未得到妥善解决，争议面积约 209 万亩。福建省还有 3200 多起山林纠纷未得到处理，争议面积约 169 万亩（印红，1986）。与历次林地产权变动一样，粗糙的产权界定工作为新一轮集体林权改革留下了隐患。

三是国有山林的确权工作滞后于集体山林，与集体之间的权属混乱，给村民盗伐、哄抢或瓜分国有山林提供了借口。由于缺乏经验，各级政府普遍认为林业“三定”改革的主要内容是稳定和界定集体和个人之间的权属，没有必要给国有山林确权发证，国有山林确权发证工作进展缓慢。据 24 个省（区、市）、计划单列市统计，截至 1988 年年底，国营林业单位发证面积为 1.61 亿亩，仅占其经营总面积 4.9 亿亩的 32.8%（林业部，1988）。

（五）放开木材市场与乱砍滥伐

产权不清晰、农民担心政策多变和林政管理跟不上等问题发展成乱砍滥伐浪潮，只需要一根导火线——放开木材市场。起初，林业“三定”改革并没有引起大规模的乱砍滥伐现象。1985 年放开林木市场，取消统购统销，实行议购议销、自由交易后，林业部控制森林采伐的力量变弱，出现“千家万户”进入林区收购木材的局面，林区许多单位和个人蜂拥而起经营木材，木材价格持续上升。

巴泽尔（1997）认为，公共领域内的资源仍然具有经济价值，当资产价值提升使攫取资源的收益大于成本时，行为主体就会付出努力去攫取资源，直到达到产权界定的重新均衡。以广西融水县为例，与统购时期的牌价相比，1986 年，杉木的收购价提高了 1.5 ～ 2 倍，销售 1 立方米二等杉木可获得 416 元，除去税费，农民约获得 208 元，每立方米可增收 100 ～ 120 元（经晓道，1987）。1986 年，全国农民人均年纯收入仅为 423 元，也就是说，销售 1 立方米木材的收入几乎抵得上农民 3 个月的纯收入。囚徒困境理论认为，尽管合作能够给博弈参与者带来更大的利益，但利益最大化的参与者在面对未来的不确定、一次性博弈（砍伐山林带来的收入可以等同于一次性博弈）、低惩罚高收益的选择时，会选择采取不合作的行为，竞相攫取处于公共领域的经济利益，从而助推了乱砍滥伐的范围和程度，使之成为一场“群众运动”。

林业“三定”改革时期，乱砍滥伐的数量到底有多少？正如无法精确统计走私、黑市交易等非法交易的数据一样，乱砍滥伐的具体数据也无从而知，但可以通过林业部门和公安机关的统计数据大概估计。需要注意的是，森林案件包括盗伐、滥伐、哄抢等乱砍滥伐案件，森林火灾案件，等等。在高峰期的 1986 年、1987 年，乱砍滥伐案件分别为 54600 起和 50655 起，占到全部案件的 71.2% 和 55%，比重最大，这一比例在 1988 年之后持续下降到 50% 以下。从表 6-1 中可以看出，放开木材市场后的 1986 年、1987 年，确实引来了森林案件和乱砍滥伐的一个高峰。1987 年，全国木材产量为 6219.69 万立方米，损失林木占全国木材产量的 2.25%，占南方集体林区木材产量的 6.58%。

表 6-1　1986—1995 年森林案件数量和损失

年份	森林案件数 / 万件	破坏林地 / 万亩	损失林木 / 万立方米
1986	6.78	155.10	252.54
1987	7.46	145.93	140.29
1988	9.21	85.57	109.29
1989	10.71	63.84	—
1990	10.13	25.89	52.10
1991	9.80	29.46	62.96
1992	11.25	59.73	71.32
1993	13.85	50.55	75.59
1994	13.86	25.73	47.22
1995	14.40	38.60	52.66

资料来源：1986—1996 年林业部《中国林业年鉴》。
注：缺乏 1986 年前、1989 年损失林木的数据。

南方集体林区的国有林场、纠纷林地是此次乱砍滥伐的高发区，是林业部门重点打击的对象。从话语使用的角度来看，政策文件[①]中对乱砍滥伐的描述主要采用了盗伐、滥伐、哄抢等具有犯罪性质的词语。盗伐、哄抢等主要是针对处于公共领域的国有山林和纠纷林地的攫取行为，而非发生在产权较为明晰、相互约束较大的农户之间。这是由于国有山林、纠纷山林的产权历经多次变动，权属混乱。面对无人管辖或者存在争执的山林，纠纷双方竞相去抢砍山林，导致了非常严重的毁林情况（印红，1986）。据福建、湖北、湖南、广东、广西、贵州、四川 7 省（区）统计，从林业“三定”改革开始到 1987 年上半年，共有 62 万多亩国有林遭到哄抢、盗伐，损失立木 102 万多立方米，经济损失超过 1 亿元。其中，贵州 88 个国营林场有 66 个程度不同地遭到哄抢。湖北国营林场 1985 年到 1987 年上半年，被偷砍、盗伐的林木损失，相当于国家对该省国营林场一年的投资（林业部，1988）。

一些地方出现的乱砍滥伐激起了对林业“三定”改革的质疑和反对，成了林业“三定”改革被迫停止的导火线。在当时，明晰产权、履行保护产权的职

---

① 如中共中央、国务院《关于加强南方集体林区森林资源管理，坚决制止乱砍滥伐的指示》，福建《关于严厉打击盗伐、滥伐林木犯罪活动专项斗争的通知》，等等。

责和实施采伐证等配套措施改革，对刚刚实施财税包干制、“撤社建乡，撤队建村”改革、薄弱林政管理的地方政府无疑是一个巨大的挑战和难以完成的任务。面对出现的大规模砍伐，停止分林到户改革、加强政府管制就成为中央政府一个不得已的次优或次次优选择。因为相比耕地改革，在当时的条件下想要较好地界定和保护产权，投资巨大、耗时甚多，运动式的分林到户改革恰恰不具备这样的条件，县级林业部门也不具备家庭经营所需要的林政管理能力，配套措施也不可能立马建立以应对蜂拥而来的乱砍滥伐。那么，停止分林、封闭市场、重拳打击乱砍滥伐也就成为一些地方一种立竿见影的政策选择。

四、小结

国际上，20 世纪 80 年代以来，森林分权改革成为许多发展中国家和地区用来提高森林资源利用效率、减少毁林和资源退化、促进减贫的政策选择。但在许多国家和地区，森林分权改革并不必然马上能够带来森林经营效率的提高，反而会因产权变动引发对森林资源的破坏。稳定、可信的产权改革会带来森林资源的改善，反之，不安全、不可信的产权制度会诱发毁林的发生。在产权手段不断被用来促进森林可持续经营的今天，研究中国林业“三定”改革在放开木材市场后出现乱砍滥伐这一经验事实的原因，有助于反思产权理论关于公共资源私有化的信条，对发展中国家建立有效的森林治理结构也具有一定的借鉴意义。

本章对中国林业“三定”改革时期出现乱砍滥伐的原因进行了解释。集体林地复杂的自然、历史条件使分山到户改革中的政府和农民面临高昂的产权界定和保护成本，地方政府主导的强制性制度变迁因缺经费、缺队伍、缺经验导致改革任务没能被较好地承担，最终使改革发展成运动式的改革，出现产权不明晰、政策不稳定、措施跟不上等问题。在林木市场放开和木材价格高涨的诱导下，农民对公共领域囚徒困境式的竞相攫取，造成了乱砍滥伐的爆发，尤其是国有林场和纠纷林地，成为乱砍滥伐的重灾区。因此，分林到户改革中高昂的产权界定和保护成本及地方政府无法承担改革成本、履行改革任务等问题，导致的产权界定和保护实施不完全，才是乱砍滥伐出现的根本原因。产权不明晰、产权不稳定和措施跟不上是由高昂的产权界定和保护成本及地方政府无法承担成本和履职内生出来的，是当时地方政府机构队伍、财政、林政管理和经验等约束条件下的必然结果，属于第二位的原因。

林业“三定”改革放开木材市场后出现的乱砍滥伐否定了产权理论中的这样一种观点，即公共池塘资源的私有化改革必然带来效率的改进。该观点忽视了谁来实施改革、由谁来承担改革成本和怎么实施改革等问题，忽视了运动式改革的问题。分山到户改革面临高昂的产权界定、保护成本，容易造成林地碎片化、分林不公、证地不符和山林纠纷等问题，造成效率损失。改革过程容易受到外部政策和市场不确定风险的影响，要保持政策的稳定性和连续性。改革方向上，不能绝对地认为家庭承包经营制度适合一切地方的集体林地。不管是集体经营还是家庭经营，都面临一定的生产和交易成本，这就应该综合地考虑村庄面临的自然、社会、文化约束条件，尊重农民的选择，而不是采取“一刀切”的方式。改革次序上，为了避免乱砍滥伐，应先进行林业机构改革，建立相关机构和队伍，充实林业部门技术人员，加强林政管理和资源保护，增强林业部门管理资源的能力，然后再进行确权发证工作。改革速度上，确权发证、纠纷调处、措施的建立都是长期的任务，需要细水长流。实施过程不能马虎了事，进行突击式的分林，这不仅与森林的特点相违背，还会将产权不明晰的问题留给后人，浪费社会资源。

第七章
林地调整动因、决策过程与绩效

改革开放以来，我国农村土地制度安排选择和创新的决策主体逐渐从政府转向乡村社区，村庄的权力结构和决策过程在农村土地制度选择和创新中的作用日益增强（姚洋，2004）。新一轮集体林权改革也表现出两个强烈的特点：一是林地制度安排表现出强烈的区域差异，产生了如均山制、集体经营、青山买卖、轮包制、活立木转让、林地流转、联户经营等不同改革模式；二是改革绩效的差别也极为显著，一些地方出现了分林不公平、山林纠纷、经营效率不高等改革绩效不明显的问题。集体林权制度安排呈现多样性的原因究竟是什么？村庄内部政治权力和决策过程如何塑造林地制度安排的选择？这又如何影响林地产权改革的效率和公平目标？现有案例研究主要强调从集体经营向轮包制、均山制、活立木转让等各种林地经营方式的转变，很少关注集体林权改革中林地调整的背景、决策过程及其绩效。家庭联产承包责任制的产权制度内在缺陷决定了土地调整是应对人口和外部环境变化的一个重要方式。在集体林权改革中，许多村庄借鉴耕地制度变迁中大调整、小调整的方式，将原有承包林地按人口重新进行分配。本章选择以 1982 年进行林业“三定”改革、2000 年实行林地大调整、2010 年进行林地小调整的福建省建瓯市 F 村为案例村，分析 2000 年 F 村集体林地调整的动因、决策过程，评价 F 村林地大调整 10 年以来的绩效，丰富对中国农村集体林地制度变迁逻辑的研究。

一、农村土地制度变迁方式

家庭联产承包责任制是中国农民在危机中被“逼”出来的伟大创造。早在1956年，包产到户已经在浙江永嘉出现。20世纪60年代初期，包产到户曾经有两年成为部分地方的重要农地制度。但包产到户真正得到中央高层的支持，并在全国逐步推开，始于党的十一届三中全会带来的思想大解放。新一轮包产到户兴起于安徽小岗村，随后在全国呈燎原之势，到1981年已有45%的生产队转向了家庭承包经营制度，这一数据在1983年达到了90%（林毅夫，1994）。1982—1986年，中央连续发出5个中共中央一号文件，从国家政策层面上肯定了包产到户这一制度，为这一制度的顺利实施保驾护航。包产到户释放了巨大的生产力，成为这一时期农业增长的主要动力。

强制性制度变迁和诱致性制度变迁是最常被我国经济学术界提及的土地制度变迁方式。速水和拉坦（2000）将由要素与产品的相对价格变化以及与经济增长相关联的技术变迁所引致的、由新的有利的经济机会产生的制度创新，称为诱致性制度创新。林毅夫（1994）对诱致性制度变迁和强制性制度变迁进行了较为系统的区分。他认为，诱致性制度变迁指的是现行制度安排的变更或替代，或者是新制度安排的创造，由个人或一群人，在响应获利机会时自发倡导、组织和实行。这些来自制度不均衡的获利机会，包括制度选择集合改变、技术改变、制度服务的需求改变、其他制度安排改变。强制性制度变迁由政府命令和法律引入和实行。强制性制度变迁可以纯粹因不同选民集团之间对现有收入的再分配而发生。在自发的制度安排，尤其是正式的制度安排变迁中，往往也需要用政府的行动来促进变迁过程。这种两分法后来受到了两个方面的质疑：一是在制度变迁中，诱致性制度变迁和强制性制度变迁的主体常常不可分开，都对外部利益进行反应，在不同制度变迁阶段的作用并不一样（黄少安和刘海英，1996）；二是诱致性制度变迁假说将以个人决策为基础的局部均衡价格理论应用于解释集体决策（姚洋，2004）。也就是说，一个完整的制度变迁假说，应该是包括不同形式的集体决策的结果，而非仅仅由诱发性力量所引起。

姚洋（2004）对改革开放以来的中国农地制度变迁做了一个很好的总结，对深刻把握改革开放后我国农村土地制度变迁的特点具有很大的启示作用。他认为，家庭承包经营制度的实施意味着农地制度建设权利从国家转移到村集体手中，产生了两个后果：一是自发性的制度创新代替了原有的国家强制性的制度安排；二是产生了千差万别的农地制度。简而言之，不同的地方特点可以引致千差万别的制度安排。归纳起来，诱发土地制度创新、调整和流转的自发性力量，主要源于家庭承包经营制度存在效率改进的机会，土地制度创新就是为了将外部利益内部化。影响因素主要包括：一是平均地权与随人口增减派生的重新调整土地的压力（张红宇等，2002）；二是取得规模经济的需要（黄少安，1995）；三是风险分摊收益与谈判成本和效率损失之间的权衡（姚洋，2000）；四是获取土地增值的收益（刘芳和钱忠好，2006）。

诱致性制度变迁只强调了现实土地制度变迁的一个方面，对土地制度变迁的研究必须将集体行动和决策过程考虑进去。罗必良（2005）通过对广东省中山市涯口村改革开放初期家庭承包经营制度改革的研究，强调了村庄社会精英人物对制度变迁的重要作用，领导人个体特征的差别有可能导致两个具有相同文化背景和相似资源禀赋的社会走上不同的制度演进道路。Turner 等（1998）构建了村干部控制的理性模型模拟村庄决策过程，试图预测某一村庄土地调整的频率。党国印（1998）认为，家庭承包经营制度有不断蜕变的可能性，而推动承包制发生蜕变的主要力量就是乡村权势阶层。刘守英（1999）认为传统体制下中央政府对土地所有制构造的控制与利益格局的支配地位，正逐渐让位于社区结构（包括各个利益主体的实际力量和利益）的影响，农村社区经济结构差异的拉大以及社区整合能力的强弱不一，势必导致农村土地产权安排结构变化的多样化。张红宇等（2002）强调，利益一致、预期相同对平稳实现制度变迁非常重要，我国土地制度变迁需要获得不同经济当事人“同意的一致性”。姚洋（2004）在对诱致性制度变迁理论展开批评的同时，认为中国土地制度决策模型是理性决策模型和政策选择模型的混合。刘芳和钱忠好（2006）以“外部利润—同意一致性—农地制度创新”为研究主线，研究了诱致性制度变迁下土地股份制创新的产生。中国的改革过程并非绝对的强制性制度变迁或者诱致性制度变迁，而是交织着政府选择外部规则和社会成员选择内部规则的双重秩序演化路径，前者是表面上的主线，后者则是实际的主线（周业安，2000）。

学术界对中国土地制度变迁已经形成了以下共识：一是制度变迁和创新的力量逐渐从国家转向基层，诱致性力量、地方政府、基层精英的作用日益增加，这也导致了千差万别的土地制度创新方式及其绩效。在产权变迁过程中，既要重视来自政府的强制性力量和来自地方的自发性力量，也要关注村庄的具体决策过程。因为产权的变迁本质上就是一个自发性力量和政府、集体行动相互作用的结果。二是土地制度创新对中国农业发展具有重要作用，是改革开放以来中国农业发展的重要因素。然而，对诱致性力量、基层精英、地方政府在集体林权制度变迁中如何相互作用，以及村庄政治权力结构和决策过程的研究，仍然是中国农村集体林地制度变迁研究的薄弱环节。

二、案例背景

（一）F 村基本情况

F 村是福建省建瓯市的一个山区自然村，海拔 800 米左右。建瓯市位于福建省北部，总面积为 4233 平方千米，辖 14 个乡镇、217 个村，是福建省面积最大、闽北人口最多的县级市。全市共有土地 631.34 万亩，其中林业用地 529.9 万亩，占土地面积的 84%，森林覆盖率为 80% 左右。建瓯市毛竹林面积为全国第一，被国家林业和草原局授予“中国竹子之乡”称号。2011 年调研时 F 村人口有 61 户、305 人。全村耕地面积为 601 亩，其中水田 451 亩，绝大部分水田已经用于柑橘种植。林地面积约 7918 亩，人均林地面积约 26 亩。2011 年农民人均收入为 6000 元左右，在当地农村中处于上游水平。

2000 年林地调整时，F 村具有以下典型的特征：一是经济以农为主，农业又以竹子种植为主。竹子种植构成了村子的主导产业，属于劳动密集型农业，村庄几乎所有的经济活动、收入来源都围绕竹子开展，缺乏山林的流转市场。2011 年调研时毛竹收入占总收入的 70% 以上，是村民的主要收入来源。仅有少部分林地种植锥栗、柑橘等其他经济林，占总收入的 10% 左右。这也意味着林地和劳动力在农户生产生活中发挥了举足轻重的作用（见表 7-1）。二是 F 村在 2000 年开展集体林权改革时，村庄中 20 世纪六七十年代生育高峰出生的孩子正处于壮年，人口年龄分布呈明显的“双峰”状，两个人口高峰分别是 11 ～ 25 岁和 31 ～ 45 岁。每个家庭的人口规模一般为 3 ～ 6 口。平均而言，按照年龄段分布，36 ～ 45 岁的人口拥有最大的家庭规模，这也与生育规律有关。按照人口规模分布，四口之家是 F 村最为常见的家庭类型。三是 F 村是一个较为封闭的山区农村，较高的林地和竹子收入使村民对外经济交流较少，外出务工经商不成气候，非农收入有限。这也决定了 F 村是一个内源性发展的村庄，村庄内部力量对村庄事务具有较大影响力，缺乏外部力量对村庄原有均衡的介入和打破。四是 F 村内部已经形成了一个较有势力的村干部和有钱人阶层，他们对村庄的公共事务具有较大的垄断权利。

表 7-1　2000 年 F 村家庭经济收入情况

项目	竹笋和毛竹	锥栗	其他	合计
平均收入 / 元	11325	2147	2878	16350
平均成本 / 元	1075	788	0	1863
利润 / 元	10250	1359	2878	14487
利润比重 /%	70.75	9.38	19.87	100.00

注：由于 2000 年为 F 村毛竹生产小年，竹笋收入较大年约少 1/3。

（二）F 村集体林权制度变迁历程

与中国其他农村一样，在人民公社时期，F 村村民总体生活水平尚处于低水平的温饱，收入水平低，村民生活水平相对平等。村民主要有两大收入来源：一是以农业为主，开垦了许多荒山种植水稻和大豆；二是生产白笋，根据生产大队计划卖到乡镇农贸市场。尽管生产大队、生产队组织开发了村子周围和道路两旁的山林，但大部分山林既不通路，也没有进行开发，原始森林式的杉树、杂树随处可见，野猪、狼等大型野生动物也经常可以遇到。此时，山林主要为农户提供柴火和建房用的木材，农民对山林的利用程度很低，属于较低层次的木材需要，木材很少变成真正的商品。人民公社的生产模式禁锢了木材的商品化，也在一定程度上缓解了人地压力对森林资源的破坏。

1982 年，随着林业“三定”改革的开展，F 村开展了第一次分林到户改革。在 F 村，分林到户改革总是与分田到户改革联系在一起，即先分田、后分山。F 村主要采取事前跑山分块、抽签分组、组内分林的方式决定山林归属。分林之前，家家户户都派人到山上走山，根据地块好坏、远近将全村山林分了 20 个大笋场[①]，并为每个笋场确定人口。随后就是抽签，抽到相应笋场的一组人将大块笋场根据人口再细分。人口与土地的配置主要依据山林远近、好坏搭配，好山分配的人口数多一些，远山、差山分配的人口数就少一些。除了一些风水林，其他山林全部按荒山、责任山平均分配。分配时并没有指定自留山，分配结束后由每家依据人口自主选择人均 5 亩的责任山作为自留山。同时，林业“三定”改革时政策规定，山林经营维持 15 年不变。尽管远山分得较为粗糙，面积出入较大，但村民也不太在意和重视，因为当时远山开山成本高昂，竹子市场也没有形成，价值较低。直至新一轮集体林权改革时，仍有部分远山没有得到开发。林业“三定”改革通过平均地权，为改善 F 村农民生活、保护生态环境和维护社会和谐起到了较为积极的作用。

F 村在 2000 年实行了林地大调整。大调整一般是在约定年限将集体林地全部按人口进行重新分配，可分为在原有承包地基础上实行抽多补少和打乱重分两种方式。小调整一般采取预留机动地和农户自行对调林地的方式。大小调整的时间一般由村集体根据国家规定灵活约定。2000 年，当地政府决定以 F 村作为林权改革的试点，意在摸索改革经验，以在其他村庄进一步推行改革。F 村能够得到试点改革机会，主要是因为 F 村在整个村委的中心位置，也因为 F 村村主任的个人能力和威望得到了村镇领导的信赖。村内成立了一个林权改革领导班子，由村主任、村会计和部分党员等 7 个人组成。许多村民认为，这个领导小组只是表面的领导小组，它的背后是一个以村主任为核心，包括村庄精英和部分强势壮年的强势利益集团，他们联结在一起，分享内部信息和资金支持，以获得心仪的林地。F 村最终的具体分林方案是，荒山给出每块林地的人口数，然后再以出钱投标的方式获得相应林地；责任山的分配沿袭了林业“三定”改革时期的办法，以抽签的方式平均分配，人均约 7 亩。出钱投标的

---

① 村民习惯用“笋场”来表示山林的生产力，例如，林业“三定”改革时全村共分为 20 个笋场，一个笋场的产量为 6000 ～ 7000 斤竹笋。笋场数目随山林的开发而逐渐增加。对于 F 村而言，山林面积是一个变动的概念，主要以笋的产量来衡量。如果抛荒或管理不善，笋场的数量又会下降。

结果是，山林分配结果极度不平均，多者可以达 500 亩，少者才 20 亩，平均每户 120 亩。经过激烈争吵，投标获得的钱最后全部均分给各家各户，每口人可以得到 4000 元。F 村集体林权改革并没有全面实现山林初始产权在集体成员间公平分配的改革目标。

F 村集体林权改革始于 2000 年，自发性、内生性强，可以展现出新阶段国家权力逐渐退出农村、市场化逐渐影响农村、村庄内部政治权力作用日益凸显的背景下，诱致性力量、地方政府和村庄内部政治权力是如何作用于村庄林地产权变迁的。对 F 村林地调整产生的背景、决策过程和绩效进行分析，有助于深入理解 21 世纪初期新一轮集体林权制度改革的微观发生和实施逻辑。

三、林地调整的动因

随着 20 世纪 80 年代初期家庭联产承包责任制的广泛实施，我国农地产权建设的权利已经逐渐转移到基层农村。家庭联产承包责任制的一大特点是土地均分、地块碎片化。尽管这一制度创新适应了 20 世纪 80 年代的社会经济状态，促进了农业的增长，但当社会经济条件发生变化时，家庭联产承包责任制可能就无法适应新的社会经济环境，面临被重新调整的压力。新一轮集体林权改革时期，F 村的整个社会经济环境、村庄内部结构已经与林业“三定”改革时有很大不同，于是村民重新分配林地的呼声逐渐高涨。作为整个大变革的一个缩影，本节将分析人口特点、资源升值、村庄精英和政府政策对 F 村 2000 年林地调整的推动作用。

（一）人口动态变化

人口问题是分林中的一个关键问题，因为资源是有限的，人口的多寡制约了分林方式以及未来一段时期内一个家庭可以得到的资源禀赋。自从林业“三定”改革后，F 村人口规模发生了很大变化，全村总人口由 1980 年的 210 人左右增加到 2000 年的 295 人，增加了将近一半。同时，家庭男女比例也随着嫁娶发生了较大变化。例如，有 2 个儿子的四口之家，初始能分到 4 个人的林地，随着时间变化，人口可能至少增加到 8 人，人均林地面积缩小了 1/2；相反，有 2 个女儿的四口之家，初始同样可以分到 4 个人的林地，而随着女儿的外嫁，人均林地面积会增加 1 倍。对 F 村这个以山林为主要谋生途径的村庄而言，资源初始分配因人口变动带来的反差会带来贫富差距的迅速拉大，让人难以接受。这不仅是一个代际公平问题。在一个社会保障尚未普及的村庄，山林还承担着社会保障的功能。男孩居多的家庭当然希望在未来的某个时间重新分配林地，甚至预留机动林地，以随时依据人口增减进行调整。相反，女儿较多的家庭则倾向于维持长期稳定不变。F 村林业“三定”改革采取的是均山制，按人口对全部山林进行分配，并没有预留机动地，村里也不存在土地流转市场。也就是说，应对人口压力的唯一途径就是重新进行林地调整。尽管重新调整林地可能会牺牲一些效率，但这种牺牲对于平衡林地的公平和保险功能是值得的。尤其是，家庭人口规模的变化与 20 世纪 90 年代后期山林资源的升值相结合，刺激了人口规模较大的家庭推动重新分林的积极性。

人口结构的变化对诱发林地调整也发挥了重要作用。36 ～ 45 岁这一阶段的人群出生时正值 F 村的生育高峰期，目前成为占比最大的年龄段。36 ～ 45 岁的青壮年无论从数量还是年龄上，都可以说是村里的生产主力，处于整个人口再生产的鼎盛时期，是农户家庭生命周期中的黄金时期。这一代人在出生时经历了林业“三定”改革，在成年时成为家庭主要劳动力。在集体林权改革中，这一代人发挥了巨大的推动作用。原因有以下几个：一是这一代人兄弟姐妹多，成年分家导致山林碎片化，每一个人分到的山林都不多；二是这一代人正当壮年，事业心强，较小的山林已经满足不了他们的投资需求；三是这一代人面临子女、家庭消费的高峰期，子女上学、嫁娶需要大量花费，要早做准备；四是这一代人目睹了 20 世纪 90 年代中期山林价值的上升，深切体会到“有山就有钱”的道理。这些都决定了当政府决定再一次实施分林时，这一代人最有积极性去实施。

（二）资源升值

资源升值对制度创新的激励不仅体现在可以提高整体收入水平，还反映在地位、禀赋不同的行为主体因资源升值而改变了对原有制度安排的认识，部分人希望通过制度创新来保证收入的公平性。在 F 村，20 世纪 90 年代后竹林价值的提高不仅提升了村民们的收入水平，也大大改变了村民对山林的看法。山林价值的提升与第一次分林的结果结合在一起，强烈地改变了村内的收入分配格局和农民对重新分林的预期。20世纪80年代林业“三定”改革时，由于竹子市场没放开，竹子既没市场也不值钱，农民对开山经营竹子不太在意，许多远山都没有被开发出来。1992年邓小平同志南方谈话过后，全国宏观经济过热，对竹子的需求陡然增加，竹子变得非常值钱。那时，竹子每增加一寸（竹子价格根据圆周计算，竹子圆周一般为一尺左右，每增加一寸价格就会相应增加），价格可以多增加一两元，一根竹子就可以卖一二十元。只要有竹子，就能马上变成收入。许多山多的村民一年收入突然能增多一两万元，对原本平静的小山村吸引力很大。农民发现，山林面积成为决定收入水平的唯一因素。山差、山少的人，生活就差一些。竹子市场一热，许多村民就开始重视远山的开发，路也开始慢慢修进去。此时的收入差距仍然控制在一定范围内，多也就多个一两万元，但这导致村民们在新一轮集体林权改革之前形成了很强的共识，即山林值钱。

然而，第一次分山时的“霉运”、人口的增加、林地流转市场的缺失和非农收入的缺乏，都增加了一部分农户的人地压力，没能从资源升值中获益太多。林业“三定”改革已经明晰了山林归属，对于这部分村民来说，如果山林产权维持现状不变，他们的生活根本无法改善，只能外出务工，听任村内收入差距的扩大。在家家户户以山为生的F村，少山农户几乎不可能从他人处流转到山林。山林的升值让少山的村民预期到，只有重新分山，他们在村中的生活水平和社会地位才能够提高，否则将永远地贫穷下去，或者被迫离家外出务工。因此，这些人也更有激励去重新分山，分山的胆子更大，手段也更多。竹林价值的提升和人地压力相结合，山林资源变得更加稀缺。此时，林业“三定”改革的结果已经无法满足一部分F村村民对山林的需求，F村酝酿着重新分林的暗流。

（三）村庄精英谋利驱动

改革开放以来，F村内部权势阶层控制的资源不断增多，对推动重新分林具有举足轻重的作用。本节将F村具备政治和经济优势的人称为村庄精英。F村人少山多、外部交流有限的特点，决定了村庄内部很少有人能够从外部获取较大的经济和政治收益，借助外力获得更大的资源优势。在这种背景下，村内的公共活动更多被地方成长、发育起来的基层精英左右，也决定了血缘关系和个人能力在资源分配中的突出作用。生产队时期，由于普遍贫困和政治运动，村庄精英很少有发挥才干的机会，也不敢冒险出头。对世代以山为生的村民而言，山林就是他们最重要的资源，也是最耗费个人精力和劳动的所在。由于缺乏林地流转市场，增加收入的唯一渠道就是增加山林，而增加山林的唯一渠道就是通过山林再分配获取更多的山林。这就导致了村庄精英对林业“三定”改革时山林分配格局的不满，因为他们想要获取更多的山林，从而获得更大的财富，而在原有产权安排下，他们根本无法获得更多的山林，也就极大地限制了他们施展才干。他们凭着个人实力，也许可以推动山林的重新调整，但由于无法获取来自政府的合法性支持，不敢贸然行动。当地方政府允许重新分林时，他们自然最有激励进行重新分林。他们可以利用已经建立起来的政治、经济、社会资本优势，影响甚至左右村庄的分林方案，从而获取更多的山林资源。

（四）政府政策赋予合法性

同意一致性是自发性制度变迁发生的关键。根据青木昌彦（2001）的观点，个体理性并不是集体理性的充分条件，制度创新是一个集体选择行动的过程，利益集团之间能否就制度创新行动达成一致同意影响到制度创新的速度、成本，决定着更加有效的制度创新能否发生。20 世纪 80 年代林业“三定”改革时政策规定，山林经营维持 15 年不变。在新一轮集体林权改革之前，尽管上文描述的一系列人口压力、资源升值、村庄精英等都在推动林地重新调整，但村内的势力均衡状态仍然没有被打破。1997 年，国家推行第二次耕地延包 30 年不变后，尽管 F 村部分村民一直酝酿着重新分林，但谁也说服不了谁，村民之间对林地调整并没有达成同意一致性。没有政府的许可，任何单方面行动都会遭受来自村庄其他群体的反对。山多的农民不希望进行林地调整稀释已有的山林，并声称如果村内强制分林，他们将会前往政府上访。现存的产权分配不能让所有人满意，达不到兼顾效率和公平的目的，但谁都无法单独推动林地重新调整，也形成了一种暂时的均衡。山林由集体所有，每个人都拥有决定山林归属的部分权利，都不拥有绝对影响力来推动林地调整，更何况有可能面临政治风险。

在村内无法就林地调整达成一致性意见的情况下，2000 年建瓯市政府可以重新分田和分林的决定，正好符合了村里一部分人的心理，给了分林推动者调整林地产权的合法性，反对者也就没有理由进行反对了。可见，政府政策推动是 F 村集体林权改革的最大外在推动力。在村内没有达成共识的情况下，政策打破了村内的势力均衡状态，推动了 F 村集体林权改革的发生。农民、村干部、地方政府和中央政府是农村土地产权变迁的几个重要参与主体。改革开放以来，农民获得了农地产权建设的更大权利，但并不拥有绝对的权利。政府的授权不仅降低了改革的政治风险，也推动了村庄内部对制度变迁达成同意一致性。于是，集体林权改革也就成为一种政府赋权、村内各种自发力量合力推动的结果。这表明，人地压力增加、人口结构变化带来讨价还价能力的改变、资源升值、村庄精英推动，以及政府林权改革政策都有可能诱导林地调整的发生。

四、林地调整过程

土地权利的分配和变化往往会成为乡村政治的重要内容。国家退出农地产权建设后，村庄精英的作用日趋增加，农民在农村土地改革中的需求和利益千差万别，诱导出了千差万别的分林方式以协调各种利益群体的关系。许多研究将中国农村土地调整模型假设为理性决策模型或者政治模型（Turner 等，1998；姚洋，2004），认为村干部是利用权威实现村庄经济理性或个人利益最大化的主体。党国印（1998）提出了一个更加宽泛的主体概念——乡村权势阶层，包括村级干部、乡村先富裕起来的人、部分乡级干部，认为他们是推动承包制发生蜕变的主体。本节将通过描述 F 村集体林权改革中的社会结构、力量对比及其怎样作用于分林，来展示一个村庄在分林过程中复杂的博弈图景，展现强势利益集团如何影响林地制度安排的选择。

（一）村庄决策结构分析

村庄内部如何决定林地制度安排的选择？中国农村乡绅阶层的衰落、政府对乡村社会的渗透和村民自治的兴起改变了中国农村社会的基层治理结构，基层政权和农村社会利益化趋势更加明显。一般而言，林地调整可以有 3 种方式：第一种是村干部利用垄断的政治资源和经济资源操纵林地的调整，使土地制度变迁满足他们的利益需求，导致土地制度发生蜕变或变质。这要求村干部有“一手遮天”的实力，权威性较强，可以完全平息村庄内部的意见，这种强制性制度变迁能够迅速统一意见，达成协议、实施方案，具有规模效应，但村干部也容易滥用权利对私产进行粗暴干涉。这种方式容易在政府强制性变迁时期和权威性村庄中产生。第二种是村民自治的方式，民主投票，公开、公平、公正参与。通过召开村民大会或村民代表大会讨论分配方式，协商的结果是产生一种制度安排，保证各方福利都得到有效的考虑。但达成一致性协议的成本随组织规模扩大而扩大。同时，民主协商不仅要克服“搭便车”引发的集体行动困境，也有可能出现利益集团操纵协商议程。这种方式要求村庄内部结构较为平衡，具有村民自治的传统，没有哪一方力量占据压倒性优势。第三种方式是一种较为综合的方式，由乡村权势阶层推动或博弈而发生。这种方式既能够发动权势阶层参与改革，减少改革的主要阻力，又具有较大的村民代表性，发挥权势阶层的桥梁作用。改革开放释放了农民的积极性，每一位农民都有可能凭借个人努力获得超越他人的经济和政治资源。实际上，村干部的决策必须得到村庄其他强势人物的支持，否则其决策将会遭到这部分村民的强烈反对。在农村，强势人物往往又与家族联系在一起，代表所在家族的利益。上述 3 种决策方式对应着不同的决策模型，要求不同的村庄社会权力结构。

F 村是一个内部结构较为稳定的社会。在没有更多的外在资源介入（“外在资源”是指外在就业机会、成功机会、社会救济和权力干预，“介入”是指主动追求和被动接受）的情况下，人们为了满足被外在经济刺激而扩张的财富需求，为争夺山林资源展开了激烈的竞争。这也决定了其竞争更多的是以血缘和个人实力为基础的竞争。F 村以血缘、政经关系为基础，形成了范姓为主的家族势力。村里还有刘、陈、蔡和宋等几个杂姓，这几个家族人口不多，又是后来的外来户，总体而言实力较弱。村内还有两种因素影响了利益群体的构成：一是存在一部分较为松散的、非正式的利益群体，主要依靠同学伙伴关系、经商等共同经历来维护。二是个人性格。性格强势的人比较难惹，被村内“强人”重视，就有可能在分林中增加讨价还价能力；相反，性格软弱的人就无法在博弈中发挥作用，也不会被村内“强人”重视。处于核心地位的仍然是以宗族维系的、政治经济实力较强的利益群体或个人。这些群体并非固定不变的，会随着分林的进展和博弈出现调整或分化。这些群体存在的作用主要是分享内部信息和资金支持。

（二）林地调整过程和结果

在正式分析F村的林权分配过程之前，先讨论一下什么是公平的分配决策。应该明确的是，没有哪次分林是绝对公平的，即任何分林都是相对公平的。一般而言，分配方式是否公平，就看在分配的决策和分配过程中，每个参与分配的主体是否拥有同等的发言权和发言能力。根据哈贝马斯（2018）的沟通行动理论，人们在进行沟通行动时，要想相互的沟通持续进行，必须在假定理性共识是可以实现的前提下，沟通双方进行反复性辩论，以便在相互质疑的辩论中消除分歧，最后达成一致性的意见。这种反复性辩论的实现只有在所谓的“理想的沟通情境”中才是有可能的。这种“理想的沟通情境”具体是指：（1）双方均有相等和相同的发言机会；（2）双方都能在免除内外限制的情形下，针对辩论的议题，充分而理性地畅所欲言；（3）双方在辩论时要真诚；（4）特权与片面的规范已被去除。换句话说，以上这些条件有一个或者几个不能被满足，那么双方的沟通就是不对等的。同理，在一次公平和民主的分配方式决策中，每个参与者都要有相同的发言机会，并且是在没有内外限制的情形下充分地辩论，且任何人都不存在欺瞒的行为，最后也没有其他特权或者外在压力的干预；反之，就是一个不公平的分配方式决策。除了决策方式的商议外，还有一个影响公平分配的重要影响因素，就是分配中的附加条件。这种附加条件是不是人人平等地拥有，决定了参与者在获取分配上的地位。总而言之，影响一项公共分配决策公平性的有两个方面，即沟通的无障碍性和获取分配的条件平等性。

F村村内成立了一个林权改革领导班子，由村主任、村会计和部分党员等7个人组成。事实上，这个领导小组的背后是一个以村主任为核心的强势利益集团，包括村内政经实力较强的村庄精英、有反抗能力的青壮年村民，也包括与村主任有直接血缘关系和间接利益关系的人。这些人成为村主任策划分林方案的“内应”，他们联结在一起，分享内部信息和资金支持，以获得心仪的林地。

分林工作有 4 个重要的环节：确定分林的面积、确定具有分林权利的人口、确定林地地块与人口的配置和确定具体的分配方式。

一是确定分林的面积。村庄 20 世纪六七十年代生育高峰时期出生的一代人正处于壮年，最具改革积极性。村庄精英也对林业“三定”改革的山林分配格局不满。在这部分人的主导下，经过激烈争论，全村除少数风水林外，包括林业“三定”改革时期的自留山，全部纳入此次改革的范围。

二是确定具有分林权利的人口。现有人口人人都具有分林权利，争论的焦点是潜在人口，即未来几年内可能结婚的年轻人以及即将出生的小孩。由于下一次分林可能要 30 年[①]之后，势必要考虑这些潜在人口的经济来源问题。这些潜在人口并不是家家户户都有，因此成为争论的焦点。35 ～ 45 岁的人口居多，这部分村民的孩子还处于青少年，不会立即进入婚育期，因此他们主张潜在人口不具有分林的权利，提出了按现有人口进行分配、10 年调整一次的方案，并在争论中处于上风。最终，F 村确定以 2000 年 8 月 31 日为计算人口的最后日期，在此之前的嫁入本村和出生人口都为此次分林的人口。

三是确定林地地块与人口的配置。依照惯例，F 村将林地分为近村早开发的责任山和离村较远的、较晚开发或未开发的荒山。在很少变动原来山界的情况下，按每块山的面积和质量把确定的人口数分配到各块山地上。荒山面积大，但配置的人口却很少。责任山由于路途近且开发程度高，被配置了较多的人口。虽然有一个名义上的全村户主巡山定人口的过程，但由于山地面积大、山路崎岖，且可视性和可比性非常差，因此在这个过程中各块山的人口比重设置有很大的出入，可操作性较强。

四是确定具体的分配方式。经过几次“不满意”的分林方案后，林权改革被延滞了数月。林权改革领导小组临时决定进行最后一次分林。具体的分林方案是，荒山给出每块林地的人口数，然后再以出钱投标的方式获得相应林地；责任山则以抽签的方式平均分配，人均约 7 亩。责任山的分配沿袭了林业“三定”改革时期的办法。为了投标，首先为地块配置人口数，一般为每块地 2 口

① F 村根据当时政策约定，30 年后再对林地进行一次调整。

人，然后竞价投标，底价是 500 元，最高可以达到 1.3 万元 / 块，一般地块的价格也有 2500 元 / 块。从形式上看，出钱投标的方式似乎较为公平。然而，由于各户在资金准备和信息掌握上存在很大差异，此方案对那些资金雄厚、有所准备的人有极大的优势。尤其是，投标附上了“第二天立即交钱结算”的条件，无形中导致部分家庭贫困、胆子较小、信息不完全的村民不敢贸然投标。这样，改革方案的设计和实施方便了强势利益群体获得他们心仪的林地。出钱投标的结果是，山林分配结果极度不平均，多者可以达到 500 亩，少者才有 20 亩，平均每户是 120 亩。投标获得的钱，经过激烈争吵，最后全部均分给各家各户，每口人可以得到 4000 元。

当发现自己获得的林地特别少的时候，人们就没有质疑或反抗吗？就现实情况来看，利益受损群体仅仅是对以村主任为首的强势群体，尤其对村主任心生怨恨，未形成有效的反抗。这主要有以下几个方面的原因。首先，在具体的分林过程中，有两个重要因素决定了村民个体能否把握住自己的利益：一是是否熟悉林地的分布和质量。能够确实了解这些情况的村民就可以把握住机会获得自己想要的林地。二是能否获得其他村民的支持。属于强势群体的村民成为受益群体，而那些相对孤立又对村庄林地缺乏了解的人就成为利益受损的群体。其次，强势利益群体，尤其是村主任之所以可以独断地做出决定而不怕村民的反抗，就在于他获得了村镇领导的非正式支持。最后，既有的分配习惯使利益受损群体愿意接受利益受损的情况。在没有明显证据说明其他人作弊的情况下，村民是可以接受不公平结果的，并期待有机会在下一次分林中挽回损失。

五、林地调整效果

（一）生产效率分析

调研时，F 村新一轮集体林权改革已推行了 10 年，在林地生产效率方面，与林业“三定”改革时期相比，村庄内部荒山开垦的速度大大加快。林地调整发挥了林地要素市场的作用，林地迅速向有能力的村民集中。新一轮集体林权改革之前，进山道路因缺乏资金和相应的组织，以及大量小块林地难以组织协调，一直无法修通。集体林权改革以后，强势群体在经营上更积极、更有能力，并且通过利益上的联结，强化了共同开发荒山的协调性，提高了荒山的经营效益。到 2010 年，F 村所有山林都修筑了进山的机耕路，大大提高了山林开发、经营的效率。

劳动力也不断得到优化配置。林地分配不公平的一个直接反映就是出现了村内的劳动力市场和外出务工群体。强势群体充分发挥自身竹林生产管理能力和毛竹销售能力较强的优势，大大提高了竹林生产的效益，成为劳动力的需求者。一部分林地少的农民，因个人经营和组织能力较弱，进入劳动力市场，成为临时雇工。同时，许多人多地少的农户，走出村庄外出务工以获得更多的收入。村内劳动力市场的扩大和外出务工群体的形成，都是以往未出现过的情况。这不仅缓解了村庄内部的人地矛盾，还增加了劳动分工和村庄收入来源。

（二）公平性分析

F 村集体林权改革实现了提升效率的目的，是否也同样实现了公平的目标？在 F 村 2000 年的集体林权改革中，强势利益集团利用决策优势，获取了大量林地。林地调整在短时间内加剧了村庄内部的贫富分化。2000—2010 年，林地采伐成本大大降低，毛竹销售的平均单价由 11 元 / 立方米上升到 223 元 / 立方米。短短 10 年间，村庄内部形成了占 15% 的、年收入 8 万～ 15 万元的富裕阶层，占 55% 的、年收入 4 万～ 5 万元的中等收入阶层，占 30% 的、年收入 1 万～ 3 万元的相对贫困阶层。从这一结果来看，显然，此次林地调整既没有实现“均山”的目标，也没有实现“均利”的目标。也就是说，新的林权变更在短短的几年内就加剧了村庄内部的贫富分化。

林业“三定”改革尽管分林粗糙造成了林地分配的不平均，但由于程序公平，在过去的 18 年里，并没有在村庄内部激起太多矛盾，村民之间相互信任，在公共活动中结成了良好的合作。集体林权改革中，强势利益群体利用各种资金、信息和权利优势，解构了公平分配的前提，与林业“三定”改革的程序公平完全不同，导致部分林地较少的村民对以村主任为代表的强势利益群体产生极大不满，集中反映在村庄公共基础设施建设、林地小调整的过程中出现了矛盾和冲突。林地调整增加了村民之间的隔阂和纠纷，邻里关系趋于恶化，村民对村干部的信任也不断下降。许多村民迫切希望再一次分林，以扩大山林经营面积。

根据F村林权改革方案，责任山林地每10年要根据人口增减进行一次调整，减山户拿出山林补给增山户。2010年，F村进行了分林后的第一次调整，出现了以下争议：一是减人口的家庭如何退出土地。由于山林是非均质的，退哪里、退多少，在事先没有约定的情况下，存在极大的争议。二是出现了较大的人口差。10年里全村减少人口5人，而出生的人口则有13人，多出的人口如何处理存在争议。三是2000年主持分林的村主任结束了任期，新任村主任是集体林权改革的主要受益者，又缺乏号召力，由谁来主持调整出现了较大争议。林地小调整的方案整整争论了一年，仍然毫无结果。最后在各方压力下，镇政府要求尽快调整好山林，最终减山户每户上缴6000元/口的协调款平均分配给增山户，在妥协中完成了此次林地小调整。

六、小结

从制度变迁的角度看，F村林地调整首先是一次强制性制度变迁，其次是一次具有内在变迁动力的诱致性制度变迁。林业“三定”改革后，F村各种诱发性力量推动着林地重新调整，主要来自3个方面：一是F村人口规模、结构的变化。除了人口自然增减带来的资源压力外，人口结构也是推动林地调整的重要因素。36～45岁的青壮年人口是F村占比最大的年龄段，这一年龄段的人口在家庭、个人消费和发展上都有很大的经济压力。在均山制的产权约束下，他们一旦脱离父母成立独立的家庭，只能拥有一份属于自己的、零碎的土地。换句话说，妻子和子女没有获得相应的土地，使得他们背负了较大的经济压力，从而拥有较大的动力推动林地调整。二是20世纪90年代以来，市场改革的推进使得市场对竹木的需求大增，山林资源升值很快，大大改变了村庄的经济状况和收入分配格局。F村作为较为封闭的农村社会，土地调整发挥了缓解贫富差距过大、保障公平、维持村庄稳定的作用。三是山林作为F村最重要的生产资料，在资源升值的刺激下，无论是对于36～45岁的年龄群体，还是村庄精英，重新进行林地调整几乎是扩大林地经营面积的唯一选择。这些因素促使部分群体具有强大的分林动力。尽管F村内部自发性力量不断积累，但仍无法就林地调整达成内部同意一致性。此时，政府允许林地调整的政策打破了村内原有的博弈均衡，赋予了村民改革政治合法性，推动了村庄同意一致性的达成。政府的作用已经与林业“三定”改革时大为不同，不再拥有决定土地制度变迁的绝对权威，集体林权改革也就成为政府赋权、村内各种自发力量合力推动的结果。政府、村干部、村民能否就制度变迁达成同意一致性决定了林地制度变迁能否真正发生。

林地制度安排的选择及其绩效内生于农村内部的社会权力结构和博弈结果。林业“三定”改革时期较为平等、公正的村庄内部社会权力结构和决策过程，产生了一个兼顾效率和公平的林地制度安排。反之，新一轮集体林权改革时期不均衡的村庄社会权力结构，很容易使林地制度安排的选择受强势利益集团的操纵，通过牺牲公平换来了效率的改进。强势利益集团以权利、信息和资金优势作为分林方案设计和实施的后盾，通过改变分林方式、设计附加条款等形成有利于自己的分林方案，从而导致林地制度安排的选择有失公平。F村强势利益集团对分林过程的影响尽管带来了效率上的改进，但也产生了分林不公的问题，并扩大了劳动力市场和村民的社会矛盾。林地初始禀赋的不公平，彻底改变了村庄的经济社会结构，改变了村庄的发展路径，村庄向着一条贫富分化的道路发展，并加速了对外交流。尽管村内劳动力市场、外出务工的扩大部分抵消了集体林权改革分林不公平带来的消极影响，但其纠正作用仍然值得继续观察。

本章展示了一个从相对封闭走向开放、以林为生的山区村庄，在21世纪初期进行林地调整的动因、决策过程及其绩效。F村林地调整案例揭示了分山到户释放的生产力和财富效应，也展示了可能面临的问题，如人地压力、分林不均等。F村作为中国千千万万个农村的一分子，一方面具有中国农村土地制度变迁的一些共性；另一方面也有自身的特点，存在案例局限性。例如，大部分村庄并没有像F村一样进行两次分山到户。

对中国集体林地政策的启示意义是，村庄的权力结构和决策过程是决定林地制度安排和绩效的重要因素。本章从具体案例上证实了许多学者对中国集体林地制度变迁方案演进和区域差异的推断，即村庄社会权力结构和决策过程决定了土地的具体制度安排。不同的村庄结构表现出千差万别的制度安排，导致了不同的效率和公平结果，即土地制度安排及其效率、公平是内生于农村内部的政治权力和博弈结构的。一个较为均衡的村庄内部社会权力结构和决策过程有可能产生一个兼顾效率和公平的土地制度安排；反之，一个不均衡的村庄内部社会权力结构和决策过程有可能会牺牲公平换来效率改进。由此，林地制度安排可以因村庄的政治权力结构和决策过程的差异而表现出不同特点。

此外，山林作为许多林区村庄最重要的生计资源，分山到户的影响是长期和全面的。改革的不彻底、不到位和变异必定会削弱林地产权的稳定性，随时有可能引发新的矛盾。要转变观念，跳出林业看林改，运用农村综合的方法解决林改中的问题。一方面林业制度安排内生于村庄社会经济政治状况；另一方面对林改中出现的林地过度集中、产权不明晰等问题，也应该从整个林业、农村和农民的角度来解决。改革的配套措施不应局限在森林保险、金融、税费改革、林产品流通、林权要素流转等林业范围，更应该立足于整个“三农”问题和城乡协调发展的高度，通过完善农村社会保障体系、完善基层治理结构、加强农村人力资本投资等来克服面临的问题。

第八章

新一轮集体林权制度改革与制度多样性

改革开放以来，将家庭联产承包责任制从耕地向林地拓展和延伸，确立农民作为林地承包经营权人的主体地位，被视为集体林权制度改革的主要目标（贾治邦，2007）。林业部门希望通过均山到户，像“耕者有其田”一样实现“耕者有其山”，实现增加林产品供给和农民收入的目标。然而，分山到户并没有如预期一样成为新一轮集体林权制度改革的普遍选择，“分股不分山、分利不分林”的集体管理模式成为许多村庄的共同选择。在福建省，许多村庄采取了承包到组或承包到联户的形式来明晰所有权与承包经营权[①]，集体林产权制度选择呈现了多样性。那么，在政府主导推动、村庄内部自主选择的新一轮集体林权制度改革中，为什么一些村庄没有选择主流话语认可的分山到户模式，而是选择了“分股不分山、分利不分林”的集体管理模式？本章利用福建省三明市沙县X村新一轮集体林权改革案例，揭示选择分山到组而不是分山到户的自然、经济、制度原因，展示我国集体林产权明晰和制度变迁的多样化道路。

一、分股不分山、分利不分林

土地承包制普遍被认为是实现所有权和承包权“两权分离”的基础性制

① 在福建省的调研发现，为了按时完成政府规定的明晰产权和发证任务，联户经营和村民小组经营的区分并不十分严格，联户小到由3～5个农户组成，大到由一个村民小组的20～30个农户组成。因此，小组经营也可以视为联户经营的一种形式。

度安排。具体操作时，在耕地上表现为采用分田到户的方式将耕地按人口或劳动力均分到户，在林地上则表现为采用分山到户的方式将山林按人口或劳动力均分到户。20 世纪 80 年代初期，分田到户几乎在所有耕地上实施，但南方集体林区只有将近 60% 的集体林地实行了分山到户。分山到户在集体林的实施上一直伴随着各种批评，如被认为有违森林经营的复杂性、长期性和规模化特征，容易产生产权界定不清、分林不公、林地破碎化、林权冲突等问题。由于出现了大规模的乱砍滥伐现象，1987 年中央政府叫停了林业“三定”改革，许多村庄已经承包到户的林地也被要求收回村集体。

林业“三定”改革中，福建、江西两省未像其他省份一样，大规模地将集体林分山到户。1984 年，福建省三明市许多村庄采用林业合作社股份制的模式替代分山到户，以兼顾村集体和农户的利益、协同生态效益和经济效益。在林业合作社股份制中，村集体成立专门公司或组织来负责管理，集体获得的林业收入扣除造林、集体开支后按照股份分配给村民。林业股份合作公司开展了大规模的森林砍伐和造林活动，但在分红方面的表现不能令人满意，因此 1990 年中期逐渐被地方政府解散，集体林也被移交给村委会直接管理。林业股份合作公司尽管最终走向失败，但仍然为新一轮集体林权制度改革采取均股、均利等多样化方式明晰产权探索了道路。

2003 年，福建省启动了新一轮集体林权改革，并于 2008 年在全国进行了推广。新一轮林权制度改革有两个主要任务：一是明晰村集体和农户之间的所有权与承包权关系，并为承包林地和林木颁发统一、合法的林权证。新一轮集体林权制度在不改变林地集体所有的前提下，鼓励村集体将林地使用权和林木所有权承包到户。二是实施配套改革措施，包括降低林业税费、放宽采伐限制、改善林业公共服务，以促进林地流转、木材销售、植树造林等。

新一轮集体林权制度改革明晰产权的最大特点是，允许采用分林到户、“分股不分山、分利不分林”等多样化形式落实集体林所有权。尽管林业“三定”改革也允许各地因地制宜，将社队集体林业承包到组、承包到户、承包到劳力，但实践中分山到户占据了主导地位。2003 年，福建省试点以多样化形式落实集体林所有权，允许“将林地使用权、林木所有权和经营权落实到户、到联户或其他经营实体”。江西省规定，明晰集体林产权可以主要采取 7 种形式，包括自留山稳定不变、已分包到户的责任山稳定不变、落实“谁造谁有”、家庭承包经营、“分股不分山、分利不分林”、有偿转让经营、稳妥处理已经流转的集体山林。2008 年新一轮集体林权制度改革在全国铺开时，就有意识地借鉴了福建省和江西省的做法，允许采用均股、均利方式明晰产权到户，即“在坚持集体林地所有权不变的前提下，依法将林地承包经营权和林木所有权，通过家庭承包方式落实到本集体经济组织的农户，确立农民作为林地承包经营权人的主体地位。对不宜实行家庭承包经营的林地，依法经本集体经济组织成员同意，可以通过均股、均利等其他方式落实产权。村集体经济组织可保留少量的集体林地，由本集体经济组织依法实行民主经营管理”。

在新一轮集体林权制度改革实践中，尽管各级政府仍然片面地追求集体林地像耕地一样彻底地落实均山到户，但分山到户的实施比例并没有那么高。在改革结果上，相当部分农村并未选择分山到户，而是选择了“分股不分山、分利不分林”的集体管理模式承包到组或到联户，并将林地承包经营权和林木所有权转变为股权，由村集体、小组或联户共同管理森林，按股份分配红利。这既不同于集体林地所有权和承包经营权尚未分离时的村集体经营，也不同于林地承包经营权落实到户的家庭经营。对集体林地各类产权明晰方式和纠纷林地的面积缺乏公开的统计数据。按照国家林业和草原局前局长张建龙（2015）家庭承包到户的数据，全国 27 亿亩集体林地中有将近 1/3 没有分山到户。另据“中国林改百村跟踪观察项目”对全国 13 个省 32 个县（市）72 个村的监测，截至 2013 年，样本户的林地确权到户率达 86.28%，其中均山到户占 68.4%，均股、均利占 17.88%，集体预留山林比例为 7.92%（贺冬航等，2013）。考虑到集体经营的林地也大都进行了均股、均利，采取集体或联户经营的森林面积可达到 25% 左右。在福建省，包括生态公益林在内，采取集体或联户经营的森林面积占比高达 30%（徐晋涛等，2008）。以沙县为例，集体林权制度改革后，截至 2010 年，各乡、镇、村集体统一经营的林地有 20.61 万亩，村民小组（含大联户）经营的林地有 18.05 万亩，自然人（含林木转让、林地租赁、“谁造谁有”、小联户等）经营的林地有 70.11 万亩，其他经营形式（含与公司联营、世行造林、合作造林等）的林地有 12.58 万亩，生态林 29.80 万亩，集体经营和村民小组经营的林地占全部林地面积的 20.73%。如果包括由村集体经营的生态林，集体或合作经营的林地面积占比会超过30%。

纵观改革开放以来我国农村土地制度变迁历程，我国不仅以党和政府决议和政策文件的形式，还从土地承包法、物权法等法律高度，对农民的土地承包关系和地位进行了规定和保护。作为一场发生在家庭承包经营制度实施将近30年且从“两权分离”向“三权分置”转变的重要时点、20世纪80年代以来范围最广的农地制度改革，鲜有研究者关注新一轮集体林权制度改革对21世纪初期我国农村土地制度改革的突破和借鉴意义。新一轮集体林权制度改革被宣传为“第三次土改”和21世纪初期重要的土地制度创新，但哪些地方进行了创新、对农村土地制度改革有何启示，至今鲜有经验和理论上的系统总结。新一轮集体林权制度改革将为我国农地制度改革提供最新的实践经验，即随着社会经济条件的变化，均股、均利的集体管理有可能成为农民的重要选择。

二、X村新一轮集体林权制度改革的做法

X村为福建省三明市沙县的一个山区农村。全村共有土地面积28494亩，其中山林面积24579亩，耕地面积1950亩。集体林包括生态公益林7127亩、商品林19394亩。X村辖6个自然村、10个村民小组，共有426户1640人。X村是一个杂姓村，约有40个姓氏，没有一家独大的姓氏或者宗族，人口数位列前十的姓氏约占全村人口的60%。与沙县的大部分村庄一样，X村60%以上的人口在外经营小吃店，村里人口主要为老弱妇孺。

改革开放以来，新一轮集体林权制度改革以前，X村集体林权制度变迁频繁，经历了林业“三定”改革、林业股份合作公司、村集体经营三次大的变迁（见表8-1）。每次改革都强调保护群众的利益，但效果都不是很理想，农民从用材林中获益很少。林业“三定”改革时，中央政府规定可以将社队集体山林承包到组、到户、到劳力，但X村还是按照福建省政策将大部分集体山林统一由集体经营。此后，与三明市其他村庄一样，X村经历了林业股份合作公司和村集体经营两个阶段，但是始终没有从根本上解决集体林所有权虚置和农民获益少的问题。20世纪末期到新一轮集体林权改革前，为了维持村集体公共开支，X村村干部流转了大量山林，而造林很少。许多农民也纷纷上山“谁造谁有”，乱砍滥伐、偷盗、侵占林地等现象屡禁不止。新一轮集体林权制度改

革前，除了自留山的林权已经明晰到户之外，其他集体林的承包经营权都没有均分到户，且一部分山林已经通过流转、“谁造谁有”等形式流转到村干部、普通农户、大户和木材商人手中。上述问题广泛存在于福建省的山区村庄，成为福建省推动新一轮集体林权制度改革的背景。

表 8-1　改革开放以来 X 村集体林权制度的变迁

时期	主要内容	效果
林业“三定”改革（1982—1984 年）	划分自留山，实行各种形式的责任制	造林和管护很少，村民获益少
林业股份合作公司（1984—1994 年）	成立林业股份合作公司，开展“谁造谁有”	高采伐，高造林，高税费，农民获益少
村集体经营（1994—2005 年）	采伐和流转集体山林，划定生态公益林，发展经济林	乱砍滥伐、偷盗、侵占林地等问题严重，农民主要从经济林获益
新一轮林改（2005—2010 年）	确认和巩固产权明晰的山林权属；均分集体山林到联户小组	农民首尝用材林的收益；部分山场抛荒，造林、抚育资金筹措困难；侵占村民小组的山林；山林利益分配不公
股份林场（2010 年至今）	成立股份林场，后改为林业公司	改善造林和抚育；增加集体资产；减少矛盾纠纷

资料来源：根据村庄调研资料整理。

新一轮集体林权改革是政府推动与村庄自主选择相互作用下的结果。2005 年 8 月，沙县政府全面铺开了新一轮集体林权制度改革，要求全县按照“统一部署、试点先行、全面开展、限期完成”的原则，确保在年底前完成 90% 以上的村级明晰产权改革任务。根据沙县政府的林改方案，对林木产权未明晰的，以及尚未落实林改仍由村集体管理而又经营不善的山林，必须坚持“耕者有其山，权利平等”的原则，将现有集体林地使用权、林木所有权落实到户、到联合体或其他经营实体。村集体经营山场不得超过本村集体林地面积的 10%，可采取联户经营、自主经营、招标拍卖、租赁经营等形式。同时，如何分山需要由村（组）民大会或村（组）民代表会议决定，林改方案需经村（组）民大会或村（组）民代表会议 2/3 以上多数同意。X 村成立了包括村干部、包村干部、小组长的林改工作小组，负责讨论制订林改方案，供村民代表大会和户代表大会讨论和表决。X 村新一轮集体林权制度改革的关键步骤如下：

一是确定需要将集体林地承包权和林木所有权明晰到户的林地。林改工作小组对历次林权变迁情况进行“回头看”，摸底调查全村所有林地的地类、面积、归属情况，按照沙县政府林改方案明确了各类林地的改革措施（见表8-2）：第一，对产权明晰的山林权属给予确认。这部分山林包括村民小组山场、自留山、毛竹山，在林改前已经分别通过划拨、划分、拍卖等方式落实了林地经营权和林木所有权。第二，对部分山林权属的合同和林地使用费进行了规范，包括“谁造谁有”山场、林木转让山场、林地租赁山场、经济林承包山场。村民们对这部分山林权属归属的意见最大，但出于尊重事实、普遍认同解决方案缺乏、政府林改时间限定等考虑，经补签合同或者补交林地使用费后，对这部分山场的权属予以确认。林木转让山场、林地租赁山场合同期满回收村集体后，需继续均分到联户小组。第三，需要明晰产权到户的山林。这部分山林来自村集体，为新一轮集体林权改革明晰产权到户的重点，面积 4291 亩，平均每人不足 3 亩。第四，村集体经营山林，共 1026 亩。这部分山林的林木所有权已经对外流转，未来 3 年到期采伐后林地将回收给村集体。这部分山林到期回收后将继续均山到小组。第五，按照政府规定，生态公益林由村集体统一经营管理，生态公益林补偿按照政府规定，在提取村管理费后均分给所有集体成员。第六，有待明晰林权的纠纷山场。这部分山林主要为“文化大革命”时期 X 村与国有林场合作造林遗留下来的，一直无法调解，共 222 亩。综观新一轮集体林权改革，除了自留山早在林业“三定”改革时已经划分到户之外，X 村集体山林都没有均分到户，而是采取拍卖、流转、租赁、均山到组、均利等方式将林地经营权和林木所有权落实到了各类主体。

表 8-2　新一轮集体林权改革时 X 村各类林地明晰产权的形式

土地利用类型	明晰产权的形式	经营形式	来源	面积 / 亩
村民小组山场	确认林权	小组经营，部分已经承包给大户	1961 年“四固定”划拨给各生产队	1816
自留山	确认林权	家庭经营	1981 年林业“三定”改革划分到户	2342
毛竹山	确认林权	大户经营	1994 年福建省林业改革拍卖到户	3046

续表

土地利用类型	明晰产权的形式	经营形式	来源	面积 / 亩
“谁造谁有”山场	规范合同	家庭经营	20 世纪 80 年代末期与 20 世纪 90 年代消灭荒山运动和村集体经营时期	1611
林木转让山场	规范合同	大户经营	20 世纪 90 年代末和 21 世纪前 10 年村集体经营	2220
林地租赁山场	规范合同	大户经营	20 世纪 90 年代末和 21 世纪前 10 年村集体经营	412
经济林承包山场	规范合同	大户经营	20 世纪 90 年代末和 21 世纪前 10 年村集体经营	1296
生态公益林	产权不明晰到户，均利	村集体经营	2001 年国家划定生态公益林	7043
林改山林	均山到组	联户小组经营	2005 年新一轮集体林权改革	4291
村集体山场	产权尚未明晰到户	村集体经营	已流转林木所有权	1026
纠纷山场	产权尚未明晰	国营林场	“文化大革命”时期	222

资料来源：根据 X 村调研资料整理。

二是确定拥有成员权资格的人口。谁是村集体的成员？谁有权参与分林？以户口为基础、“人人有份，机会均等”的原则一直是成员权认定的基础，但成员权认定比法律规定更加复杂和多样，往往是产权界定改革中争执最为激烈的环节之一（张明慧等，2014）。分林人口是以当下的户籍人口为依据，还是包括户籍迁出人口和未来新增人口，很容易引发村民的争议。经过讨论，新一轮集体林权改革时 X 村确定以 2005 年 9 月 3 日的户籍人口为基础，并详细规定了参军者、劳改者、在读大中专生、五保户、嫁入本村但户口未迁入女性、外嫁但户口未迁出女性、超生但获得计生部门认可人口、户口迁出但无生计来源者（确定 1 人）等特殊人群的成员权资格。成员权资格采用“增不补，少不减”的原则，坚持 50 年不变。

三是确定人口与林地配置的方式，也是改革中的重要环节。为了操作方便，X 村决定不直接分山到户，而是分山到组，由小组自主决定是否均分到户和具体经营方式。X 村原本共有 10 个村民小组，分散在 7 个居住区。在既有村民小组和大稳定的基础上，由本人自愿或抓阄的方式调平成 7 个小组。各林改小组户代表会议推荐有经验和有责任心的成员负责参加本小组的抓阄，并与村“两委”成员组成山林评估小组，对需要明晰产权的 4291 亩山场逐一进行实地评估。评估时，将山场分为近熟林和中幼林两类，由评估小组确定各片山场的林木款和林地租赁费，将评估结果张榜公布。随后，将山场按照价值、位置和面积搭配成 591 ～ 627 亩的 7 个组合山场，并通过抓阄落实到 7 个村民小组。

四是处置分山到组的林地和林木。分山到组的林地和林木既可以进一步均分到户，也可以由小组自主经营或者流转。各个小组分别召开由全部农户代表组成的小组会议，讨论并投票决定如何处置分山到组的林地和林木。由于小组成员家庭经济状况不一，每个家庭的想法不尽相同。有些家庭希望进一步分山到户，有些愿意继续经营山林，而有些则要求立即变现、获得资金以便外出经商。有两个小组组织成员上山丈量，尝试均分到户，但最终因担心引起界线不清、分配不均、邻里矛盾等问题，不得不选择了放弃。最终 7 个小组全部采取了以小组为单位来均股或者均利的方式。对于占分到林地 70% 左右的近成熟林和成熟林，“先抓住一把再说”的心态、对政策不稳定和小组经营不善的担心、道路基础设施建设等原因，使各个小组在均山到组一两年内逐步向私人或木材商人进行了林木流转，以均利的形式落实了林权。剩下的中幼林，则由各个小组自主经营。

由于没有采用分山到户的方式落实林地经营权和林木所有权，“分股不分山、分利不分林”成为 X 村集体林的主导经营形式（见表 8-2）。尤其是 X 村形成了 3 种类型的股份合作制：（1）以村民小组为单位的股份合作制。1961 年“四固定”时，X 村生产大队响应政府鼓励生产队造林的号召，为每个生产队划拨了部分山林。这部分山林归集体所有，但为了照顾各个小组的利益，大部分一直由各个村民小组自主经营。（2）以联户小组为单位的股份合作制。这部分山林来自新一轮集体林权制度改革，共计 4291 亩。（3）以全体村民为单位的股份合作制，包括毛竹山、生态公益林、村集体经营山林，但全部为均利形式，村委会并不直接经营。毛竹山于 1994 年已经由村集体向集体成员拍卖发包，租金按年交给村集体，其中 70% 的租金均分给所有集体成员，剩下的 30% 由村集体支配。生态公益林根据政府政策实行政府和村委会共同管理。村集体保留的 1026 亩林地，林木所有权已经对外流转，林地尚未收回。因此，X 村并没有走上一条被普遍认可的家庭承包经营道路，而是选择了“分股不分山、分利不分林”的明晰产权道路。

新一轮集体林权制度改革给 X 村带来了 3 个好处：首先，增强了农民集体林地所有者的意识。新一轮集体林权制度改革前，集体林地名义上是集体所有、人人有份，但实际上人人没份、产权归属模糊。新一轮集体林权制度改革通过均山到组和赋予农民决策权，使农民意识到自己才是集体林地真正意义上的主人，增强了农民的所有者意识和决策能力。其次，增加了农民的收入。新一轮集体林权制度改革前，X 村集体用材林的收益大部分归村委会支配，或者以各种税费的方式转移到政府手中，农民获益很少。新一轮集体林权制度改革之后，由于 70% 以上的森林（主要是近成熟林和成熟林）在两年内迅速被采伐或者转让，村民人均年收入增加超过 1000 元。最后，提高了森林管理水平。林改前，产权模糊和村集体管护不力，使村民竞相乱砍滥伐和侵占林地。林改后，均山到组，人人有份，提高了农民的管护意识，缓解了集体林地经营和管护的压力。然而，由于没有实行均山到户，部分在家务农的农户直接经营林地的需求没有得到满足，对林改政策、村干部和小组经营存在或多或少的不满意和不信任，仍然有分山到户的需求。均分到组也产生了不少新问题，如小组因“搭便车”问题和机会主义行为难以筹集造林和抚育资金导致的林地抛荒和新造林质量低问题、村委会收入减少导致的公共支出困难问题、人口“增不补少不减”分配原则带来的收益分配不公问题等，并最终导致 X 村在 2010 年成立村级股份林场，对小组管理的森林和村委会管理的森林进行统一经营。

三、分林到组的原因分析

新一轮集体林权制度改革中，为什么 X 村会放弃分林到户，而选择分林到组来落实承包经营权？很重要的原因是，与林业“三定”改革时相比，新一轮集体林权改革建立个人化产权时的自然和社会经济条件已经发生了巨大变化。

（一）物理上的排他性困难

分林到户最具政策合法性，也最能保护每一个农户的收益。然而，排他性产权的建立意味着要耗费一定的交易成本去度量、分配和划界。只有当产权界定的收益大于成本时，个人化的产权才是一个可取的选择；否则，产权界定将有可能失败。新一轮集体林权制度改革时，X 村曾经讨论过如何将集体林分山到户，但考虑到自然物理条件有可能带来的分配不公、林地破碎化问题，不得不选择了放弃。在 X 村，物理上的排他性困难对选择分山到户与否影响最大。

山有大小、地有凹凸、树有好差，如何分配和划界是分山到户面对的一大难题。我国集体林权制度变迁频繁，不同时期的林权改革形成了多样化的林权制度安排，可供采取分山到户形式明晰产权的集体林面积相对有限。与 20 世纪 80 年代林业“三定”改革相比，新一轮集体林权制度改革不是在一片空白或较为同质的林权状况下进行的，而是在生态公益林、自留山、村民小组管理的林地、林地经营权已经流转的林地、按照“谁造谁有”政策管理的林地等多种林权形式的基础上开展的，对可供承包到户的林地规模和结构产生了重要影响：一是可供分林到户的林地不多。尽管 X 村共有林地 26521 亩，人均可以达到 17.5 亩，但除去各种已经被事实处置的林权，留给 X 村分山到户的林地并不多，只剩下 4291 亩，不到全村林地面积的 1/6，人均不足 3 亩。二是林地分布复杂。林业“三定”改革将村庄和道路周边、地势较为平缓的林地划定为自留山，此后“谁造谁有”、林地转让、林木转让逐渐将林地占有从村庄周边扩展到其他地方，到新一轮集体林权制度改革时，相当比例的尚未明晰产权的林地分布在交通不便的远山和陡山，且分布较为零散。三是林木结构复杂。X 村的林地并不是被系统和规模化地成片开发利用的，而是经营者根据自身需求开发利用的，结果是杉木林、马尾松、杂木林等错落交叉，面积大小不一，林种结构复杂多样。分林到组时，各个小组都是好坏搭配，分到了 6 块分布在不同区域的林地。每个小组有 50 户左右，要想将这 6 块林地按照山林价值均等分配成 50 份，难度可想而知。

新一轮集体林权制度改革时，按照政府的林改方案，各村庄需要尽可能采取分山到户的方案来明晰产权。分林到组后，X 村各个小组也讨论过如何进一步将山林均分到户，但考虑到自然物理条件有可能带来的分配不公、林地破碎化问题，不得不选择了放弃。实际上，这不是 X 村第一次放弃均分到户。改革开放以来，X 村尝试过两次分山到户，但每一次都遗留下不少问题，使村民对家庭经营的可操作性产生了很大的质疑。第一次是林业“三定”改革时期的划定自留山。由于划分过于粗糙、后期管理不善，至今仍然遗留不少自留山纠纷。第二次是 1994 年，X 村曾经尝试将毛竹分山到户。由于地形崎岖，勘测划界极为困难，根本分不下去，毛竹林不得不由村集体集中拍卖发包。这就使得分山到户的方案很难在村民中取得一致性同意。在政府给定的两个月改革时限内，分山到户很容易忽视质量，留下山证不符、界线不清、纠纷繁杂等诸多隐患。

产权界定的难易程度还受到技术、意识等因素的影响。新一轮集体林权制度改革时，尽管农民对山林的生计依赖程度不断下降，但农民土地产权意识的提升使他们对山林分配的容错度变小了，增加了分山到户的难度。此外，尽管林业勘测、绘图、评估等技术手段和技术力量都有了显著提高，但上述技术全部掌握在地方林业部门手中。村集体对森林的摸底调查、划界分配仍然延续了林业“三定”改革时期的手段，以农民自己的操作和经验为主，主要采取事前跑山分块、抽签分组、组内分林的方式决定山林归属。在分山到组时，由小组代表前往勘查、谈判、划界，不需要每个农户支付成本。如果要进一步分山到户，因为林地规模不大且结构复杂化，每个农户就要付出较高的信息、谈判、划界成本，加上大部分劳动力都外出务工不在家，容易造成分割细碎、一山多主、一主多山问题。经过讨论，考虑到可操作性问题，各个小组不得不选择放弃分山到户。

（二）生计对森林的依赖程度下降

长期以来，对于农民而言，土地不仅是一种重要的生产资料，还发挥着低水平的社会保障功能。这在农民收入较低和劳动力过剩的阶段尤为重要，因而提高了农民对个人化产权的需求。X 村 20 世纪 90 年代一家一户参与“谁造谁有”和柑橘种植就反映了农民个人化产权需求的高涨。20 世纪 90 年代，受限于沙县有限的非农就业机会和发展缓慢的乡镇企业，X 村外出就业的劳动力十分有限。更为重要的原因是，X 村拥有较为丰富的耕地和林地资源，种植水稻和柑橘就可以给每家每户带来不错的收入。农户普遍选择自留山、“谁造谁有”林地，甚至侵占集体林地，来投资于柑橘种植这一劳动密集型产业。这恰恰与此阶段经济发展水平相对落后、林地产权安排对用材林的限制、农村劳动力大量闲置相适应。20 世纪 90 年代末期，一家一户的柑橘种植一度成为 X 村村民最重要的收入来源，户均柑橘年收入可达到 2 万～ 4 万元。

2000 年以来，X 村的就业结构、人地压力发生了历史性变化。城镇化、小吃产业的发展和柑橘大规模病害，促使 X 村 2/3 以上的人口都外出经营小吃，且大多是举家在外。据估算，一个家庭外出经营小吃，正常年份的年收入可以达到 15 万～ 20 万元。随着沙县县域城镇建设步伐的加快和农民收入的增加，X 村人口逐步向县城或外地迁移，村庄居住人口不断下降。X 村生计多样性的增加从两个方面改变了普通农民对森林资源的需求：一是外出务工和非农就业机会的增加极大地缓解了人地压力，土地对农民生计的贡献已经微乎其微。二是由于劳动力普遍外出务工，缺乏精力来经营林地，均地和投资林业对普通农户的吸引力十分有限。相比外出务工的较高收益，小规模农户经营耕地或林地缺乏比较优势，大部分农民逐渐脱离农业或林业活动，造成了耕地和林地的抛荒问题。2007 年，为解决外出务工人员的耕地经营问题，村民们将田地转交给村里，由村里成立的合作社统一流转给种植、养殖大户经营。显然，如果承包到户，细碎分散的林地已经无法同时满足生计改善、社会保障、规模经营三重功能，进而降低了家庭承包经营对普通农户的吸引力。

（三）资本化的林权交易市场

分林到组的实现离不开沙县高度发达的林权市场。沙县是南方集体林区的重点林区县，森林资源丰富，森林经营和林权市场有悠久的传统。沙县作为“中国小吃之乡”，每年一半以上的农村劳动力外出经营小吃，民间资本丰裕，民间信贷发达。随着政府逐渐放开木材市场、减免林业税费、放松林业管制，沙县过剩的民间资本和丰富的森林资源结合在一起，越来越多的投资者进入山林，促进了森林资源保值增值功能的开发，使沙县的林权交易市场异常发达。突出表现在：一是无论是荒地，还是中幼林、成熟林，林权拥有者都可以随时和便利地进行流转、兑现。林地经营权和林木所有权多次流转或者抵押贷款非常普遍。二是造林、抚育、采伐、管护等日常森林经营活动都可以直接向市场购买，而这些活动又往往与规模经营联系在一起。三是林地或林木流转往往发生在本村或本村民小组内，组内或村内部联户合作投标承包林地的积极性很高。

在一个森林资本化的市场环境中，农民不用自主经营就可以从森林资本化中获得与自主经营相等甚至更高的收益，也就不太有积极性分山到户了。以成员权为依据平均分配林地，不可避免地会带来林地分散和零碎经营，甚至有可能阻碍森林资本化收益的获得。村民普遍关心能否分享森林资本化的收益，只要能够保证平等参与分红的成员权，对如何经营并不太关心。“分股不分山、分利不分林”的股份合作形式不仅有助于使过去鲜有机会分享木材收益的农户迅速兑现其股份，还有可能使未来人口有机会分享森林增值的收益，而不必像家庭承包一样，面临人口增减和土地收益分配之间的矛盾。

分林到组只有解决了农民如何获益的问题，才有可能被农民广泛接受，而一个较为发达的本地林权市场则是分林到组“分股不分山、分利不分林”得以实现的关键条件，并使经营者的角色变得不那么有吸引力。一个发达的本地林权市场有助于将分配到的山林随时流转出去，规避“搭便车”、机会主义和精英俘获等问题，降低实施成本和风险，保障农民的经济利益，也有助于促进森林经营的规模化和专业化。反之，在一个不发达的本地林权市场，使用者群体需要长期经营才能获益，但组织和管理成本非常高昂，如果存在监督不到位、利益分配不合理的问题，就有可能使“分股不分山、分利不分林”的体制走向瓦解。这也是 20 世纪八九十年代林业股份合作公司走向失败的重要原因。

四、小结

作为一项起源于耕地的土地制度安排，承包到户曾经对提高农民生产积极性、保障粮食安全、减贫、发展城乡经济发挥了不可替代的作用，成为中国农地“两权分离”的基本制度安排。因此，尽管允许多种明晰产权模式共存，各级政府往往仍然片面地追求集体林地像耕地一样彻底地落实分山到户。这背后实则是过于强调森林的生产要素和生计功能，理想化地“把山当田耕、把林当菜种”，忽视了森林的复杂性、多功能性、排他性，不可避免地带来了不可忽视的生态和社会问题。

毫无疑问，改革开放以来，分山到户是实现成员权的基本形式，并由此衍生了“所有权—承包权—经营权”的土地制度变迁路径，极大地促进了农民增收和造林投资。本研究不否定分山到户的伟大历史功绩和基础性作用，也不否定其在大部分地区的适用性。然而，新一轮集体林权制度改革的实施环境与20世纪80年代初期相比已经发生了巨大的变化。建立排他性产权的困难、对土地依赖程度的降低、森林资本化使承包到户的吸引力下降，采用均股、均利的形式建立股份合作制逐渐成为一些村庄和农民的理性选择。由此，股份经营成为一种替代选择。正如新一轮集体林权制度改革案例显示的，集体林权制度有可能会沿着“所有权—成员权—经营权”的路径变迁，分山到户与分股权到户共同成为实现成员权的形式。实际上，基于股权的股份合作制已经成为许多城郊和发达地区农村的重要土地制度安排。同为落实集体土地所有权的形式，均股、均利与分山到户最大的不同是村集体没有将集体土地均分到户，而是给集体成员平均分配了股权，使承包经营权没有从集体土地所有权中分离出来。无论是承包到户还是均股、均利，本质上都只是集体成员实现集体土地所有权的不同形式，都属于成员权派生出来的制度安排，即在农村土地集体所有的前提下，成员权的实现形式可以简化为均地到户或均股、均利。随着均股、均利的实施，农户作为林业经营基本单位的重要性将会下降，成员权问题和村庄治理问题将有可能成为这些村庄集体林权制度变迁中最为重要的问题。

“分股不分山、分利不分林”形式的兴起突出反映了改革开放以来乡村经济社会与治理的巨大变化。20世纪80年代初期家庭联产承包责任制的实施主要建立在5个基础上：人地关系紧张、较高的土地依赖程度、较低的土地资本化程度、农民群体的同质化、农产品需求的同质化。21世纪以来，伴随城镇化、工业化和市场化进程的加快，家庭承包经营制度的基础条件发生了巨大变化：人地关系得到有效缓解、土地依赖程度下降、土地资本化程度提高、农民群体异质化、农产品需求异质化。不同于20世纪80年代高度同质的农民，已经高度分化的农民在新经济社会条件下将会对家庭承包经营制度产生不同的态度和需求。一旦赋予了农民自主选择的权利，在一个竞争性的土地市场中，股份合作将有可能与家庭联产承包责任制一样，成为农民落实集体土地所有权的重要选择。正如新一轮集体林权制度改革X村案例显示的，集体林权制度有可能会沿着“所有权—成员权—经营权”的路径变迁，股份合作与家庭承包共同成为实现成员权的两种形式。

“分股不分山、分利不分林”集体管理形式在一些地区的出现将有可能带来一系列政策和研究的挑战。首先，土地承包法对承包到户的承包和发包对象、权利义务、程序等进行了详细规定，但对“分股不分山、分利不分林”的规定很少。集体成员的股权是一种什么权利？股权是否可以继承、转让、抵押、入股？村集体、集体经济组织和集体成员在股份合作制中有什么权利和义务？上述问题目前都留给了地方政府和乡规民约来决定，缺乏明确的政策依据。其次，如何在集体林上贯彻中央“土地承包关系长久不变”的政策？承包关系到期后，如果允许农民自主进行土地调整，社会经济条件的变化将有可能削弱农民采取承包到户形式的积极性，此时土地承包关系的重要性可能下降，当前基于均分制的“土地承包关系长久不变”的规定也有可能降低其必要性。最后，在研究中，学者常常因为方便和传统，习惯以耕地代替所有农村土地，无形中给承包到户树立起一种话语霸权，给森林、草原等其他农村土地的研究和政策带来了混乱。这就要求无论是政策设计，还是学术研究，都需要明晰应用对象及其边界，避免不必要的混乱。

第九章

集体行动与社区林业股份合作组织形成

改革开放以来，村集体管理的集体林因易出现经营效率低、村干部寻租、乱砍滥伐等问题而成为林业“三定”改革和新一轮集体林权制度改革的对象，分林到户改革被认为成为必然。2003 年，福建省率先在全国启动新一轮集体林权制度改革，将村集体林的林地使用权、林木所有权和经营权落实到户、联户或其他经营主体。然而，新一轮集体林权制度改革后，包括福建省三明市沙县 X 村在内的一些村庄自发成立了林业股份合作公司、股份林场、林业合作社等社区林业股份合作组织，统一管理集体林，集体成员按股分红。一些新成立的社区林业股份合作组织[①]不仅克服了过去村集体管理森林时产权不明晰、经营机制不灵活、监督不到位、利益分配不合理等问题，还解决了“谁来经营林地”和林地细碎化问题，提高了林地经营规模化和集约化水平，改善了社区整体福利。那么，社区林业股份合作组织为什么会产生？作为社区内部集体行动的结果，形成社区林业股份合作组织的集体行动得益于哪些自然、社区和规则条件？社区林业股份合作组织能否成为集体林规模化经营的一种方式？本章将采用奥斯特罗姆及其团队开发的制度分析与发展框架，以福建省三明市沙县 X 村股份林场为例，分析社区林业股份合作组织形成的诱因和主要制度安排，以及集体行动得以形成的自然、社区和规则条件，从而推动学界理解经济社会

---

① 20 世纪 80 年代中期，福建省三明市不少村庄曾经成立村办林业股份合作公司对集体林实行专门管理，但于 20 世纪 90 年代初期逐渐解散，由村委会代为管理，因此称其为“新成立的社区林业股份合作组织”。

剧烈变迁背景下社区森林管理组织的形成机制，并为探讨发展适合中国林情的社区林业股份合作组织提供启示。

一、社区林业股份合作组织的特征

20 世纪 80 年代以来，以社区共有林权为基础、实行合作管理的社区森林管理在许多发展中国家扮演着越来越重要的角色（Agrawal et al.，2008）。森林被认为是最具代表性的公共池塘资源，如何解决公共池塘资源管理中的“公地悲剧”“囚徒困境”“集体行动困境”等问题，是相关研究的热点（龙贺兴等，2016）。越来越多的研究表明，社区如果有清晰界定的边界、有效的监督、积极的参与等自然、社区和规则条件，就可以形成有效的集体行动解决上述问题，促进公共池塘资源的良好管理（Ostrom，1990，2010）。政策实践上，社区森林管理在南亚、东南亚、非洲、拉丁美洲一些国家得到广泛实施，积累了丰富的案例经验，推动了这些国家林业政策的调整（Charnley and Poe，2007；FAO，2016）。

相比对南亚、东南亚、拉美、非洲发展中国家的相关经验研究，运用公共池塘资源理论框架和概念对中国社区森林管理的研究仍然薄弱（波蒂特等，2011）。社区林业股份合作组织的产生为学界提供了难得的实践案例，来考察经历过去集体化改革并处于剧烈经济社会变迁中的社区如何因地制宜地形成森林管理的集体行动。

什么是社区林业股份合作组织？特征是什么？在我国的实践和语境中，它与人民公社时期生产大队管理森林的形式、20 世纪 80 年代中期兴起的村办林业股份合作公司、90 年代末期以行政村或自然村为单位由村干部管理森林的形式，有较大的差别。理论上，社区林业股份合作组织的成立和运行离不开社区内部的集体行动，引入股份制之后的社区林业股份合作组织与公共池塘资源理论典型意义上的社区森林管理概念（以全体社区成员共有林权为基础，实行合作森林管理模式的自主治理组织）也有很大区别。

与公共池塘资源理论典型意义上的集体成员共同拥有产权、共同合作管理的社区森林管理相比，引入股份制后的社区林业股份合作组织在内部治理结构和制度安排上发生了一些变化。这主要表现在以下 3 个方面：第一，采取股份的形式落实成员权，而不是自由进入。典型意义上的社区森林管理建立在非排他性基础上，社区内部没有人对森林资源拥有任何特许的排他性产权，每个人都可以自由进入、非排他性地使用——尽管一个人的使用会减少其他人使用的机会，并排斥外来者的使用。然而，在社区林业股份合作组织，集体成员凭借成员身份或承包经营权入股能获得清晰、明确的股权，拥有程度不同的权利，如决策权、收益权。同时，代表全体村民的社区组织或其他相关参与方也可以凭借林地、资本或劳动的贡献获得一定的股份。第二，实行专业化管理，而不是共同管理。在典型意义上的社区森林管理中，全体成员可以共同参与森林的管理和利用，部分成员甚至愿意投入更多劳动以获得更多收益。然而，在社区林业股份合作组织中，集体成员并不直接参与森林资源的管理和利用，林地的经营权由专门机构行使，由专门的管理人员进行专业化管理，部分管理工作还可以向市场购买，而集体成员以股东身份参与股份林场的重大决策。第三，按照股份份额分享收益，而不是按照劳动付出。在典型意义上的社区森林管理中，利益分配多采取按劳分配的原则，多劳多得，但社区林业股份合作组织的收益按照股份份额分配。在某种程度上，社区林业股份合作组织的内部治理结构和具体安排更类似于股份公司，属于一种创新的社区森林管理模式。

在我国，集体土地回归村集体经济组织经营并非没有先例。20 世纪 90 年代以来，作为一种兼具股份制和合作制双重特征的土地制度创新模式，土地股份合作组织受到了发达地区许多村庄的欢迎。土地股份合作组织在坚持土地集体所有的前提下，把集体土地或资产折股量化到个人或集体，组建股份组织实行统一管理，按股分红，主要包括以集体经营性土地资产折股的社区型股份合作组织以及将农户的土地承包经营权入股的土地股份合作组织（王小映，2003）。研究者普遍认为，家庭承包经营制度阻碍了农民获得土地增值和规模经济等带来的外部利润，因而，潜在外部利润的存在驱使利益相关方创新土地制度，成立土地股份合作组织，以使外部利润内部化（傅晨，1999；钱忠好和曲福田，2006）。将农户的土地承包经营权入股的土地股份合作组织可以发挥中介作用，降低农地流转过程中的交易费用和风险，促进专业化分工（唐浩和曾福生，2008）。学者们尽管已经注意到土地股份合作组织的形成是外部环境因素诱发社区内部集体行动的结果，但仍很少探究社区内部这一集体行动的形成机理，包括各种自然、社区、规则条件。尤其是土地的自然条件对土地股份合作组织形成的影响往往被忽视了。例如，林地上附着多种生长时期不一的林木，和耕地的股份合作经营相比，将一家一户整合进林地股份合作经营的集体行动会面临更大的困难。本章以福建省三明市沙县X村股份林场为例，探讨成立社区林业股份合作组织的集体行动得以形成的自然、社区和规则条件，以增进学术界对经济社会剧烈变迁背景下社区森林管理组织形成和机制创新的理解。

二、X村股份林场形成的诱因和主要制度安排

X村是新一轮集体林权制度改革后沙县成立股份林场并逐步规范化的典型代表村庄之一。新一轮集体林权制度改革后，沙县集体林产权从村集体为主向家庭、联户、集体等多种经营转变。随着林业经营单位细碎化，经营效率不高、林权矛盾纠纷增多等问题也逐渐凸显出来，不利于林业现代经营和生态保护。为此，沙县政府借鉴20世纪80年代林业股份合作公司模式，引导村民根据自愿原则创建各类股份合作制的经营体，促进林地规模化和规范化经营。截至2009年10月，沙县已形成股份合作林业经营体80多个，包括村集体山林整体转制而来的全体村民人均拥有股份的林场、以村民小组为组织形式及均山分到林地及预期均山收回林地为资产的小型股份林场、均山到联户（村民小组）后再次由村委会组织的股份林场。与此同时，沙县林业部门积极引导股份林场依据农民专业合作社法、公司法要求，健全内部规章制度，规范运营行为，提升管理水平，使林业股份合作组织成为有合法的成员、章程、机构、住所和资金的组织。

改革开放以来，正如第八章显示的，X村集体林权制度变迁频繁，经历了林业“三定”改革、林业股份合作公司经营、村集体经营、新一轮集体林权制度改革、股份林场管理等多次大的变迁。2003年，福建省在全国率先启动新一轮集体林权制度改革。2005年9月，在沙县政府的统一部署下，X村正式实施新一轮集体林权制度改革。X村在这一改革中的主要任务是将4291亩集体林的承包权按人口明晰到7个联户小组[①]，再由联户小组自主决定如何经营。新一轮集体林权制度改革在解决X村集体林初始产权不明晰、农民获益少等

① 联户小组属于联户的一种形式。根据《沙县县委、县政府关于进一步深化集体林权制度改革的实施意见》，村集体需要将尚未明晰产权的集体林承包到户或联户。X村结合各村民小组拥有成员权的人口数量和居住地分布情况，在村民小组的基础上形成了7个联户小组，由其代表农户拥有承包经营权。

问题的同时，也产生了不少新问题，如联户小组因难以筹集造林和抚育资金而产生林地抛荒和新造林质量低、村委会因收入减少而产生公共支出困难等。尤其是联户小组内各农户家庭人口的变化带来了山林利益分配不公问题，成为 X 村成立股份林场的直接原因。根据 X 村新一轮集体林权制度改革方案，林地分配以 2005 年 9 月联户小组人口数为基准进行，采用“增不补少不减”的分配原则，坚持 50 年不变。然而，许多家庭因结婚、生小孩、成员去世等，人口数发生了较大变化，但联户小组的山林经营收益仍然以 2005 年分林时的联户小组人口数为依据来分配，导致人口净增加农户的人均收益相对变少，而人口净减少农户的人均收益相对变多。加上这一时期杉木价格从 2005 年的 500 元 / 立方米持续上升到 2007 年的 800 元 / 立方米，并在 2010 年突破了 1000 元 / 立方米，不仅凸显了由“增不补少不减”这一分配原则带来的收益分配不公问题，还提升了充分利用林地以获取林木升值收益的重要性。随着联户小组森林经营中有关问题日益凸显，村民呼吁改变现状的声音越来越大。

2010 年 5 月，X 村决定借鉴过去的林业股份合作公司模式，由村集体成立股份林场对联户小组管理的森林和村委会管理的森林进行统一经营。2011 年 1 月，X 村正式在工商部门注册成立 X 村股份林场。2014 年 3 月，考虑到 X 村股份林场没有法人资格、不能进行抵押贷款、有林木资源但缺乏造林资金等问题，沙县林业局指导 X 村将股份林场改制为林业股份合作有限公司，从而获得了商业银行的林权抵押贷款。但公司化改制并没有从根本上改变股份林场的性质及其主要制度安排。X 村村民在以下 3 个制度安排上达成共识，标志着股份林场的正式形成：

第一，林权制度。X 村股份林场的林地主要由以下 4 个部分构成：（1）村集体管理的林地，包括新一轮集体林权制度改革时遗留下的未分配林地和生态公益林。其管理权直接由村委会转交给股份林场。生态公益林的补偿资金仍然按政府规定的比例分配，即林权所有者补偿费、护林员直接管护费和村集体监管费分别占补偿资金的 65%、20% 和 15%。（2）毛竹山。毛竹山在 1994 年已由村集体统一拍卖到户，承包期为 20 年。股份林场成立后，毛竹山的所有权仍然归全体村民所有，但发包权转移给股份林场，由股份林场收取发包费并进行红利分配。2014 年，X 村股份林场完成了毛竹山的第二次村内发包。

（3）新一轮集体林权制度改革时分到联户小组的林地，共计 4291 亩。对于这部分林地，如果联户小组已经采伐但没有造林，则直接由股份林场收回；如果联户小组已经采伐且造林，则股份林场按造林成本加利息赎买；如果联户小组没有采伐，则采伐后再直接由股份林场收回。（4）依据“谁造谁有”政策管理的林地。这一部分林地由林木所有者在 20 年内将林木采伐后归还股份林场。其他林地，如自留山和各村民小组在新一轮集体林权制度改革前管理的林地，由农户和各村民小组继续保留，不纳入股份林场管理范围；新一轮集体林权制度改革之前由村委会流转的林地，在合同到期后由股份林场收回。截至 2016 年 7 月，X 村股份林场共管理林地 12927 亩。股份林场没有改变林地所有权和承包权的归属，只是在管理方式上进行了创新，由股份林场代替原有主体（村委会、联户小组或农户）行使经营权，股份林场在经营期间拥有林地经营权和林木所有权。因为担心村民对“收回”这个词过于敏感，在户代表参与的村民小组会议讨论时采用了“托管”或“代管”一词。X 村超过 80% 的农户都签名同意将集体林地的经营权交由股份林场托管。

第二，收益分配制度。新一轮集体林权制度改革削弱了 X 村村集体提供公共服务的能力。起初村委会想把其与村民间的分红比例定为“四六开”，但村民代表不同意，认为村里留那么多钱，村民们会不放心，如果村委会办公益事业需要钱，可以召开村民代表大会讨论调整比例。经过讨论，X 村将股份林场的收益分配制度确定为：根据每年的造林和抚育成本[①]，预留造林和抚育资金以及 5% 的日常管理费用后，余下部分村委会代表全体村民占 30%、全体村民占 70%。同时，X 村股份林场章程对各类集体成员成员资格、权利和义务做出了详细规定，彻底解决了联户小组经营中依据“增不补少不减”原则分配收益所产生的问题。各村民小组在年末提供小组成员名单作为成员资格的参考依据，该名单最终经村民代表大会讨论通过并公示。参与分红的人口随村庄每年有成员资格人口的变化而调整。集体成员的股份不能继承或流转，随着成员资格的消失而自然消失。

第三，决策管理制度。为了避免新一轮集体林权制度改革以前林业股份

① 各年的造林和抚育成本并不相同，难以规定固定比例。

合作公司和村集体经营“政企不分”的问题，X 村股份林场成立了由股东代表和村主任组成的股东大会。每个村民小组推选 1 名村民（一般为村民小组组长）作为股东代表进入股东大会，任期 3 年，与村民小组组长的任期相同。村主任代表全体村民履行集体林所有者的职责，出任董事长。林木转让、林道建设、造林、抚育、招标等重要经营事项都需要通过股东大会讨论，经 2/3 以上股东代表同意方能通过。股份林场专门聘请本村一名熟悉林业经营管理的村民担任经理，负责日常管理事务，接受股东大会、村委会和林业部门的监督。股份林场经理的待遇比照村“两委”干部，由村集体支付报酬。X 村股份林场作为村集体经济组织，其解散、收益分配、成员资格确认、经营规模调整、抵押贷款等涉及全体村民利益的重大事项，均需由村民代表大会讨论决定，经 2/3 以上村民代表同意方能通过。

表 9-1　X 村不同时期森林管理模式的比较

指标	村委会代管	联户小组经营	股份林场及后续的林业股份合作公司
时间跨度	1994—2005 年	2005—2010 年	2010 年至今
林地所有权主体	村集体	村集体	村集体
林地承包权形式或主体	所有权和承包权未分离	联户小组	联户小组或所有权和承包权未分离
集体成员资格的认定	规定模糊	户籍人口加上特殊人口，长期固定	户籍人口加上特殊人口，每年调整一次
集体成员相关权利	规定模糊	有分红和决策参与权，可以继承，但不可以转让、赠送和抵押贷款	有分红和决策参与权，不可以继承、转让、赠送和抵押贷款
经营形式	自营和流转相结合	流转为主，部分自营	自营为主
股权设置和收益分配	无明确设置	一人一股	集体成员一人一股；收益分配中，村委会占 30%、全体村民占 70%
决策机制	村委会为主	联户小组内的成员会议	股东代表会议和村民代表会议
主要管理人员	村委会，主要是村支书和村主任	联户小组的小组长	林场经理

资料来源：对 X 村调查资料的整理。

表 9-1 比较了 X 村不同时期的森林管理模式，即新一轮集体林权制度改革以前实行的村委会代管模式、新一轮集体林权制度改革到 2010 年实行的联户小组经营模式、2010 年以后实行的股份林场管理模式。无论是村委会代管、联户小组经营，还是股份林场管理，林地集体所有都是前提。三者在承包经营权形式、成员的资格和权利、决策机制方面有较大差异。村委会代管时，林地的承包经营权没有从所有权中分离出来；在联户小组经营中，集体成员（以联户形式）获得了承包经营权；在股份林场管理中，村集体拥有林地所有权，集体成员保留承包权，而股份林场获得了经营权，实现了林地所有权、承包权和经营权的"三权分置"，但也存在部分所有权和承包权尚未分离的林地，如生态林。与村委会代管模式下集体成员资格和成员权利模糊不清的状况相比，联户小组经营和股份林场管理解决了"名义上人人所有，实际上为村干部所有"的问题，集体成员资格和成员权利变得更加明晰。在管理方面，X 村股份林场聘用了专门的管理人员进行日常管理，解决了村委会代管中普遍存在的"政企不分"问题。可以说，相较于村委会代管和联户小组经营，成员权股份化、管理专业化、按股份分红是村股份林场管理的 3 个主要特征。

自成立以来，X 村股份林场的生态效益、经济效益和社会效益初步显现。一是促进了规模化造林和森林抚育，提高了林业生产的规范化、专业化和集约化水平。截至 2015 年 12 月，X 村股份林场共造林 1600 多亩，抚育 3000 多亩①，完成毛竹山发包 1973 亩，修建林道 10 千米。预计新造林的出材率可以从一般农户造林的 6 立方米 / 亩提高到 10 立方米 / 亩，达到国有林场的平均水平。二是减少了村民之间在林权方面的矛盾和纠纷，林地抛荒、抢种、界线不清、管护不到位等问题得到了较为有效的解决。三是造林和抚育使村集体资产不断增值，为村集体和村民长期获得森林经营的红利奠定了基础。由于造林和抚育需要投入大笔资金，村民尚没有从用材林经营中获得分红，只从毛竹林承包收入中获得了人均 60 元 / 年的分红。四是利用股份林场实行公司化改制后的法人身份，将森林进行抵押，贷款 240 万元开展造林和抚育，盘活了森林资产，为发展林业提供了资金支持。

① 抚育面积多于造林面积的原因是，抚育对象不仅包括新增造林，还包括股份林场成立之前村民小组采伐后的造林或二代林。

三、形成集体行动的条件分析

（一）林地规模和经营单位

由村集体管理的一定规模的林地的存在是 X 村股份林场成立的自然基础。开展新一轮集体林权制度改革时，X 村没有像沙县大部分村庄一样彻底将集体林分到户或联户，而是保留了 7127 亩生态公益林和 1026 亩集体林由村委会直接管理。X 村成立股份林场不是预先设计的，而是对这 1026 亩集体林“预期”分到联户小组的“意外”结果。这 1026 亩集体林在新一轮集体林权制度改革前已经对外流转，新一轮集体林权制度改革时约定在采伐后继续分到联户小组。2008 年和 2009 年，这部分林地逐渐被采伐并归还给村集体。X 村多次召开村民代表会议，讨论如何进一步处置这部分林地。面对新一轮集体林权制度改革中分山到联户小组后产生的林地抛荒、造林和抚育资金短缺、利益分配不均等问题，有村民代表提议，不如借鉴过去的林业股份合作公司管理模式，由村集体成立专门组织统一经营。一场分山到联户小组的讨论最终变成成立股份林场的集体行动。X 村村民普遍认为，如果没有新一轮集体林权制度改革留下的 1026 亩集体林地作为“种子”，他们就不会有成立股份林场的激励。这也解释了为什么股份林场难以在集体林已全部被分到户或联户的村庄产生，因为在这些村庄，村民不会有机会去讨论集体资产的去留，也就难有契机形成成立股份林场的集体行动。

X 村股份林场能成功整合联户小组的林地，在很大程度上得益于新一轮集体林权制度改革中没有将这些林地直接均分到户。这可通过 X 村对联户小组的林地和按照“谁造谁有”政策管理的林地进行整合时的不同难易程度表现出来。新一轮集体林权制度改革之前，X 村已经形成了林木所有权已转让的林地、承包经营权已发包的毛竹山、生态公益林、自留山、村民小组管理的林地、依据“谁造谁有”政策管理的林地等多种林地经营类型，留给 X 村明晰产权、承包到联户小组的林地只有 4291 亩，人均不足 3 亩。新一轮集体林权制度改革后，这 4291 亩林地被按照人口数量均分到 7 个联户小组，每个联户小组分得 600 亩左右，很难进一步均分到户。对于林地已被采伐的联户小组而言，成立股份林场不仅可以帮助其成员“免费”造林、抚育和管护，还可以让成员在未来参与分享股份林场的收益；对于尚未采伐山林的联户小组而言，成立股份林场后尚未采伐的林木的收益依旧归原联户小组成员所有，待采伐后将林地交给股份林场投资造林、抚育和管护，不用支付任何成本。因此，无论联户小组的山林是否已经采伐，村民代表都很快就成立股份林场达成了共识。相比之下，将一家一户按照“谁造谁有”政策管理的林地整合进股份林场的过程则复杂得多。X 村股份林场成立时，考虑到按照“谁造谁有”政策管理的林地在村民之间分配不公，股份林场本打算将这部分林地一起收回，但绝大多数拥有“谁造谁有”林地的农户都不同意，认为这直接损害了他们的经济利益，且不相信村集体有能力动员其他农户放弃“谁造谁有”林地。2013 年，村民们看到了股份林场在造林、抚育方面的成效，加上当地政府的推动，村民代表最终达成了共识，决定将按照“谁造谁有”政策管理的林地在林木采伐后整合进股份林场，由股份林场统一经营，集体成员参与分红。由于按照“谁造谁有”政策管理的林地上的树木树龄不同，村集体无法强制统一采伐，X 村股份林场规定，按照“谁造谁有”政策管理的林地可在 20 年内采伐林木并整合进股份林场。可以想象，如果股份林场所有的林地都来自一家一户，股份林场将由于整合进程漫长而复杂，名存实亡。

公共利益的存在是形成集体行动的基础（奥尔森，1995）。从表面上看，村集体拥有林地所有权，社区很容易因公共利益的存在而形成集体行动来管理森林。然而，频繁的林权政策变化和社区内部对森林的多样化需求催生了多样化的林权安排和经营形式，日益瓦解了村庄公共利益的资源基础。不同林权拥有者的投资决策和偏好不同，加上林地上附着的林木类型多样，生长周期不一，村庄内部形成了庞杂的利益格局。如何形成公共利益成为成立社区林业股份合作组织的重要挑战。“幸运”的是，X 村没有像全国大部分村庄一样将所有集体林地都承包到户，而是形成了一定规模的由行政村和联户小组管理的林地，奠定了社区内部形成集体行动的公共利益基础。在整合策略上，X 村成立股份林场没有将过去形成的利益格局打乱重来，而是在尊重原利益格局的前提下，优先整合村民不直接经营而由行政村、联户小组管理的林地，然后在较长的改革过程中渐进扩大村民的共同利益基础，整合按照“谁造谁有”政策管理的林地。长期来看，尽管村庄存在经营规模不一的多种林地经营形式，但如果策略得当，村庄形成集体行动的公共利益基础是可以具备的。

（二）村庄的经济同质性

在X村，经济异质性问题对形成集体行动的负面影响并不明显。相反，较为同质的生计方式削弱了经济社会变迁带来的内部分化问题，使村民对集体行动保有相当高的信任，降低了制度变迁的成本。2000年以前，林业经营曾经是X村村民的重要收入来源，尤其是柑橘种植和木材销售。2000年以来，城镇化、沙县小吃产业的发展和柑橘树因病大规模死亡，促使X村2/3以上的劳动力都外出经营小吃店（据估算，外出经营小吃店在正常年份可以给一户农户带来15万～20万元收入）或在小吃行业务工。由于农户之间生计方式较为类似，且存在资金、信息、供货等方面的互助合作，村民在职业、收入、身份方面的分化并没有想象中那么严重。

社区居民相似的生计方式通过人口外流和收入水平提高，从以下3个方面改变了村民的森林管理目标：一是以经营森林谋生对农民的吸引力不断下降。由于外出经营小吃店和务工已成为村民谋生的主要方式，大部分村民已经脱离林业经营活动，以致存在造林和抚育不到位的问题。二是分享林地和林木升值收益成为村民对森林的主要需求。林地租金和木材价格的飞涨使村民普遍关心能否分享林地和林木升值收益，只要能够保证其平等参与分红的成员权，对如何具体开展森林经营已经不太关心。三是森林在村庄公共服务中的价值凸显。新一轮集体林权制度改革削弱了村集体提供公共服务的能力，在沙县成了一个普遍且严重的问题，即“哪个村庄林改时分得越彻底，哪个村庄越揭不开锅”。越来越多的村民意识到，如果村庄自身缺乏收入来源，村干部的工资都将难以支付，不仅会导致农业补贴、新农合、养老保险等政策难以在村庄得到有效执行，也会导致村庄卫生管理、环境保护、基础设施建设等公共服务难以得到提供。X村主要形成了留守村民和外出务工村民两大行动者群体，村干部逐渐成为X村留守村民中较有能力的群体。村干部的年龄主要为中年及以上，没有外出从事小吃行业的激励，但有扎根村庄的需求。越来越多的村干部意识到了森林经营对于村庄公共服务供给和村庄共同体维护的重要性，更有积极性去推动成立股份林场，从而获得林地和林木升值收益。这就在普通村民和村干部之间形成了“用森林资源购买村庄公共服务”的妥协。加上新一轮集体林权制度改革后联户小组难以组织起大规模的造林和抚育活动，造成了林地利用浪费问题，成立股份林场统一造林和抚育成为许多村民尤其是村干部的迫切希望。村干部关于整合林地实现规模化经营以获取和公平分享林地和林木升值收益的经营策略和目标逐渐得到了村民的认可。

从表面上看，社区内部财富、关系网络的分化确实会随着经济社会的发展而趋于严重，但对森林管理目标的偏好却有可能在发展进程中趋同。在森林对村民生计十分重要的阶段，村民会追求森林利用的多样性来满足多样化的生计需求，对森林管理目标的偏好反而难以趋同，村民倾向于自主管理森林来获益；相反，随着森林在村民生计中的重要性日益下降，公平分享林地和林木升值收益并为村庄公共服务提供收入保障对于村民而言变得更加重要，社区内部的森林管理目标逐渐趋同于采用林地规模化经营形式来获益。因此，社区成员生计方式的相似有利于社区内部森林管理目标的趋同，降低了村干部协调不同村民利益的难度，使村民对成立股份林场这一集体行动持支持态度。

（三）村民代表会议制度

新一轮集体林权制度改革开展以来，政府规范了村民代表会议制度在集体林权制度变迁中的地位，改革方案在村民代表大会上获得通过成为决定村集体林产权明晰形式和经营形式的关键环节，为 X 村股份林场的成立奠定了良好的制度基础。新一轮集体林权制度改革开展前，X 村由村集体管理的集体林主要由村“两委”代管，造林、采伐、流转、收益分配等重大事务基本上由村干部（主要是村支书和村主任）来决定，村民代表会议制度在村庄内部形同虚设。2003 年以来，农村土地承包法和新一轮集体林权制度改革的相关政策规范了集体林承包的对象、方式、程序以及村集体和村民的权利与义务，确立了村民代表会议制度在集体林权制度选择中的主导地位。根据《沙县县委、县政府关于进一步深化集体林权制度改革的实施意见》，村庄集体林权制度改革的实施方案“应提交村民代表大会表决，表决应有 2/3 以上的代表同意方为有效”。相关政策还明确规定，联户经营、自主经营、招标拍卖、租赁经营等经营形式选择以及林地使用费上缴等工作，都需要提交村民代表大会表决同意后方可组织实施。新农村建设以来，随着“一事一议”制度的实施，X村的重大公共支出事务不再直接由村干部做主，而是需要召开村民代表大会讨论通过。不断完善的村民代表会议制度赋予了村民村庄事务决策者的地位，使村干部和村民代表面对联户小组经营中的缺陷，可以一次次召开村民代表大会讨论如何建立股份林场。在村庄大多数劳动力外流的情况下，村民代表大会作为村庄集体行动达成的博弈舞台，一方面保证了普通村民在村庄重大事务中的发言权和决策参与权，另一方面也提高了成立股份林场这一集体行动的效率。

村民参与决策被认为是成功开展社区森林管理的必要条件，不仅可以防止政府工作人员和村干部的侵权和滥权行为，改善村民对村干部的问责和监督，还有利于社区根据不断变化的内外部条件找到适合自身的森林管理制度（Ribot et al.，2006）。新一轮集体林权制度改革调整了林权关系，也规范了与集体林管理相关的村庄治理规则，因而改善了社区林业治理体系和治理能力。形成有效的村民参与制度，应该与赋予社区和村民充分的林权一样，被当成集体林权制度改革成功需要具备的关键条件。只有建立在村民有效参与基础上的赋权，才有助于实现集体林权制度改革政策所预期的效率和公平目标，并为形成因地制宜的森林经营制度奠定制度基础。从治理的角度来看，新一轮集体林权制度改革逐步拓展了村民或村民代表在集体林权明晰形式和管理模式选择中的话语权，其重要意义不应忽视。

除了上述社区内部因素，有两个社区外部的环境因素对成立股份林场这一集体行动也产生了积极作用：一是地方政府对社区森林管理态度的转变。股份林场不可能在实施新一轮集体林权制度改革时成立，因为当时的主导政策是将一套分山到户的规则强加给村庄。随着新一轮集体林权制度改革中相继出现林地碎片化、林地抛荒、林权流转收益分配不公等问题，股份林场作为一种兼具生态效益、经济效益和社会效益的经营形式，逐渐得到了沙县政府的支持。二是林业服务市场的发展。20世纪90年代X村林业股份合作公司的失败，部分缘于其聘请了大量员工开展造林、抚育和管护等工作，组织和管理成本较高。2005年以来，随着林地租金和木材价格的上涨、采伐限额的放开、木材采伐相关税费减免政策的推行，越来越多的投资者参与林业投资，使造林、抚育、采伐和管护等经营活动都可以直接在市场购买。这减少了股份林场的组织和管理成本，使这一经营模式更易被村民接受。

四、小结

社区内部如何形成集体行动建立自主治理组织来管理森林？其管理效果如何？对这两个问题的回答成为 20 世纪 80 年代以来研究发展中国家社区森林管理的重要内容。学术界普遍认为，在一个快速变革的社会，社区森林管理的集体行动更难形成，因为人口流动和非农收入提升会通过增加群体的异质性、减弱村民之间的社会纽带、削弱村干部对村庄的领导力、降低村民生计对森林的依赖程度等，降低集体行动形成的可能（Rudel，2011）。然而，X 村自发形成股份林场的案例揭示出，林地细碎化且处于经济社会快速变革背景下的社区仍可以因地制宜地形成集体行动来创新社区森林管理模式。面对新一轮集体林权制度改革产生的林地抛荒、造林和抚育资金筹措困难、村庄人口变化带来集体成员权相关冲突增加、林地和林木升值使收益分配不公凸显等问题，村庄内部可以自发采取集体行动，形成成立社区林业股份合作组织所需要的林权、收益分配和决策管理等方面的制度安排，实现森林经营和社区福利的改善。在很大程度上，成立社区林业股份合作组织这一集体行动的达成得益于存在由村集体管理的一定规模的林地、社区成员间相似的生计方式、不断完善的村民代表会议制度。具体而言，市场化进程带来的林地和林木升值凸显了村庄集体行动的外部利润，由村集体管理的一定规模林地的存在奠定了社区内部形成集体行动的公共利益基础，生计方式的相似和非农收入比例的提升降低了协调社区居民不同森林管理目标的难度，而村民代表会议制度的不断完善有利于提高村庄集体林权制度改革的公信力和决策效率。

社区林业股份合作组织既不同于公共池塘资源理论一般意义上集体成员拥有共同产权、共同合作管理的社区森林管理，也不同于村委会代管模式和 20 世纪八九十年代的林业股份合作公司管理模式。这是因为形成社区林业股份合作组织的自然、社区、规则等条件有其独特性：在自然条件方面，森林被不同经营单位占有，不再非排他性地对所有集体成员开放，使股份化成为一种弥合利益差异的方式；在社区方面，森林对村民生计的重要性日益下降，不再需要同时满足村民多样化的生计需求，提升了社区内部对采用林地规模化经营方式来公平分享林地和林木升值收益的目标一致性，使专业化管理成为可能；在规则方面，村民代表会议制度的不断完善为理顺村民、村“两委”、集体经济组织之间的委托代理关系奠定了治理制度基础，使村集体成员无须亲自参与就可以得到利益分享的保障。可以说，上述条件的存在，使得创新社区森林管理模式，形成集体成员通过股份形式分享股权、由专业机构管理、按照股份份额分享收益的社区林业股份合作组织模式成为可能。

X 村股份林场这一案例具有一定的特殊性。上述形成条件对于中国大部分村庄而言，难以同时具备。改革开放以来，受家庭承包经营制度的影响，分林到户主导了集体林权制度变迁。这不仅带来了林地的破碎化，还瓦解了社区共同体存在的公共资源基础。为了解决林地破碎化以及“谁来经营林地”问题，由村集体对一家一户经营的林地进行整合并开展股份合作经营是一种方案，但是这种方案不仅会产生较高的交易成本，还可能会动摇村民对林地承包经营权长久不变的政策的信任。股份林场并不完美，容易出现造林和抚育投资压力大、经营方式保守、管理人员激励不足、村民信任容易动摇、从入股到分红的时间间隔长且分红有限等问题。股份林场的事务主要由村委会成员和村民代表共同商讨决定，部分村民的意见和建议容易被主流声音淹没。部分村民担心股份林场经营利益容易被村干部攫取，认为其林地产权安全性的保障不足。考虑到不同林地经营方式下承包期限长短不一、林地利用方式不尽相同、利益关系错综复杂，以及各地自然禀赋和经济社会发展水平存在差异，作为林地规模化经营的一种方式，社区林业股份合作组织不仅需要因地制宜，还需要不断解决面临的各种问题。

改革开放以来，林业部门和学术界更关注如何将家庭承包经营制度从耕地向林地延伸以调动农户的林地投资和经营积极性，而很少探讨社区形成集体行动来管理森林的可行性。其中一个很重要的原因是，部分林业部门的决策者和学者倾向于从生计而非生态系统服务功能的角度来理解森林，认为森林是农民的生计来源和福利基础，分山到户符合农民的期待。然而，森林经营具有整体性、不可分性、外部性，其生态效益、经济效益和社会效益可以为社区乃至全社会共享，有形成集体行动来实现规模化经营的必要性，分山到户不一定是最优选择。片面追求将集体林地彻底均分到户，实则过于强调了森林的生计功能，理想化地把山当田耕，忽视了森林作为生态系统的复杂性和多功能性，容易带来许多生态和社会问题。历史上，各种由社区管理的森林，如风水林、宗族林，广泛存在于南方集体林区，发挥着提供村庄公共产品、维护乡土景观整体性的重要作用。对于仍然由集体管理的森林，不能片面强调其对农户的生计价值，更应重视其对社区整体的生态和社会价值，培育村庄形成集体行动的能力。部分林业部门的决策者和学者倾向于根据某一固定模式来诊断复杂的社会生态系统，并提出承包到户或市场化改革的单一解决方案，对现实中存在的多种解决方案视而不见。从深化集体林权制度改革的角度，考虑到森林作为生态系统的多功能性和复杂性以及各地自然、经济、社会等条件的差异，应鼓励采取多样化的经营形式来满足不同主体的多样化需求。

第十章

社区林业股份合作组织的运行和绩效分析

改革开放以来，如何调动农户投资和经营森林的积极性一直是中国集体林权改革和管理政策实践与研究的优先方向，社区如何形成集体行动来管理森林很少受到学术界的关注。新一轮集体林权制度改革后，依托行政村、自然村或村民小组成立的集体林场、林业股份合作公司、股份林场、林业合作社等社区林业股份合作组织在福建兴起，其中一些取得了较好的生态效益、经济效益和社会效益，但也有一些在经营和收益分配方面存在这样或那样的问题。本章选择福建省三明市沙县3个社区林业股份合作组织作为案例，基于制度分析与发展框架，比较分析影响社区林业股份合作组织绩效的自然、社区、规则条件。本研究不仅有助于引导学术界理解中国社区森林管理的绩效和影响因素，也有助于为发展适合中国国情的林地规模化经营道路提供政策建议。

一、3个案例股份林场的基本情况

面对新一轮集体林权制度改革后出现的集体经营比例较高、经营主体虚化、林地破碎化、森林经营效率不高等问题，沙县政府将组建社会林业股份合作组织作为深化集体林权制度改革的重要内容。截至2010年，沙县村集体保留的林地超过全村林地总面积的10%且面积达1000亩以上的村有37个。其中名义上分到小组但实际仍由村委会经营的村共有46个，林地总面积12.66万亩。沙县政府积极引导一部分具备条件的村开展林业联户经营体（产权已明晰到村民小组或联户）之间的股份联合，成立村集体（股份）林场，以明确股权的方式明晰村民山林产权，并完善章程、管理制度、利益分配方式。组建的股份林场主要有两种类型：第一类是2004年林改后至2009年已建立并正常经营运作的股份林场（含林业专业合作社），共有9个村；第二类是2010年后经过宣传发动新组建的股份林场，共有16个村。全县股份林场管理的森林总面积达5.32万亩。沙县政府积极引导股份林场落实工商登记、完善章程、规范经营运作。L村、X村、Y村在林地产权来源、制度安排、经营绩效等方面各有不同，代表了沙县股份林场的不同类型，可以被作为案例比较研究的对象。

L村有5个自然村，分散居住在7个村民小组，共259户、1100人。全村林地面积27227亩，其中划定生态林7090亩、自留山1868亩、"谁造谁有"经济林和用材林2931亩、划拨镇林场4708亩。L村在1984年成立林业股份合作公司，但因"政企不分"，导致收益大部分被村委会用于村集体的各项公共开支，村民很少参与林业股份合作公司的决策和监督，每年给村民的股份分红很少，每人每年100元左右。20世纪90年代后，林业股份合作公司出现制度不规范、运转不正常、村委会大包大揽的问题，导致集体林质量低劣、经营效益低下。2003年，福建省启动新一轮集体林权改革，L村少数村民希望分山到户以将林权变现，但大多数村民和村干部仍然持怀疑态度，担心操作困难容易引起分配不均、林权纠纷，以及大量劳动力外出务工会带来管理不善。经过讨论，为了便于管理，L村没有将集体林地分配到户，而是在2004年9月正式成立L村林业股份合作林场，成为沙县保持大规模村集体股份合作经营林地的典型村庄之一。除生态公益林、已租赁或承包林地外，由股份林场直接经营管理的商品林共计9647亩。2005年9月，L村再次召开村民代表大会，产生并通过第一届的林场场长、理事会成员、监事会和《沙县L村股份合作林场章程》。2008年上半年完成了工商登记注册，进入规范化经营阶段。2005年L村林场成立当年每名村民分红660元，2006年以后每名村民每年分红都在1000元以上。2009年采伐林木320亩，林业收入达198.7万元。经过多年运转，L村林场林业管理水平不断提高，未发生火灾、乱砍滥伐等现象。村里将每年的林业收入用于水泥路硬化、闭路电视联网工程建设、水利设施修复等公益事业，促进了村庄的良性循环。

X村林地总面积26521亩，其中生态公益林7127亩、村民自留山2350亩。

2005 年新一轮集体林权改革时，X 村以村民联户小组为单位，按当时人口将 4291 亩集体山场均分到小组，经营期限 50 年。此后几年间，70% 的小组将分到的成熟林、中幼林先后转让，按人口将转让资金分光用光，造成后续林地采伐回收后无资金造林、抚育等问题。由于以 2005 年年末人口为基准进行分红，实行“增不补少不减”，人口继续变动和森林升值凸显了收益分配的差距，导致村民在利益分配上产生了矛盾。2008 年，X 村决定借鉴 20 世纪八九十年代林业股份合作公司的经验，成立村级股份林场，采取入股的方式将村集体管理的林地、村民小组已采伐后的林地，集中由股份林场经营管理，经营收益由全体村民享有。2010 年，经村民代表大会通过，按照“分股不分山、分利不分林”的模式，X 村正式注册成立股份林场，初步解决了林地抛荒、造林抚育质量不高问题。面对大规模的造林和抚育任务，由于股份林场没有法人资格，不能进行抵押贷款等活动，缺乏资金进行造林和抚育，限制了股份林场的正常运转，危及了村民对股份林场的信心和信任，2014 年 3 月，沙县林业局主动介入，将股份林场改制为有限公司，引导林业经营往集约化、规模化、专业化方向发展。截至 2016 年，X 村股份林场共管理林地 12927 亩，其中包括生态公益林 7127 亩、商品林 5800 亩。股份林场共造林 1600 多亩，抚育 3000 多亩，完成毛竹山发包 1973 亩，修建林道 10 千米。

Y 村 2012 年有 1200 户、4500 人，人均年收入 8000 元。全村森林面积 2.8 万亩，其中公益林 1.7 万亩。20 世纪 80 年代末期，仿照沙县其他村庄成立了林业股份合作公司。每人每年分红 7 元左右，分红持续了将近 10 年。到 1994 年时，Y 村基本没有成熟林可以砍伐。2004 年，Y 村实行新一轮集体林权制度改革，召开村民代表大会讨论林改方案。尽管村民代表同意分林到户，但由于“谁造谁有”林地、世行贷款造林等历史遗留问题复杂，分山到户难度太大无法操作，致使分林到户被迫终止。2008 年，Y 村村主任发起成立林业专业合作社，由 50 个村民代表每人出资 300 元（实际由村集体出资）作为股东，并到沙县工商局进行林业专业合作社注册，注册管理面积 4000 亩。2009 年股份林场遭遇火灾，全村涉火面积 5000 亩，直接损失和间接损失达 1000 多万元。2011 年开展造林 3000 亩，但林木存活率太低，村里没有资金继续造林，不得不依赖林业局进行补造。2010 年之后，Y 村股份林场没有进行过任何分红。

从3个村的基本情况和股份林场建立历史的信息可以看出，L村和X村股份林场是沙县社区林业股份合作组织的成功典范，而Y村的股份林场则面临很大的困难。在L村和X村，通过股份林场的规模经营、集约管理，保证了造林质量，提高了每亩林地木材产量，提高了经营效益，激发了林业生产活力。相较而言，L村在收益分配方面做得比X村好，除了生态公益林补偿和毛竹林转让收入，X村村民至今没有获得任何直接来自森林经营的收入分红。

二、影响绩效的条件分析

结合奥斯特罗姆的制度分析与发展框架，本章梳理了影响股份林场运营绩效的几个关键条件。具体如下。

（一）资源规模

资源规模在很大程度上决定了资源的收益程度和可持续性，成为提升管理者和村民集体行动积极性的重要因素。在其他条件不变时，森林资源规模大的资源单位更有可能形成和维系集体行动。由此，森林资源规模是资源特征的关键条件，也是林业股份合作组织取得良好绩效的基础条件。

从实际经营商品林面积来看，3个村庄股份林场的经营面积由多到少依次为L村、X村、Y村。各个村庄都将生态公益林划拨给股份林场管理，但生态公益林的经营、收益分配主要由政府统一要求，股份林场的自主性不大，村民代表或普通村民的参与也很少。商品林成为各个股份林场经营性收益的主要来源。由于历史上股份林场管理较规范、侵占林地现象相对有限，L村留给股份林场实际经营管理的面积最大，将近1万亩，是其他2个股份林场实际经营商品林面积的2倍左右。X村股份林场名义上管理12927亩林地，但除去7127亩生态公益林，实际管理面积为5800亩。X村大部分林地已经分到联户小组、私人，并约定在砍伐后采取分类和渐进方式回收到股份林场，由股份林场统一造林、抚育和管护，因而X村股份林场实际可以砍伐的中成熟及以上等级的森林面积十分有限，不如L村丰富。Y村集体管理的森林资源规模为4000亩，但由于火灾，实际上留下的都是需要重新造林或抚育的林地，只有投入，没有产出。

森林经营的收益主要来源于林木产品交易，因此需要对3个村庄的林木产量进行估算，评估资源收益性及可持续性。L村拥有集体管理的非生态林9647亩[①]，按照25年的标准轮伐期，则每年可砍伐将近400亩。如果每亩林地可产8方立木，每方立木价值1000元，则每年可获益320万元左右。L村80%以上的森林为中龄林、近熟林、成熟林和过熟林，除去补充造林和抚育开支，森林资源的当期和未来预期收益较稳定。在X村，股份林场的商品林大多是幼林或者是需要重新造林的林地，目前可砍伐的森林几乎为零。X村股份林场甚至以法人身份抵押贷款240万元，用于解决造林和抚育的投入问题。Y村在2009年的火灾中损失了大部分林木，村集体留下的60万元又作为分红分配给了村民，失去了再度造林的资本，收入基本中断，不得不依赖林业部门造林和抚育，缺乏流动性的林业收益。显然，3个村庄中，只有L村股份林场能够通过商品林经营每年产生稳定的收益，X村和Y村股份林场则处于造林和抚育投资阶段，现有中幼林尚无法产生稳定收益。

（二）生计对森林依赖程度

在生计对森林依赖程度方面，3个村庄基本一致，森林对普通村民生计的贡献已经变得很小。随着3个村庄的村民不断外出打工和经营小吃，村庄成员对森林的依赖程度不断下降，围绕林业资源的利益诉求也逐渐趋同于分享分红。例如，在Y村，外出务工户数占90%，村民主要收入来源都是外出经营小吃店。在2013年调研时，3个村庄每年人均收入就已超过1万元，属于较高水平。农村劳动力向非农产业转移，不仅降低了社区居民生计对森林的依赖程度，也减轻了森林管护的压力，公平分享林地和林木升值收益以及为村庄公共服务提供收入保障对于村民而言变得更加重要。在某种程度上，外出务工的社区成员对森林管理目标的逐渐趋同，减少了股份林场建立和运行中的不同声音，使村干部和股份林场管理人员可以更加专心地进行管理。

---

① L村股份林场中被新划定省级重点区位生态林6219亩，将极大地减少L村可砍伐的森林资源，按此估算，年收益也将减少到100万元左右。

（三）村干部领导力

村干部尤其是村支书、村主任是有效设计并执行股份林场管理制度的关键人物。从村民反映来看，村支书和村主任的威信和能力是他们最重视的条件。对村干部的认可提高了普通村民对股份林场运营的信任，也降低了协调和信息成本。

L 村村支书在股份林场的成立和管理方面发挥了不可替代的作用。其性格强势，经历丰富，做过木材生意，长期担任村干部并与县乡干部有紧密联系。当地方政府在新一轮集体林权制度改革中要求分林到户时，L 村村支书着眼于分林到户可能面临的分配不公、管理不善等问题，力主保留和规范股份林场，使 L 村成为沙县少数几个不分山到户或到组的村庄，村集体继续保留了大部分集体林的管理权。L 村林场理事会成员有 7 人，设 1 名理事长（林场场长），其余 6 人由各个村民小组共同提名、村民代表大会选举产生。L 村林场理事会负责人 40 多岁，对村庄环境和村民比较熟悉，以前在林业站帮过忙，对山场有感情，也参与过村里山场的施工设计，对林业市场信息比较了解，村民比较信任。从全村范围来看，L 村不存在大宗族势力，村干部和林场理事会成员采取了比较民主的方式推动森林可持续管理，且在重大经营业务、理事会换届、采伐、分红等事项决定时均召开村民代表大会。为了证明当初保留集体经营模式的正确性，管理好森林，L 村村支书和林场理事承受了很大的压力，对每一项事务都尽职尽责。

X 村股份林场的成立和发展也得益于村支书和村主任的远见。村支书和村主任都外出经营过沙县小吃，有经营想法，领导能力强。在看到村庄大面积山林闲置、没有充分利用后，动员在家村（组）干部组织起来，建立类似于 20 世纪 80 年代的林业股份合作公司，形成集体行动来造林和管理森林，提高经营效率。尤其是面对缺乏法人资格抵押贷款、缺乏资金进行造林和抚育等问题，X 村干部积极联系沙县林业局，指导 X 村进一步深化集体林权改革，完成工商登记注册，对全村森林资源开展摸底调查和资产评估，对公司的森林培育、保护、采伐进行规划设计。

Y 村的村干部则缺乏村民信任。1994 年，Y 村股份林场成熟林被砍光，侧面说明了林场管理者并没有对股份林场进行可持续的规划，导致林业资源被过度攫取。2009 年大火过后，村集体的 60 万元留存收益，本计划用于造林，但村民由于担心被村干部贪污，强烈要求将收益分配到户，导致造林投资中断。一方面，火灾过后利用剩余资金造林是符合生态与经济规律的，但村干部并没有做好村民的沟通和疏导工作；另一方面，村民不同意的原因主要是对村干部贪污的担忧。这都在一定程度上表明村民对村干部长期不信任，说明村干部的领导能力有待提升。

（四）收益分配制度

如何进行收益分配最受普通村民关注，收益分配制度在 3 个村庄的股份林场中表现出了一些差异。L 村股份林场的股份分为林地股和村民股，前者用于村公益事业建设及其他日常性开支，后者用于村民分红。林场年度全部收入扣除造林、管护成本后，林地股占 40%，村民股占 60%，且村民股为每人一股，股权不可转让、不可估价、可以赎回。村民股和林地股的分成比例基本固定，目的在于防止村委会以基础设施建设的名义将资金挪作他用，损害村民的利益。若确实需要大量资金进行建设时，可以按一定比例提取，但必须经村民代表大会讨论通过。分红于每年元旦和农历新年期间进行，发放方式为现金。成立股份林场之前，村民每年得到的收入只在 100 元左右。2005 年 L 村股份林场成立当年每名村民分红 660 元，2006 年以后每名村民每年分红都在 1000 元以上。L 村林业收入从 2002 年的 26 万元增加到 2008 年的 183 万元和 2009 年的 198.7 万元，为完善基础设施建设和发展社会公益事业提供了强有力的资金支撑，如路灯安装、进村水泥路拓宽、水利设施维修、低产果园升级改造、老人养老补助、小孩奖学金制度建立等。在 X 村，股份林场章程规定，除去预留的造林和抚育资金、5% 的日常管理费用后，村委会占 30% 的股份，全体村民占 70% 的股份。X 村股份林场在本村以外的经营收益，提留 20% 作为管理层的奖励。生态公益林补助按照国家规定比例直接向村民进行分配。除去造林、抚育等必要投资后，剩余利润属于全体村民，随每年人口变化而发生变动，确保每一位村民都享有分红的权利。各村民小组在年末提供准确的人口数给股份林场作为年终分红依据。Y 村股份林场的股份设置与 L 村类似，同样分为林地股和村民股，两者比例分别为40%和60%。但2009年火灾之后村集体的60万元留存收益被均分到户，四六分成难以维持。2009年每人分得收入600元，2010年后股份林场再无收入，也不再有分红。

成员权确定是股份林场收益制度的重要组成部分。L村对于享受分红的成员类型有比较详细的明文规定：第一，新生儿于出生后第二年开始享受分红，若违反计划生育政策必须去计生办登记户口后次年再分；第二，在校生和现役军人不论户口是否迁出都可享受分红；第三，二女户只允许有一个入赘女婿，防止女婿都以入赘名义享受本村林场收入。不能够享受分红的成员类型主要包括：毕业后在国家机关、事业单位或大型国企工作的学生；出嫁的女儿次年停止享受分红；逝者次年停止享受分红；被判刑的人禁止享受分红。Y村的成员权制度规定与L村类似，但有两点不同：一是外嫁女户口保留在本村的仍然可以享受分红；二是犯罪人员也可以享受分红。

X村规定，凡符合以下条件之一的村民即可参与分红：（1）户口在本村的村民，包括娶入、因婚入门等经批准迁入本村的人口。（2）有下列情形的新增人口，村民主动向村委会申请，经村委会确认后，在规定时间内将户口迁入本村的，可以享受分红待遇：①符合计划生育政策出生的子女（户口在册）；②新娶入和因婚入门的本人（户口在册）；③经有关部门批准未生育子女而领收养的子女（户口在册）；④违反计划生育政策已经按规定处理后的子女（需持计划生育部门有关证明）；⑤在校大专生、中专生或毕业生户口迁回本村的待业生。（3）特殊原因导致的难以确定的新增、取消或保留的村民分红资格，由村民代表大会决定。与此同时，X村规定属于下列情况的村民取消参与分红：（1）嫁出、上门迁出（含事实婚姻）从次年起取消分红；（2）在部队服役的继续享受分红，提干后次年取消分红；（3）上门或出嫁后户口未迁出和离婚后又迁返本村的，寄户的均不得参加分红；（4）劳改、劳教人员服刑期间，当年起取消分红，服刑期满回本村后恢复享受分红；（5）死亡者从次年起取消分红；（6）有偷盗林场林木、发生山火不加扑救、抢种乱占林场林地、毁林开垦、引发山火等破坏林木或林地资源行为的村民，情节严重的，取消当年的分红。

L村和X村都对林场管理者的激励进行了较好的制度设计。L村主要通过两方面激励管理者：林场理事长每月有固定工资，享受村“两委”干部待遇，而理事会成员每月享受50元补贴和实际误工补贴。理事长工资从2006年的760元/月上升至2013年的1070元/月，其中包括基本工资960元、电话费50元与摩托车油耗费补贴60元。理事会成员的误工补贴按照误工天数发放，具体明细为开会50元/天、上山60元/天。两者的工资都算入林场开支，从收入中扣除。X村设董事长1名，由占股最多的村委会代表——村主任担任，设监事2人，由股东大会委派。聘任经理1名，其待遇比照村“两委”干部。Y村与L村、X村在管理制度细节上差别较大。Y村林场场长不领取工资，作为兼职人员，和村委会副主任一起负责林场日常管理。Y村林场工作人员包括护林员、出纳和会计，其中出纳和会计都归村委会管理。2013年之前，护林员领取每月550元的工资。从2013年起，由于不存在可砍伐木材，取消了护林员岗位。目前雇用临时工巡山，每天100元工资，从生态补贴中抽取。临时工没有稳定的工资预期，因此工作效果并不太好。

从3个村庄股份林场收益分配制度的比较来看，L村和X村的收益分配制度较Y村更为完善。尤其是Y村在对股份林场管理人员的激励和工资支付上更为随意，并没有与村委会完全分开。L村和X村在财务管理上实现了村委会与股份林场的分离，避免了村干部随意挪用股份林场的收入。

（五）决策与监督制度

村民代表大会是各个股份林场重大事务的主要决策者。在L村，重大决议均需通过村民代表大会表决，2/3以上代表通过才能进入执行阶段。股份林场的日常经营管理权由林场理事会独立行使，村委会不干涉，但林木采伐的重大事项必须通过股东代表大会（村民代表大会）讨论决定。在进行林木拍卖时，村民代表更是全体到场监督拍卖过程。村民代表参与度高一方面导致决策成本增加，另一方面也有利于村民逐渐形成共同行为准则，进而逐渐降低决策成本。Y村林场的大事也通过村民代表大会商讨，但村民代表对此的积极性并不高，因此沟通成本增加，间接导致了决策成本增加。在X村，村委会代表全体村民作为股东进入股份林场，不是隶属与被隶属的关系。股份林场有自己的股东代表和股东会议制度，与村庄的村民代表和村民代表大会制度分离。董事长、监事、经理任期3年，可连选连任，其改选在村委会换届选举后即刻进行。经理负责日常管理事务和各项林业政策执行，接受村民代表大会、股东大会、村委会、林业部门的共同监督。林木转让、林道建设、造林抚育招标等重要经营事项都需要通过股东大会开会讨论，并经2/3以上股东代表同意方能通过。股份林场成立、解散、收益分配、成员权、林场规模、抵押贷款等涉及每个村民利益的重大事项，则由村民代表大会决定，并经2/3以上村民代表同意方能通过。

信息公开也是村民关心的议题，它保障了村民的知情权，为股份林场和村委会赢得村民信任提供了重要渠道。L村规定，林木采伐和造林承包实行“阳光作业”，公开对社会招标。L村采取了林场收入完全公开的制度。在每年的股东大会上，林场会公布1年来的具体开支情况，也会在每次分红前在各个自然村张贴分红明细表。村民拥有知情权并且获得信息之后，会对林场的管理情况形成稳定预期，从而更加信任。在Y村，由于缺乏收益，尽管村民表示重要决策应该告知股东，使政策更加公开透明，但Y村的财务公开制度仍没有运转起来。

制约机制是L村股份林场成功的重要因素。为防止20世纪80年代集体林场村庄与林场财务合一造成的村干部控制集体收入、私自挪用资金、村民利益受损的情况再次发生，L村设置了独立且完整的林场财务制度，从财务到管理人员均与村委会相区隔。与林场有关的经费审批权由场长负责，但林场重大经营事项必须经过村“两委”和林场理事会共同决定，涉及利益分配和资产转让等内容的项目还必须经过大会同意。这样既保证村委会不会利用林场中饱私囊，也制约了林场理事会负责人的权利，两套班子的权利、义务相分离，彼此形成了紧密的制约与监督机制。同时，在采伐权转让的核心——资产评估程序中，L村的村干部、林场管理员与随机抽取的3名村民代表共同组成15人的评估小组进入山场进行查看评估，森林资源流转中心开标当天，评估小组在村会议室现场独立写下自己的评估价格，去掉最高价和最低价后进行平均，得到最终平均价后立即密封送往流转中心作为标的。这样避免了小群体互相勾结，随机抽取的村民代表也能够在程序上起到有效的监督作用。在X村，林业股份合作公司配备会计、出纳各1名，由村委会会计和出纳兼任。公司开设独立账户实行独立核算，严格执行财务“收支两条线”。同时，建立健全各种财务账目，编制财务报表，规范档案资料的收集、整理、存档。Y 村的制约与监督机制则存在缺陷。林场名义上为林业合作社，实则完全由村集体掌控和管理。作为经济组织的林场的管理人员与作为政治机构的村“两委”干部重合，缺乏内部制约机制，林场无分红收入也导致村民缺乏监督林场的激励。2009 年火灾导致大量林业资本丧失之后，供村民和村集体获取经济效益的股份林场事实上沉寂。

（六）外部环境

外部环境条件主要包括两个方面：一是与市场的联结，主要是与木材商的联系；二是政府发挥的作用，包括不对股份林场日常经营进行干预、提供政策和技术支持等。L 村与市场的联系较为紧密。一方面，本村林场进行木材交易时对社会公开招标（暗标），直接与木材供应商对接；另一方面，木材商倾向于到本村购买木材，因为实行投标制度会减少欺诈可能性，价格更优惠。同时，L 村与当地林业站关系较好，林业站也为林场提供了比较优质的服务，包括招标制度的设计。Y 村则由于长期缺乏林木资源并且很少进行林木交易，与市场联系较少；但由于注册了林业合作社，仍然享受着上级补贴。

在与政府关系方面，L 村在集体管理方面得到了政府的大力支持，成为林业部门宣传的典范。然而，在林地权属和生态林方面，L 村与政府存在一定的矛盾。主要是政府规定高速公路生态林、沿河生态林不允许砍伐，补偿金额又少，村民意见很大。公路、环保、林业部门可以随意划定生态公益林，怎么补、补多少的问题也没有解决，给 L 村股份林场的经营带来很多麻烦。反观 Y 村，2009 年森林火灾后，村里已经无力造林和经营集体林地，之后县林业局负责造林，五五分成，造林面积共计 4000 多亩。也就是，L 村、Y 村林业部门尽管都承认集体经营，但对股份林场的日常管理基本不干预，主要通过生态林、国有林场、合作造林、资金扶持等与村集体产生联系。

X 村集体林场的成功与地方政府的支持密切相关。X 村集体林场面临的最大困难是缺乏资金进行造林和抚育，而这需要股份林场拥有法人资格以进行抵押贷款。2014 年 3 月，沙县政府在了解 X 村股份林场的经营现状和存在的问题后，多次组织调研，召开座谈会，了解村干部和村民对开展公司化运作的意愿、顾虑和意见建议，推动股份林场公司化改制。沙县林业局及时处理出现的法律、技术问题，对全村森林资源开展摸底调查和资产评估，出具评估报告，对公司的森林培育、保护、采伐进行规划设计，为经营期内的森林经营方案编制和经营管理提供科学依据。最终，X 村利用公司法人身份抵押贷款 240 万元，拓展了投资资金来源、盘活了森林资产。

三、小结

20 世纪 80 年代，林业股份合作制曾在福建省三明市流行，但在 90 年代逐渐走向没落。新一轮集体林权制度改革以后，股份林场又一次在福建省沙县兴起，对从新视角和新领域研究股份合作制对我国农村集体林规模化经营和集体经济组织发展的重要性具有特别意义。至今，学术界很少从集体行动的视角来分析林业股份合作制的发展和运行。尽管股份合作制向股份制或企业制度转变渐成趋势，但从目前来看，一定程度的社区集体行动对股份合作制的良好运行是至关重要的。但股份制和合作制的边界及其变迁尚不十分清晰，带来了股份林场经营方式保守和开放之间的矛盾、民主决策和专业决策之间的矛盾、公平与市场效率之间的矛盾。本研究分析了影响股份林场运行的各种自然、群体、制度和环境特征，从更广阔的视角揭示了林业股份合作制的运行条件。

社区林业股份合作组织的绩效是社区内部集体行动的结果。结合沙县 3 个案例村的具体情况，可以发现如下因素对社区林业股份合作组织的绩效影响很大：（1）森林资源的规模和构成。森林资源的规模和构成在很大程度上决定了社区林业股份合作组织的收益性和可持续性，又成为管理者和村民工作积极性的重要影响因素。（2）村干部领导力。随着大量村民外出务工，有能力和有意愿担任村干部的农村劳动力变少，客观上凸显了村干部领导力在股份林场形成和运营中的关键作用。一个或多个有能力和威望的村庄领头人的存在，会增加普通村民对股份林场的信任，降低协调和沟通成本。（3）民主决策制度。如果村民代表能对村干部或管理者的行为进行有效的问责和监督，社区林业股份合作组织的绩效就会较好。（4）收益分配制度。村集体与村民之间合理的收益分配机制，有利于协同村庄公共事业发展与村民收入，促进村民支持社区林业股份合作组织的运作。此外，生计对森林依赖程度、林业市场化程度、政府支持、股份林场的绩效极其重要。

福建省沙县林业股份合作组织的案例展现了基层探索适合本地的新型林业经营主体的经验和教训，为反思集体林权制度改革和新型林业经营主体发展提供了机会。一直以来，集体林权制度改革始终没有解决好集体林经营主体的问题。新一轮集体林权制度改革边缘化了村集体森林管理，使之成为瓦解的对象，而现实中集体森林经营并没有想象中那么糟糕。随着工业化和城镇化深入推进，农村劳动力大量进入城镇就业，“谁来经营林地”和林地破碎化问题不断凸显。借鉴历史上林业股份合作公司或集体林场的经验，发展各种林业股份合作组织成为沙县林业部门解决上述问题的主要手段。对于其他地区而言，如何探寻适合集体林自身的规模化经营和集体经济发展之路，值得林业部门和研究者深刻反思。

从对沙县的调研来看，社区林业股份合作组织的运行并不是完美无缺的，也存在不少问题。

一是造林和抚育资金问题。林业股份合作组织大多以林改时留存集体所有的不足 10% 的林地林木为基础，通过逐年逐步收回林地扩大经营，但对经营投入成本要求较高，没有资金来源和积累，不得不寻求抵押贷款，或者减少造林和抚育的投入。一些村集体、村民小组内部投资意见无法统一，资金难以筹集，或缺少有能力和能服众的领导人，导致要么无法有效地组织造林投资，要么造林抚育投入不足，无法高标准、高质量地完成造林和抚育工作。

二是性质问题。L 村、X 村、Y 村的社区林业股份合作组织都是集体经济组织，但分别注册为股份合作林场、公司、林业合作社，对应着不同的法律和要求。股份合作林场工商注册登记程序复杂，需要工商部门指导。例如，为了获得抵押贷款，2014 年时，X 村在政府指导下将集体林场改制为公司，实质为集体所有制企业。登记为正规的企业经营后，需要遵循企业法规定的一系列工商、税务、审计、统计、银行等方面的规则。企业面临的要求多、监督管理检查多，要缴纳的费用多。为了解决企业改制出现的新问题，X 村希望将集体所有制企业改制为林业合作社，从而享受林业合作社的政策支持。

三是经营方式保守。由于部分村民对集体经营持怀疑态度、管理层能力不足、技术制约等因素，林业股份合作组织不敢实施大规模的投资或经营计划。尤其是许多村民对抵押贷款和资本化运作、按照市场化水平支付管理者薪酬怀有较高的疑虑，普遍倾向采取稳妥的经营模式和激励机制。

四是长期维系问题。林业股份合作组织一般需要对林木资产进行评估，但评估标准难以统一，还要花费较多费用。一些股份林场的办公经费没有保障，没有常设机构和人员，对股份林场的管理主要由村委会、村民代表大会实行，内部管理制度、经营议事规则、监管机制不够完善。许多村民担心股份林场的持续经营会因村干部的变化或村民代表大会的某次决议而发生变故。

第十一章

结论与讨论

我国集体林权制度改革是家庭承包经营制度从耕地向林地的拓展和延伸，是全球森林分权改革的重要组成部分。改革开放以来，经过林业“三定”改革、新一轮集体林权制度改革，集体林基本完成了所有权与承包经营权的“两权分离”改革任务，并进入“三权分置”改革阶段。党的十八大以来，随着新一轮集体林权制度明晰产权、承包到户改革任务基本完成，生态文明建设、乡村振兴战略先后提出，深入推进集体林权制度改革面临的社会经济环境和目标任务发生了重大变化。实现从产权范式向治理范式的转变，成为深入推进集体林权制度改革的一个重要命题。本章将基于前文研究，归纳分析集体林权制度变迁的内在逻辑，提炼与讨论研究的主要发现，提出生态文明建设和乡村振兴战略实施背景下深入推进集体林权制度改革的政策建议。

一、集体林权制度变迁的逻辑

集体林权制度改革总是难以摆脱意识形态上的纷争，激进和保守、理想和策略之间存在深刻的矛盾，但归根结底还是要回到现实世界中来。总结改革开放以来集体林权制度变迁的历程，可以发现如下几条规律性的变迁逻辑。

（一）从土地资源到自然资源

对乡村森林的基本认知在很大程度上决定了集体林权制度改革的出发点、路径和方向。乡村森林在性质上有其特殊性，归纳起来，存在两种不同的认知：一是强调森林的土地资源特性，认为农村的林地与耕地一样，是农民的生计和福利基础。一家一户的精耕细作是中国数千年农耕文明的基础和特色，反映到林业上则是“小规模”“种植”“精细培育”“副业”等与种植业相关的内容成为林业生产的重要特征；反映到林权安排上则是模仿耕地制度改革的基本路径和基本内容，强调平均地权和农民生计的目标。二是将森林视为一种自然资源，强调森林不同于耕地的多功能性、系统性、不可分性。这种观点认为，绝大多数森林是一种完全不同于农业（包括果园、竹林等各种经济林园）的陆地生态系统类型，集物质、环境、文化等有形或无形生态系统服务价值于一体，具有多功能性、复杂性、系统性、不确定性等多方面的特点，需要采用生态系统管理、近自然经营等森林经营思想来管理。如果将森林认知为一种自然资源，则需要更多地关注森林经营对水、野生动物、景观等的多功能影响，需要更多关注森林的规模经营和可持续管理。诚然，森林兼有上述两种特征。这里讨论的是，哪一个认知是最基本的，并以之为基础讨论集体林权制度改革的认知变化及其影响。

历次集体林权制度改革更多地把森林当作土地资源和生产要素，主张像耕地承包到户一样推进改革。林业“三定”改革时期，各级政府就开始将耕地承包到户的经验应用到集体林地。新一轮集体林权制度改革被官方冠以“第三次土改”，是家庭联产承包责任制的延伸和拓展，以期像“耕者有其田”一样实现“耕者有其山”，促使农民“把山当田耕、把林当菜种”。尽管如此，在历次集体林权制度改革中，都有一些具有林学和生态学背景的政府官员和学者，认识到林地不同于耕地的独特性以及分山到户的困难和不利后果，主张规模经营和可持续管理，大多肯定和怀念人民公社时期乡村林场的造林成果。一些地方也积极探索采取集体经营、合作经营等方式来兼顾林地的不同特性。例如，林业“三定”改革之后出现的三明模式和怀化模式，都强调了合，而不是分；新一轮集体林权制度改革中，一些地方主张采取“分股不分山、分利不分林”的方式来明晰产权，而不是“一刀切”地实行分林到户。但这些主要是地方层面的探索和实践，并没有成为主流的共识和行动。

关于集体林权制度改革向耕地制度改革学习的效果，褒贬不一。一方面，改革赋予了农民更大的财产权利，使农民真正成为集体林地的主人，促进了林权市场的培育，激发了农民和其他市场主体造林、育林、护林的积极性，促进了生计改善和生态保护。另一方面，以分林到户为核心的集体林权制度体系产生了两个严重的问题：第一，家庭经营被视为包治百病的良药，而不顾及林地不同的功能、利用方式和历史传统，导致一些地方的集体林权改革陷入了迷茫。第二，阻碍了乡土多样性制度安排的发展和创新。当家庭经营不适用或者不存在时，是哪些制度安排发挥了重要作用？农民的林地财产权利如何落实？由于决策者和研究者主要关注家庭承包经营制度的推广和实施，“非家庭承包经营制度”往往被边缘化，很少反映在农村集体林地制度的顶层设计和政策选择上。历次集体林权制度改革忽略了森林特有的非排他性、生态系统复杂性、多功能性，忽视了小农户管理森林、草原等大尺度自然生态系统时面临的较大困难。

随着集体林权制度改革基本完成明晰产权的任务，“山定权、树定根、人定心”等类似口号淡出了官方的宣传材料，被“绿水青山就是金山银山”“山水林田湖草沙一体化”等代替，深化集体林权制度改革进入了一个新阶段。简单套用耕地制度的方法已经无法解决集体林的问题，生态系统服务和林地破碎化问题越来越呼唤从森林生态系统的角度去开展集体林权制度设计，从而推动森林可持续管理。深化集体林权制度改革需要平衡土地资源与自然资源两种认知和两个系统，实现生计改善与环境保护相协调的目标。在生态文明建设的大背景下，小农户对接大生态成为重要任务，亟须实践探索和思想革新，以探寻适合集体林自身的发展道路，而不是跟着耕地改革亦步亦趋，甚至为保护生态而牺牲农民利益。

（二）从分山到户到合作经营

集体林的“分分合合”主导着我国集体林权制度的变迁。人民公社化运动将集体林地从农民私人所有转变为集体所有，并稳定在三级所有、队为基础的体制，奠定了我国集体林的所有制基础。改革开放以来，集体森林管理被置于我国集体林权制度政策和实践的边缘地位，分山到户占据上风，集体林权制度变迁朝着强化农民林权权能和保护的方向迈进。一是不断巩固家庭承包经营制度的基础性地位。家庭承包经营制度的基础性地位得到了宪法、土地承包法、物权法、土地管理法等法律的明确和保护。土地承包法明确提出“国家实行农村土地承包经营制度”，并对家庭承包经营制度的承包和发包对象、权利义务、程序等进行了详细规定。二是不断延长林地承包期，稳定农民对林权的预期。林地承包期从1984年的15年不变，到1993年决定在原有承包到期后再延长30年不变，土地承包法进一步确认了林地承包期为30年至70年。2008年中共十七届三中全会首次明确提出“保持现有承包关系稳定并长久不变”的要求。三是不断完善和保护农户林地承包权的财产权。土地承包经营权人依法对其承包经营的林地享有占有、使用和收益的权利，有权从事林业生产活动。进一步放活经营权、落实处置权、确保收益权，促进林权可抵押、可担保、可流转，真正使农民获得的林权从资产变成资本，推动社会生产要素向林业集聚，使农民在这个过程中获得更多资产性收入。

然而，在新一轮集体林权制度改革的实践中，尽管政府强制要求落实家庭承包经营制度作为“两权分离”基础性制度安排的地位，确立农民作为经营主体的地位，但家庭承包经营制度实际上并没有那么重要。新一轮集体林权制度改革的实施基础和环境与20世纪80年代初期相比已经发生了巨大的变化，具体原因包括两个：一是部分林地因自然、历史和政策原因难以实施分山到户。新一轮集体林权改革实施时，已存在林木转让林地、生态公益林、自留山、林地租赁林地、“谁造谁有”林地、纠纷林地等多种历史实际产权。各地出于尊重历史占有情况、缺乏普遍认同的解决方案、政府时间限定等因素考虑，并没有将林地直接回收村集体再重新分山到户。例如，对于林木转让林地、林地租赁林地，普遍经补签合同或者补交林地使用费后对其他部分经营形式予以确认。二是许多村庄并未实行分山到户，而是选择了“分股不分山、分利不分林”的形式来明晰产权。新一轮集体林权制度改革时，除去这些已经被事实占有的林地和纠纷林地，由村集体直接经营的、留给承包到户的林地面积已经所剩无几。此时，建立排他性产权的难度、对森林依赖程度的降低、林业服务市场的发展使分山到户的吸引力下降，采用均股或均利的形式来明晰产权成为许多地方政府和村庄的共同选择。从“两权分离”的角度，有相当比例的集体林没有被均分到户；从经营形式的角度，集体林形成了家庭经营、集体经营、私人经营、政府与社区共管等多种经营形式共存的局面。

近年来，随着农村劳动力大量进入城镇就业，家庭经营与林地破碎化之间的矛盾不断凸显，“谁来经营森林”问题日益凸显，“合”逐渐占据了上风。一家一户的小规模经营越来越无法满足全社会日益增长的生态产品需求，森林的公共物品属性不断凸显。森林碳汇、水土保持、生物多样性、景观等功能的发挥与森林的质量直接相关。据 2009—2013 年全国第八次森林资源清查，集体林地占全国森林面积的 60.01%，但森林蓄积量仅占全国的 36.71%，亩均蓄积量仅有 1.94 立方米，仅为国有林的 40%，低于亩均 6 立方米的世界平均水平。乡村实施多年的天然林保护、退耕还林、生态公益林等生态项目，日常的森林防火和病虫害防治事务，以及近年来兴起的林地流转、森林旅游、森林康养、林业服务体系等，都离不开村级组织对上承接政府资源和事务，对外与市场主体协商合作，对内协调村民行为。在此背景下，培育新型林业经营主体、提高森林管理经营的组织化程度，成为深化集体林权制度改革的重要方向。据统计，全国累计集体林地流转面积为 1.62 亿亩，占已确权林地面积的 6%（国家林业局，2015）。截至 2014 年年底，全国已建立林业合作经济组织 15 万家，涉及农户 1600 多万户（国家林业局，2015）。社区森林管理逐渐走出被改革和边缘化的尴尬地位，林业股份合作组织日益受到政府和学术界的重视，并成为一些林区以产业兴旺撬动乡村振兴的重要载体。2016 年，国务院办公厅颁布《关于完善集体林权制度的意见》，进一步提出“对采取联户承包的集体林地，要将林权份额量化到户，鼓励建立股份合作经营机制。对仍由农村集体经济组织统一经营管理的林地，要依法将股权量化到户、股权证发放到户，发展多种形式的股份合作”。显然，无论是遵循历史传统、解决集体森林管理面临的现存问题，还是探索新型林业经营主体的未来出路，有效管理这部分集体森林，对维护乡村凝聚力、供给乡村公共服务、保护传统知识、产业振兴、建设美丽乡村等都具有重要意义。

集体林“分分合合”背后的逻辑，反映了人多地少的国情下公平和效率两个基本矛盾的取舍和转换。尤其是对于正经历剧烈经济社会变迁的中国农村，如何形成有效的集体行动成为社区集体林管理和决策的关键问题。一方面，城镇化、市场化、政府干预会削弱集体行动形成的可能性和可持续性。承包到户改革、快速城镇化、市场化进程在一定程度上瓦解了村庄封闭的集体经济系统和社会管理系统，非农就业和非农收入成为主导就业方式和收入来源，经济、社会异质性扩大。自然资源承包到户和市场化改革将大部分森林资源承包到户或流转给市场主体，经营权变得分散、资源规模变得细碎。政府对生态保护的重视和投入前所未有，替代或挤压了村庄集体行动的空间。在此背景下，农民变得越来越原子化、个人化、离农化。另一方面，集体所有的所有权性质，决定了集体林地与所有权相关的所有问题，都需要村庄内部达成一致性同意和集体行动。唯有不断提升村集体内部形成有效集体行动的能力，确保每一个集体成员都有权参与到集体行动中，才有可能确保集体所有权落实到每一个集体成员身上。集体成员需要就如何管理尚未均分到户的集体林、承包权退出、成员权确定、重新发包、组织化、利益分配、承包期到期后的承包和经营形式等一系列涉及集体林所有权和承包经营权的问题开展讨论，并形成一致性意见，从而实现改善社区的整体福利并促进森林的可持续经营。如果缺乏有效的制度安排来塑造集体行动，集体林管理将有可能重现20世纪八九十年代许多地方出现的“干部林”、监督不到位、利益分配不合理等问题，进而瓦解集体林管理。一味地引入市场化力量只会加剧村庄的空心化，掏空集体的资源基础，使村庄集体经济陷入失地失林的境地，最终可能导致山区农村基层集体经济瓦解。

（三）从管制到服务

集体林权制度改革也是一个不断调整政府与市场关系、实现从管制到服务的过程。计划经济时期，国家自上而下对乡村森林资源的渗透和整合打破了地方森林治理自主演进的历史路径，将木材源源不断地从深山老林送往城市、工厂、矿山。政府主要通过指令性采伐计划、统购统销、物资分配发挥影响，实行木材产、运、贮合一。改革开放并没有带来政府林业管制的减少。首先，木材的采伐、运输、销售、加工都需要获得林业部门的批准。为了配合木材采伐限额制度的实施，20世纪80年代中期各地开始逐步实行木材运输证制度、木材经营加工管理制度，从林区运出的木材必须持有木材运输证，在林区经营加工木材必须得到地方林业部门批准。其次，无处不在的行政执法和监管。地方政府建立了林业公安、检察、法庭机构，在进出林区的道路设立检查站，执行森林保护或执法活动。最后，种类繁多和高昂的林业税费。为了维持庞大的林业体系，林业部门大量增加税费，如“两金”、森林保护费、林道建设费、检尺费。大部分收入以税费和木材收购盈余的方式进入了林业部门手中，成为各林业单位的重要收入来源。县级政府不仅形成了从采伐、运输、加工到执法和市场管理完整而庞大的林业行政体系，还承担了辖区森林绝大部分财政支出任务。地方林业部门提供的技术推广、种苗补贴、病虫害防治、防火等森林公共服务非常有限。

厘清政府林业公共服务的范围和边界是集体林权制度改革的重要内容。改革开放初期，在南方一个普通集体林区县，县林业局职工数百人，下属机构数十个，涉及林地、种苗、抚育、采伐、加工、技术、信息、防火、病虫害防治、林地流转、森林管理、销售、生态系统保护、物种保护、林道维护等林业生产全过程的各个方面。中央财政投入林业基建的规模已超千亿元，加上各级地方政府投入，中国逐步成为世界上林业财政投资最大的国家。庞大的政府投资在一定程度上助长了林业部门的膨胀，进一步压缩了市场空间。过去，集体林公共、市场和社会服务体系存在一个根本性问题，就是作为管理主体的政府一家独揽，市场、社会、民众的力量比较薄弱。这导致了集体林治理的过度行政化，造成了社会资源配置效率的低下。森林管理无论是为了生产还是环境服务，森林经营者都面对着市场环境极不成熟、社会化服务极不发达，且公共服务严重滞后的局面。

21 世纪以来，公共、市场和社会服务体系成为集体林权制度改革配套发力的地方，分权改革、市场化改革在很大程度上形塑了地方森林治理体系。政府越来越重视森林的生态功能，提供的森林公共服务也不断增多。一是把生态保护作为首要任务和第一目标，划定生态公益林，建设自然保护区、保护小区，加大对森林生态功能的投资。二是剥离森工企业，大幅取消林业税费。三是为林业投资者提供金融、财政、技术等服务。发展林业社会化服务，对新型林业经营主体进行扶持，推动解决林地破碎化问题。四是改革和简化林木采伐许可证办理程序，方便林农办理林木采伐许可证。五是探索林地使用权和林木所有权流转的制度体系建设，颁布流转规则，成立林权流转服务中心。

在市场化改革和生态文明建设的推动下，政府与市场的边界不断被重塑。

一方面，分权改革和市场化改革使政府的控制范围缩小，控制能力减弱。以分权和市场化改革为基本内容的集体林权制度改革催生了活跃的社区、市场和民间社会力量，在森林经营、林业产业发展、社会化服务、生态保护中发挥着举足轻重的作用。例如，村集体享有林地承包和流转方案的决定权，须由村民会议 2/3 以上成员或者 2/3 以上村民代表同意。由于政府监督和控制的困难，以及乡土社会有其自身的逻辑和规范，村庄事实上享有了高度的自由裁量权。另一方面，政府通过生态文明建设对森林经营仍然保持了相当程度的控制，表现为国家天然林、退耕还林、生态公益林等林业工程，木材采伐管理等政府管理制度。这两股力量的反复交锋、拉锯，构成了中国过去三四十年地方森林治理变迁的基本脉络。其背后实则反映了经济发展、社会结构快速变迁下政府、市场在自然资源治理中孰优孰劣和如何分工的长久争论和博弈。

然而，政府与市场的边界并不总是明晰的，政府挤压甚至侵占市场利益的情形仍然存在。尤其是生态公益林最能体现出政府与市场的博弈和交锋。生态公益林是 20 世纪 90 年代中后期林业部门面对森林资源危机和经济困境，依据林业分类经营原则划定的，以发挥森林生态和社会服务功能为主要经营目的的林地。公益林主要包括以下两个部分（国家林业局，2007）：一是重点公益林，由国家林业局和财政部在生态区位极为重要或生态状况极为脆弱的地区划定，占全国林地面积的 37.2%；二是地方公益林，由各省（区、市）根据本区域内生态安全和生态问题的需要划定，全国有地方公益林约 11.5 亿亩。据不完全统计，全国 60% 以上的林地被纳入各种类型的公益林或“准公益林”范围，严格限制开展生产经营活动，严禁或限制林木采伐行为，以发挥森林的生态和社会服务功能。由于公益林划定很少直接征得林权权利人的同意和履行法定程序，生态效益补偿没有反映林权权利人的机会成本，加上调整公益林范围受到严格限制并面临烦琐程序，制约了林权权利人参与公益林管护的积极性，激化了政府与林权权利人之间的矛盾。为了生态文明建设和节约经营管理支出，各地“一刀切”地对公益林一封了之，从森林的生长和利用规律来看，既不利于林业发展，也不利于生态保护。在此背景下，林权权利人要求提高生态公益林补偿、调整生态公益林范围的呼声持续存在，生态公益林补偿政策已成为基层干部群众意见较大的林业政策之一。

（四）从产权改革到治理建设

改革开放以来，集体林权制度改革呈现出与耕地改革迥然不同的进程和效果，除了森林、林业、林业管理体制本身的特殊性之外，一个重要原因是政策制定者和研究者普遍希望借鉴耕地改革的做法，利用市场化导向的产权改革解决集体林面临的所有问题。这突出表现在两个方面：一是集体林权制度改革把问题着眼点放在产权不明晰上，希望通过明晰各相关主体的承包权、经营权、收益权等产权关系，尤其是分山到户，达到解决林产品供给问题和实现农民增收的目的。二是一旦分山到户中出现各种生态和社会问题，总是希望继续用市场手段来解决问题，期待由市场调节配置森林资源以实现森林环境服务和经济效率提升。在商品林上，希望运用市场力量发展新型林业经营主体，促进规模化和集约化经营；在生态产品供给上，则希望用市场手段，如环境服务支付或生态补偿，来解决水源涵养、生物多样性保护和景观保护等问题。这背后实则反映了以新自由主义市场化为导向的产权理论主导了集体林权制度改革的相关政策。

实践上，不可否认，以产权改革为核心内容的集体林权制度改革对改善农民生计、提高林产品供给、促进生态环境改善发挥了不可替代的作用。然而，回顾集体林权制度改革的历程和效果，其主要存在以下 3 个局限性：

一是集体林权制度改革以明晰产权和承包到户为核心，过于强化分山到户和市场力量的地位，而不是多样化集体林权属配置和制度安排，进而实现经济、生态、社会效益协同。小规模林农驱动森林可持续经营的可行性越来越被学术界所怀疑。在实践中，对于商品林，存在小农经营不善、质量下降、林农投资意愿不高的现象，并带来了林地破碎化问题；对于生态林，存在管理粗放、补偿资金和林地利用效率低下、与社区融合度低等问题，并带来了景观破碎化和林权冲突等问题；对于农民而言，部分地区的林权高度集中到少部分人手中，许多农民并没有真正享受到林改带来的收益，林改在一些地方未能实现“耕者有其山”的改革目标；对于集体而言，集体林权制度改革削弱了村集体提供公共服务的能力，也部分瓦解了社区共同体存在的自然资源基础；对于地方林业部门而言，集体林权制度改革带来了巨大的工作压力，林权冲突给林区社会稳定带来了负面影响，林地破碎化增加了管理成本和难度，也不利于森林可持续经营和生态建设。集体林权制度改革存在问题的关键，是集体林权制度改革过于推崇市场化机制的力量，单兵突进，没有考虑构建治理体系来协同发挥市场、社区、政府的力量，从而调动和发挥利益相关者的积极性。

二是过高估计明晰产权、承包到户改革的成绩，忽视了治理建设的成效。“山定权、人定心、树定根”“把山当地耕”等宣传口号容易让人误解，认为新一轮集体林权改革的成就主要来自明晰产权和承包到户。过高估计家庭承包经营制度在实践中的重要性和吸引力，忽视了仍有一定比例的集体林没有实行“两权分离”改革，忽视了集体经营、私人经营、政府与社区共管等其他经营形式的存在。实际上，对于大部分集体林区而言，林业“三定”改革时期就已经完成了明晰产权、承包到户的任务，新一轮集体林权制度改革的任务十分有限；对于需要完成明晰产权、承包到户改革任务的福建、江西等重点省份，集体林权制度改革对农民增收和生态改善的最大成效却不是来自明晰产权和承包到户，而是来自林业部门、林业市场、村庄治理等领域的改革。由于上述改革几乎同时发生，在计量研究和政策总结中很少被公平对待。它们包括：第一，取消或降低林业税费。新一轮集体林权制度改革取消了大量林业税费，逐步理顺了政府与林权拥有者、市场主体之间的关系，减少了政府对林权的管制，极大地提高了林业投资者的积极性。第二，林业市场化改革。随着采伐限额逐渐放开、税费减免，林地租金和林木价格上涨，越来越多的投资者进入山林，促进了森林的资本化和林业服务市场的发展。市场化主体，而不是一家一户的农民，成为新一轮集体林权制度改革中造林和营林的主力。第三，与林业相关的村庄治理改善。2003 年以来，一系列政策将地方政府或者村干部的权利转移到村民代表手中，奠定了村民代表制度在村庄林业事务中的主导地位。集体林权制度改革的实施方案明确，联户经营、自主经营、招标拍卖、租赁经营等经营形式选择，承包经营使用费上缴等问题，都需要提交村民代表大会表决同意后方可组织实施。一些学者尽管注意到了上述措施的贡献，但难以在产权框架中进行较好的解释。

三是对森林经营和生态系统的多功能性和完整性考虑不足。集体林在生态服务、林产品供给、社区治理、丰富精神文化生活、美丽乡村建设等方面都具有集体或整体价值。改革开放以来，“分”字主导了集体林产权制度变迁和集体林利用变迁，集体林的管理和利用呈现出一幅破碎化的图景：集体林通过分山到户被细碎化；自留山、经济林、用材林、生态林等各种林地利用方式在管理和利用上缺乏协调；社区范围内的国有林和集体林经营管理鲜有往来；森林、村落、耕地、公路等没有形成整体化的景观布局；社区之间的森林管理和利用缺乏在区域或者流域上的协调。在某种程度上，承包到户在实现乡村公平的同时，牺牲了森林经营和生态系统的完整性。随着城镇化和工业化带来的乡村人口不断外流，以及全社会对生态服务的需求不断增加，森林破碎化与森林经营和生态功能的整体化、山水林田湖草沙景观一体化之间的矛盾不断加剧。这凸显了通过各种制度化和组织化的创新，实现集体林管理和利用整体化的重要性。

党的十八大提出，把生态文明建设放在突出地位，融入经济建设、政治建设、文化建设、社会建设各方面和全过程，努力建设美丽中国，实现中华民族永续发展。中共十八届三中全会公报指出，全面深化改革的总目标是完善和发展中国特色社会主义制度，推进国家治理体系和治理能力现代化。习近平总书记指出：“既要金山银山，又要绿水青山，绿水青山就是金山银山”[①]，“留得住青山绿水，记得住乡愁”[②]。2015 年 5 月，中共中央、国务院发布《关于加快推进生态文明建设的意见》，深化林权制度改革可被认为是自然资源治理体系和治理能力现代化建设的重要组成内容。集体林面临的社会经济环境和目标任务发生了重大改变。这表现在：一是集体林的生产功能趋于弱化，生态功能不断提升，公共物品属性日益凸显。二是集体林产权制度存在的主要问题，已从如何明晰产权、承包到户以确保每一名集体成员均享有集体林利益，转变为如何推进治理体系和治理能力现代化建设以满足全社会日益增长的生态产品和林产品需要。三是集体林逐渐融入生态文明建设、美丽中国、乡村振兴的制度体系、政策体系和话语体系中，“绿水青山就是金山银山”“山水林田湖草是一个

① 为了中华民族永续发展——习近平总书记关心生态文明建设纪实［N］. 人民日报，2015-03-10（1）.

② 习近平：坚决打好扶贫开发攻坚战加快民族地区经济社会发展［EB/OL］. 新华网，（2015-01-21）［2023-01-11］.http://jhsjk.people.cn/article/26427010.

生命共同体”等理念已取代“耕者有其山”“山定权、树定根、人定心”，成为主导的改革理念和政策话语。因此，需要破除明晰产权是“万能药”的思想束缚，从以产权改革为中心转向以治理建设为中心，在推进森林治理体系和治理能力现代化的过程中深化集体林权制度改革，不断满足社会日益增长的生态产品和林产品需求。

理论上，林权作为集体林制度体系的基础部分，以市场化为导向的产权理论对指导集体林权制度改革发挥了重要作用。然而，产权理论不能被看成金科玉律，明晰产权、分林到户的措施不能被看成包治百病的良药，否则就忽略了任何理论和措施都有其局限性和约束条件。治理理论和产权理论对森林资源的分析逻辑和视角存在许多不同之处。一是着眼点不同。产权理论着眼于谁拥有相关权属和谁来获益的问题，关注如何通过形塑不同主体间的权属关系来改变经济决策的激励和行为。随着全社会对生态产品的需求不断增加，森林生态系统的属性愈加凸显。治理理论着眼于如何形成社区、农户、政府、市场、社会组织等多元主体的集体行动与合作，关注不同主体之间的博弈互动及其治理安排如何影响了他们的利益关系、行为和结果。二是措施不同。产权改革侧重权属分配和市场化，治理建设则不仅侧重权属分配，还可采取行政命令、生态补偿、自我组织、合约等多种政策措施。三是政策导向不同。产权理论视角追求最优化的产权形式，很容易推导出林权模糊的结论，似乎明晰产权可以解决一切问题，自动带来森林资源的优化配置。相反，治理理论则强调因地制宜和多样化。明晰林权是导向森林可持续经营的必要条件，但不是充分条件。由于社会经济条件总是处于不断变化中，多样而不是单一的林权模式有助于改善整个森林治理的协调性和可塑性，并能够适应自然、社会、经济、文化条件的变化。现实世界不存在一种适用于任何条件的产权安排，也不存在一种适用于任何条件的治理安排。四是学科支撑和方法侧重点不同。经济学主导了产权理论的研究。除了居于主导地位的新制度经济学和公共池塘资源理论，发展社会学、社会生态学、政治生态学、人类学等学科不断介入森林治理领域，丰富了森林治理的研究视角和分析框架。为此，需要强调治理建设在理解和推动集体林产权制度改革方面的作用。

首先，森林的不可分性、复杂性和多功能性使林权很难被完全界定，林地很难均分到户，形成了一种由多利益相关者共同管理的状态，有形成集体行动来实现规模化经营和管理森林生态系统的必要性。如何凝聚起政府、市场、社会、集体、农民等各种主体的合力，实现森林生态系统的整体性和系统性治理，已成为集体林政策实践和学术研究的焦点议题。

其次，集体林权制度改革可被认为是森林治理体系建设的重要组成内容，需要在推进森林治理体系和治理能力现代化的过程中不断深化，以满足社会日益增长的生态产品和林产品需求。集体林权制度改革是一项兼具整体性、复杂性和系统性的工程。林权安排是整体森林治理体系的一部分。集体林权制度改革主要围绕产权明晰、配套措施两个维度来设计和推进，对实现“两权分离”、完善社会化服务体系发挥了重要作用。或者说，还权于民问题已经逐步让位于经营管理和产品供给问题。随着集体林明晰产权任务的基本完成，以及工业化和城镇化的加速，如何解决林地破碎化问题，满足全社会日益增长的生态和林产品需求逐渐成为集体林权制度改革的主要问题。村庄层面的产权和森林可持续管理逐渐受到国家发展战略、生态政策、林业政策等结构性因素的深刻影响。国家等外部力量不断向社区、农户层面延伸，试图将森林可持续经营的理念和实践应用到更低层次的森林经营单位。如何协调结构性变化与地方行动者的需求，成为社区实现可持续发展的关键。

最后，集体林权制度实际上综合了产权、生态、政治、社会等各种社会生态系统的问题，需要综合林学、社会学、政治学、公共管理等多种学科的措施和研究视角。例如，经济学关于产权明晰的基本原则容易忽略林学和生态学的基本理论，彻底消灭“林班”和“小班”的概念，带来严重的林地破碎化问题。国际上，以奥斯特罗姆为代表的公共池塘资源治理学派推动了全球对森林问题的认识和实践，国际学术界逐渐从单纯重视产权明晰和森林资源私有化逐步转向在构建良好森林治理体系中研究林权安排，森林治理逐渐成为林业经济与政策研究的学术中心。政治学家、生态学家、林学家、社会学家、人类学家纷纷加入了对森林治理问题的研究，单一经济学理论主导的林业经济和政策研究已经逐步让位于融合经济学、社会学、政治学、自然资源管理等的跨学科研究。将森林治理和森林治理体系引入研究，可帮助拓宽对林权改革及其影响的理解，从更加综合和整体的视角来解决集体林面临的生态产品和林产品供给问题，为深化集体林权制度改革的政策建议提供依据和思路。面对产权理论的解释困境和协调多元主体的实践需要，亟须扎根基层，将森林治理的理念引入对我国集体林权制度及其实践的分析中。

二、主要研究发现

本书利用福建省西部地区集体林权制度改革的案例，分析村庄在分山到户和集体管理之间的利弊和选择，探讨社区林业股份合作组织的形成逻辑和绩效，揭示集体林权变化的复杂性和多样性。通过分析，本研究形成了如下几个主要结论。

（一）集体林权制度变迁呈现本地化和多样化

林权不清、不稳定是全球森林面积减少的重要原因，而有效的林权制度被认为是推动森林可持续经营的基础性安排。20 世纪 80 年代以来，向社区或农户的森林分权成为许多发展中国家的重要林业政策。国际上，森林分权是一系列因素推动下的结果，如纠正历史不公正和恢复土著居民的习惯森林所有权；新自由主义的土地现代化愿望；促进可持续森林管理。向谁分权和分了哪些权利，在很大程度上决定了森林分权政策能否取得预期的积极成果。尽管各国森林分权政策的具体内容有所差异，但寻找森林分权的灵丹妙药一直受到决策者、倡导者和研究人员的欢迎。一种声音认为，应该将权力下放给农户，因为私人管理可以避免“公地悲剧”，并激励私人投资于森林管理，促进森林可持续管理和生计改善。另一种声音则声称，将森林权力下放给小规模使用者群体是更好的选择，因为小规模使用者群体可以形成集体行动有效地管理森林。例如，中国和越南的森林分权改革倾向于将林地直接分配给农户，而印度和尼泊尔政府则倾向于将森林的管理和收益权下放给当地社区。

回顾改革开放以来的历次集体林权制度变迁，分山到户与集体管理之间的博弈与选择贯穿始终。分山到户满足了农户获得和经营森林的需求，却难以实现森林的整体性价值，而集体管理在获得规模经营和社区效益的同时，又常常牺牲了一家一户的个性化需求和积极性。在“分”还是“统”的争论中，分山到户占据上风，强调了森林的生计和福利功能，而忽视了森林作为生态系统的完整性、复杂性、多功能性，产生了林地破碎化、林权冲突等问题。集体管理尽管处于被改革或边缘化的位置，在福建一些地区却表现出顽强的生命力，不断地进行适应性变革与制度建设，并呈现出林业合作社、股份林场、林业股份合作公司等多样化的具体管理模式。

政府推崇分山到户的方案，但分山到户并不总是当地社区的最佳产权制度选择。现有理论对于森林是分权给农户更好还是小规模使用者群体更好，并没有达成共识。但正如 Ostrom（2007）指出的，将简单的解决方案作为复杂社会生态系统的灵丹妙药是危险的。福建西部地区集体林权制度改革的案例表明，当村集体在森林分权过程中发挥重要甚至决定性作用时，一些因素包括权利界定成本高、生计对森林的依赖程度降低、市场经济的扩张，会为集体管理提供新的机遇，增加小规模使用者群体管理的可行性。这为深入思考森林分权改革的复杂性和多样性提供了实证依据。

出现林权多样性的重要原因是，2003 年后新一轮集体林权制度改革的实施条件与 20 世纪 80 年代林业“三定”改革时期大不相同。20 世纪 80 年代，分山到户的实施是基于地方社区在制度设计上话语权有限、森林集体管理比例高、生计对森林高度依赖，以及林权市场不发达等条件。到 21 世纪初，中国经历了持续的城镇化和市场化改革，人口对土地的压力急剧下降，对森林维持生计的依赖也随之下降。更重要的是，可供分山到户的集体林急剧减少并破碎化，村集体在决定是否分山到户方面发挥了重要甚至决定性作用。因此，随着生计组合和政策需求多样化，农户对分山到户政策的态度也不尽相同。研究表明，当地社区有机会做出制度选择时，农民会倾向于选择适合其需求和当地经济动态的制度，而不一定是政府偏好的。由于分山到户产权界定的高成本、小规模使用者群体管理具有的规模经济效应，小规模使用者群体管理可能是分山到户的良好替代选择。随着林业服务市场的发展，当农户可以在不直接从事森林经营管理的情况下就能从森林资本化中获得经济利益时，农户自主持有和管理森林的积极性就会下降。即便私人经营仍有吸引力，农民也可能会选择不分山到户的模式，包括集体管理和其他合作形式。

本研究还表明，林地制度安排可以因村庄的政治权力结构和决策过程的差异而表现出千差万别的特点。从 F 村的案例来看，集体林权制度改革是政府赋权、村内各种自发力量合力推动的结果。改革开放以来，人地压力增加、人口结构变化带来了讨价还价能力改变、森林资源升值、村庄精英致富推动等村庄内部自发性力量，诱导了林地调整。村庄内部自发性力量的积累并不意味着村庄内部可以就林地调整达成同意一致性。此时，政府允许林地调整的政策打破了村内原有的均衡，赋予村庄内部进行林地调整的政治合法性，促进了村庄内部同意一致性的达成。政府、村干部、普通村民能否就制度变迁达成同意一致性决定了林地制度变迁能否真正发生。此时，政府的作用已经与林业“三定”改革时大为不同，政府不再拥有自上而下决定林地制度选择的绝对性力量，选择一种具体林地制度安排必须获得村庄内部的同意一致性。在政府授权进行林地调整后，整个分林的具体制度安排和过程主要由村干部和村庄精英控制，占据优势的集团会想方设法设计出有益于自己的制度安排，从而导致林地制度创新具有强烈的区域特点。可以说，不同的村庄权力结构和决策过程可能会引致千差万别的林权制度安排，导致不同的效率和公平结果。

需要注意的是，集体管理及其创新模式在南方集体林区并不是主流。分山到户分配划界困难、森林依存度低、林权市场发展是驱动村民选择小规模使用者群体管理的重要原因。换句话说，在人均林地面积大、森林依存度高、林权市场不那么发达的村庄，农民可能更倾向于将森林分配给一家一户而不是保留在村集体。在分析其他地区的森林分权改革时，需要特别关注当地的人地比例、对森林资源的依赖程度、林权市场发育情况对林权选择的影响。此外，地方政府特别是县级政府对改革的态度也值得关注。福建省、县两级政府都鼓励制度多元化，允许小规模使用者群体管理和承包到户并存，并推动集体管理的股份化创新。但是，其他地区可能对小规模使用者群体管理的容忍度较低。树种也是影响森林分权制度选择的重要因素。竹林和经济林比用材林需要更多的劳动力投入，使其更难以大规模管理。因此，那些以竹林和经济林为主的村庄不太可能选择小规模使用者群体管理这一模式。

本研究无意否定家庭经营在我国农村土地“两权分离”中的基础性地位。研究者和决策者很容易根据某一模式或者范式，诊断复杂的现实世界，提出某种“普适”的解决方案，并用政府强制的方案来替代村集体内部的自发解决方案。这很容易陷入僵化思维，对现实中的各种复杂问题和解决方案视而不见。

从研究的角度，需要对各种私有化、家庭经营、股份合作、林业合作社的“药方”保持应有的警醒。考虑到森林资源的多功能性、复杂性和多层级性，任何单一理论或方案都无法完全解决复杂的森林资源产权与治理问题，需要运用跨学科和多视角来分析和解决森林治理的各种问题。希望研究者和决策者有一种穿透话语的能力，连接起话语和实践，以适应特定的土地类型与状况，尽可能减少概念模糊的消极影响。

总体来看，家庭经营和集体经营在不同的社会经济和森林状况特征下具有各自的优势和劣势，市场化机制和运动式改革不能解决林业发展和森林经营面临的所有问题，需要探索符合中国实际的多样化林权发展和改革方向。任何经济制度都嵌入在社会结构中，现有的国际林权变迁经验和理论也不支持一个放之四海而皆准的模式去指导林权改革的进程。没有一个良好的社会制度环境，即使导入一个完善的市场经济制度，也很难正常运作。中国处于社会经济快速转型时期，各地自然经济社会文化条件、森林资源禀赋和经营方向千差万别并在不断变化中，单一的林权和经营管理模式存在很大的风险。

（二）将股份合作制引入集体管理为实现“两权分离”和规模化经营提供了一条不同于家庭经营和传统集体管理的道路

新一轮集体林权制度改革的过程表明，分山到户在我国农村集体林地“两权分离”中并没有那么重要，股份合作制已经发展成为我国农村集体林地“两权分离”的另一条路径。这主要是因为，新一轮集体林权制度改革的实施环境与20世纪80年代初期相比发生了巨大变化，建立排他性产权的困难、对土地依赖程度的降低、森林资本化的增值使得建立“分股不分山、分利不分林”的股份合作制逐渐成为不少地方政府和农民的共同选择。

回顾改革开放以来的历次集体林权制度改革，无论是林业“三定”改革，还是新一轮集体林权制度改革，分山到户常常被作为解决集体林产权和管理问题的最优方案。分山到户在实际操作中是非常困难的，且理性的个人同样可能导致森林资源的退化或者乱砍滥伐。这背后实则是因为政策实施忽视了现实中存在的多种解决集体林产权和经营问题的方案。在“耕者有其山”的强势话语下，集体管理常常被当作“落后”的制度安排，在家庭承包经营制度的扩张中走向消亡或者被边缘化，很少得到顶层设计的重视。实际上，无论是家庭承包经营制度还是“分股不分山、分利不分林”，本质上只是集体成员实现集体土地所有权的不同形式而已，都属于成员权派生出来的制度安排，每一名村民的权利和义务都可以通过内部的制度安排界定得很清楚。

从对福建省西部地区的调研来看，社区林业股份合作组织有多种类型，可以适应不同的林权来源。包括：（1）由原村委会控制的集体林在林改时进行股份制改造形成股份林场。股份制改革前集体林业资产未被分割分散，山场规模大，林改时转入股份制建设，组建成全村村民人均股份的股份林场，并建立完备的经营管理体制。（2）以逐步回收林地为基础构建的股份合作组织。这一股份林场是针对原转让、承包到期收回的林地难以分山到户的情况，组建的全村共有或村民小组共有股份的林场。（3）以村民小组为基础组建的股份林场。这一股份林场是均分到组后，以村民小组为基础组成的股份制经营实体，经营面积不大，林业生产经营和利益分配由小组长负责，比纯粹的小组经营更偏向股份制。组建股份合作组织有利于提高规模化经营水平，避免分山到户造成的林权矛盾纠纷、林地抛荒等问题。

研究发现，引入股份制后，社区林业股份合作组织与公共池塘资源理论一般意义上集体成员拥有共同产权、共同合作管理的社区森林管理有较大不同。这突出表现在3个方面：第一，集体成员凭借成员身份或承包经营权入股获得相应的股权（通常为一人一股），可以像公司股东一样凭借股权参与决策、分享收益。村集体或其他相关参与方也可以通过林地、资本或劳动贡献入股，分享一定股份。第二，日常管理由专门机构或管理人员进行，造林、抚育、采伐等服务可以从市场购买，集体成员不直接参与森林资源的日常管理和利用。第三，收益按照股份份额分配。总体来看，社区林业股份合作组织的内部治理结构和制度安排更像股份公司，是一种管理更专业化和市场化的社区森林管理模式。

在制度安排上，引入股份合作的集体管理与传统的集体管理、20世纪80年代林业股份合作制有很大不同。这突出表现在3个方面：首先，主体的多元化。主体已不局限于村集体及其成立的集体经济组织，也包括“分股不分山、分利不分林”的村民小组和联户经营。一些村集体在分山到联户或小组后，将林地承包经营权和林木所有权转变为股权，由联户或小组的成员共同管理，按股份分红。其次，“均利”形式和来源的多元化。“均利”的收入不局限于长期经营的收入，也来源于村集体直接将集体山林招标、拍卖给企业或大户后获得的收入，甚至包括公益林的补偿资金，以货币形式实现“耕者有其山”。最后，集体成员在决策和收益分配等方面的话语权不断增加。村干部和农户通过组织集体行动建立了股份林场的各种管理、监督、执行、收益分配规则，解决了股份林场面对的制度供给、承诺和监督问题。很重要的原因在于，集体管理的历史传统、村庄治理的改善、林业生产市场化程度的提高、村民对森林依赖程度的下降等因素，共同降低了村民实施制度创新的成本。当然，这在凸显集体成员作为林地承包权人的地位的同时，也有可能产生“搭便车”和机会主义问题，牺牲长期的公共利益。例如，联户经营容易因“搭便车”问题和机会主义行为，难以筹集造林和抚育资金，而产生林地抛荒和新造林质量低等问题。

家庭经营和引入股份合作的集体管理都以集体林地所有权为前提，都实现了承包经营权从集体林地所有权的分离，其经营权可以出租、转让、入股等。成员权的实现形式是基础，可以均地，也可以均股。不同的是，按照“分股不分山、分利不分林”方式成立社区林业股份合作组织，并没有将承包经营权的实物转移给一家一户、确立一家一户作为集体林地的经营者，而是将农民承包经营权转换成股权，使分散的承包经营转换为统一经营，按人口分配股份，按股份分享收益。农民不再直接拥有实物上的林地，而是拥有林地承包经营权转变而来的股份。森林经营管理也不主要由农户共同进行，而是委托专门人员或社会化服务。如果采取均地形式，成员权资格不得不在较长的一段时间内固定在某一时点，农户成为土地生产经营决策的主体；如果采取均股的形式，成员权资格可以灵活调整，生产经营决策由集体行动产生。在没有分山到户的情况下，社区森林管理组织同样可以使每一个集体成员的权利和义务被界定得清楚，保障集体成员作为林地承包经营权人的利益。

在集体土地所有制的前提下，股份合作制弱化了家庭的经营地位，凸显了成员权、决策参与权和村庄治理的重要性。在社区林业股份合作组织中，一旦村庄治理恶化，集体成员难以对村干部或者其他村庄精英进行监督，就有可能导致集体成员的利益得不到保障，重新回到“人人有份、实质上人人没份”

的状况。然而，正如可以通过规范家庭承包经营制度的权利义务和实施程序来保障农民的承包经营权一样，也可以通过规范股份合作组织的权利义务和程序来保障农民的利益。可以说，社区林业股份合作组织对村庄治理水平提出了更高的要求。

在社区林业股份合作组织兴起的地方，承包到户和家庭经营单位变得不那么重要，村集体与农户之间的收益分配和治理关系变得更加重要。社区林业股份合作组织的兴起带来了研究问题和范式的一系列变化：家庭作为一个经营单位变得不那么重要了，集体经济组织或者其他新型农业经营主体作为一个经营单位变得重要了；农户经营行为变得不那么重要了，集体行动变得重要了；村集体和农户之间的土地承包关系变得不那么重要了，村集体与农户之间的收益分配和治理关系变得重要了；土地分配的多少变得不那么重要了，谁拥有成员权资格和如何进行利益分配变得重要了。社区林业股份合作组织使得重新认识集体组织、集体成员、承包权的概念和关系，重新思考以土地承包法为核心的农地法律体系、土地承包关系长久不变的政策和“三权分置”改革，成为必要。需要重视村集体内部组织起来成立社区林业股份合作组织，解决森林资源管理和利用问题的可能性和能力，这也要求政府和学术界及时对这种变化的理论和实践逻辑做出有效回应。

（三）处于经济社会剧烈变迁背景下的社区仍可以因地制宜地形成集体行动，创新社区森林管理模式，实现森林资源的良好管理

作为全球经济社会变迁较为剧烈的国家之一，中国集体森林管理如何形成有效集体行动的实践和经验无疑为检验和发展现有产权和集体行动理论提供了难得的研究对象。对社区森林管理的经验研究集中以南亚、东南亚、拉美、非洲等国家或地区为研究区域，来自中国的经验研究较为缺乏（波蒂特等，2011），对中国社区林业股份合作组织的案例分析可以丰富现有关于社区森林管理的研究。自去集体化成为集体林权制度改革的主要任务，国内学术界更少探讨经济社会剧烈变迁背景下社区形成集体行动来管理森林的可行性和绩效。总体而言，现有文献大多指出，城镇化进程中农村公共池塘资源及其集体行动呈现出弱化的趋势，原因是人口流动和非农收入提升会增加群体的异质性、减

弱村民之间的社会纽带、削弱村干部对村庄的领导力、降低村民生计对森林的依赖程度，进而削弱集体行动的可能和可持续性（Rudel，2011）。然而，中国将股份合作制引入合作制形成社区林业股份合作组织的案例表明，林地细碎化且处于经济社会快速变革背景下的社区仍可以因地制宜地形成集体行动来创新社区森林管理模式，实现社区森林的良好管理。

L 村、X 村、Y 村股份林场的案例从乐观和悲观两个方面揭示了成立社区林业股份合作组织管理森林的潜在可能：一方面，乐观地看，面对分山到户困难、造林和抚育资金筹措困难、人口增减带来的成员权问题、森林升值等问题，村庄内部可以成功地采取集体行动建立股份林场，解决制度供给、利益分配、管理等方面的问题，实现森林经营水平和社区福利的改善。这在很大程度上得益于一定规模的集体管理森林的存在、较为均质的社区结构、生计对森林的依赖程度较低、分山到户的历史经验、村民代表制度的不断完善，以及村干部的推动，使股份林场成立和运营的集体行动成为可能，并建立起一整套有效的管理、决策监督、利益分配、成员权的制度安排。尤其是尽管村庄的经济社会环境不断发生变迁，村民自治制度的不断完善使村民代表大会成为集体行动的舞台和规范，村干部和村民代表成为第一行动群体，普通村民成为决策者和响应者。这在增加集体行动问责的同时也改善了效率。这表明，分林和剧烈的经济社会变迁不必然成为集体行动的障碍。

另一方面，悲观地看，L 村、X 村的案例又具有一定的特殊性。对于大部分已经完全实施分林到户的村庄而言，上述条件有些苛求和不可期，股份林场运行的制度条件也需要一定的村庄治理基础。更何况股份林场的运行也并非完美，同样存在这样或那样的问题，如容易出现造林和抚育投资压力大、经营方式保守、管理人员激励不足、村民信任容易动摇、从入股到分红的时间间隔长且分红有限、林场面积较小等问题。社区森林管理组织的事务主要由村委会成员和村民代表共同商讨决定，部分村民的意见和建议容易被主流声音淹没。部分村民担心经营利益容易被村干部攫取，认为其林地产权安全性的保障不足。

在农村社会经济剧烈变迁的背景下，中国独特的集体所有权制度安排、决策制度和森林经营规模，使社区林业股份合作组织在我国的形成与运行不同于公共池塘资源治理理论的一些流行观点。

第一，与大部分发展中国家的森林所有权为国家所有，社区或森林使用群体经由政府主导的森林分权改革获得森林管理权属不同（White and Martin，2002），中国集体林的所有权为村集体所有，产权选择、经营管理等方面的重大决策须经村民代表大会或村民大会讨论，为社区内部因地制宜形成多样化林权和治理安排奠定了基础。集体所有和集体决策的制度安排，使得社区成员比较容易对集体林产权与管理行为进行有效的问责和监督，形成森林管理集体行动来获得外部利润的可能性就会较高。相反，如果缺乏正式的集体所有权和民主决策制度，社区成员就难以对管理人员的行为进行有效的问责和监督，难以根据外部经济社会形势的变化就成立社区林业股份合作组织形成有效的集体行动。

第二，与许多发展中国家的社区或森林使用群体以农业或林业为主要生计不同，外出务工和非农就业已成为中国农民的主要就业形式和收入来源（Adhikari et al.，2004；Wang et al.，2016），社区森林管理的主要目标已变为分享资本化升值收益，而非获取生计性林产品，社区内部的集体行动面临着截然不同的经济结构和需求。一般而言，随着经济异质性的增加，社区成员的生计方式、收入差别变大，传统的社会关系趋于瓦解，社区成员森林管理的目标和需求存在较大差异，增加了社区内部就如何管理森林形成集体行动的困难。然而，本书的案例研究发现，即便是在农村劳动力流动不断扩大的社区，社区成员在森林管理和利用的目标上也可以趋同，因为社区成员对森林生计的依赖程度较为相似，森林对生计的贡献越来越微不足道，社区成员更容易在森林资本化方面达成共识，进而建立起一整套类似于股份制企业的制度安排。

第三，与其他同样实施分林到户改革的发展中国家（如越南）不同，中国部分集体林区新近出现由分到合的趋势，凸显了产权界定难易和经营单位大小对社区内部能否产生集体行动的影响（Sikor and Thanh，2007；Larson and Soto，2008）。公共池塘资源的经典观点认为，小规模的公共池塘资源容易产生共同管理的集体行动，资源规模较大时则不容易产生集体行动。其原因是，资源规模较小时容易形成有效的监督，减少“搭便车”和机会主义行为；而资源规模较大时则难以解决对成员的监督问题，容易产生“搭便车”和机会主义行为（Agrawal，2001）。与上述经典理论相反，在中国集体林区，村集体管理的林地规模与村庄形成集体行动之间的关系可能是，当村集体管理的林地规模较小时，不容易形成集体行动；而当村集体管理的林地规模较大时，则容易形成集体行动。其原因是，资源规模较小的社区因潜在收益有限，难以产生形成集体行动的足够激励，而资源规模较大的社区则因潜在收益较大，容易产生形成集体行动的积极性。除此之外，在分林到户的村庄，由于经营单位细碎、林地类型和树龄不一、利益关系复杂多样，将一家一户的林地权属整合进社区林业股份合作组织所需的讨价还价成本较高，增加了村庄形成集体行动的难度；反之，资源规模较大的村庄，即采取联户经营或村民小组经营形式时，将林地权属整合进社区林业股份合作组织所需的讨价还价成本相对较低，较容易促成村庄的集体行动。

此外，中国剧烈的农村社会经济变迁和市场化变革，也使林业股份合作组织在我国的运行有着不同于一般发展中国家社区森林管理的外部环境特征。例如，林业社会化服务的发展使得社区林业股份合作组织可以不用自己开展造林、抚育、采伐、管护等活动，可以通过市场化购买来进行，企业化色彩逐渐重于合作色彩，进而提高了专业化水平并节约了运营成本；政府对林业合作组织的鼓励和扶持，以及适当的放权而不是直接干预，也营造了良好的政策环境与氛围；农村劳动力大规模外流减轻了森林面临的管护压力，经营规模和组成比森林的排他性更为重要；独特的集体所有权结构使得成员权问题不断凸显。上述这些都表明，在一定的自然、社区和规则条件下，社区可以克服经济社会剧烈变迁带来的不利影响，形成有效的集体行动来管理森林。

三、深入推进集体林权制度改革的政策建议

党的十八大以来，生态文明建设、乡村振兴等国家重大战略相继提出，集体林经营管理面临的社会经济环境和目标任务发生了重大改变。“绿水青山就是金山银山”“山水林田湖草沙一体化”等理念通过生态文明体制改革的“四梁八柱”落地生根，用最严格的制度、最有力的举措提高生态产品供给能力和生态系统服务功能，保障和维护国家生态安全。乡村振兴战略明确提出，必须坚持人与自然和谐共生，走乡村绿色发展之路。生态文明建设和乡村振兴

战略既提供了观察集体林权制度变迁的新视角，也为我国深化集体林权制度改革提出了更高要求并指明了未来发展方向。结合上文分析，提出如下政策建议。

（一）完善多样化林权制度和林权流转体系

这主要包括进一步落实所有权与承包经营权的分离，推动林权流转制度建设，构建承包权和经营权分离的制度体系。截至2015年，集体林权制度改革共确权集体林地27.05亿亩，发放全国统一的林权证1.01亿本，实现了林地所有权和承包经营权分置。然而，仍然有部分集体林地的所有权和承包经营权尚未实现分离。国有林场、自然保护区、森林公园、风景名胜区等单位经营管理着大面积的集体林地、林木，历史遗留下的“谁造谁有”林地、流转林地、纠纷山林、联户山林等仍需进一步明晰产权关系。中央明确了农村土地制度“三权分置”的原则，即在坚持农村土地集体所有的前提下，实现土地所有权、承包权、经营权分置，促进经营权流转和规模经营。一些地方的集体林面临着“两权分离”和“三权分置”改革相互叠加的复杂局面。为此，对于自然保护区、森林公园、风景名胜区等国有单位经营管理的集体林地、林木，需要优先强调生物多样性保护、景观保护、木材供给安全等生态系统服务功能，探索集体林国有化或公有化的渠道和途径，可以通过赎买、置换、租赁等有效措施明晰产权关系，真正落实集体林地的所有权，分置林地的所有权和经营权。对于历史遗留下的“谁造谁有”林地、流转林地、纠纷山林、联户山林，可以探索通过“分股不分山、分利不分林”、林价支付、赎买、回收等多样化方式明晰产权，落实所有权和承包经营权的分离。同时，进一步理顺政府与村集体、农民的关系，尊重村集体和农户的产权利益，确保农民利益不受损。

随着工业化、城镇化快速发展，大量农村劳动力离开农村，林地破碎化与林地规模化、集约化、规范化经营的矛盾日益凸显，亟须采取多种经营方式推动森林经营的组织化，以解决森林生产和生态系统破碎化的问题。山林流转为促进专业大户、家庭林场、林业合作社、林业企业等各类新型林业经营主体发展奠定了基础。调研中发现，在集体林权制度改革过程中，各地纷纷探索林地使用权和林木所有权流转的制度体系建设，颁布了流转规则，成立了林权流转服务中心。存在的问题主要有：一是集体林地区采伐权的流转、造林权和森林管护权的流转十分普遍，而一些地方的主管部门没有给予重视。二是林地使用权流转费用大幅上涨客观上限制了流转的发生。大规模的财政补贴用于造林、培育、管护和生态服务，客观上推动了林地租金价格的上扬。工商资本“下乡圈地”、资本炒作等问题时有发生。三是林产品加工企业、合作经济组织、林业大户等市场主体没有成为流转的主力，主要靠地方林业主管部门的大力协助。一些地方的流转规则和平台成了摆设，并由此带来了一系列社会治理问题。四是许多地方的农户承包林地仍然存在面积不准、空间位置不明、林权登记不健全等问题，导致许多转出方和转入方担心自己的权益无法得到保障。因此，落实承包经营权与经营权的分置，规范和推动山林流转，厘清新型林业经营主体的生成机制、发展路径、现实制约、关键需求，成为深化集体林权制度改革的重点任务。需要推进包括市场、价格、技术、信息、土地、劳动力、资金、政策等多个方面的系统改革，以促进农民放心流转、有序流转和多渠道流转。

（二）规范社区林业股份合作组织的运行和政策支持

林业股份合作组织的兴起为重新思考“土地承包关系稳定并长久不变”的政策提供了契机。农村土地制度改革时，耕地、林地和草原的土地承包期限并不相同，甚至同一种土地地方政府和村庄约定的承包期限也不全相同。此外，对采用其他方式落实土地承包关系的林地（如均利），合约到期后如何处理？是继续市场化流转还是回收村集体？回收村集体后是分山到户还是“分股不分山、分利不分林”？显然，政策需要进一步细化，采取分类改革的方式，而不是“一刀切”地保持长久不变。现有“增人不增地，减人不减地”的原则，与农村内部随人口增减调整土地承包关系的需求产生了矛盾。尤其是在实施家庭承包经营制度的过程中，承包期限结束后进行土地调整已经成为许多农民接受家庭承包经营制度的条件或约定。如果这种预期不能得到满足，将会给农村社会稳定带来不利影响。显然，如何在集体林地上落实土地承包关系长久不变，需要因地制宜，考虑不同土地类型、土地承包期限的差异，考虑农民在不同制度之间做出选择的可能。法律和政策调整的重点应该是规范成员权的资格、权利、义务、决策程序，不管这种权利的落实是以承包到户的形式，还是以股权的形式。

实践中，对于采用何种实体组织来管理联户或集体保留的森林、享受哪些优惠政策，有待各地的探索和创新。森林作为一种兼顾生产性和资产性的土地资源，到底是股份公司还是合作社更适合联户或集体管理的森林，迄今为止尚缺乏专门的政策规定。联户或集体管理的森林具有特殊的性质，有两种方案可以借鉴。第一种，像农村集体经营性土地一样，将联户或集体管理的森林看成一种集体经营性资产，成立股份公司实现内部的均权、均利。这方面可以借鉴发达地区部分农村成立土地股份合作公司管理集体经营性土地的经验，获得土地增值、规模经济、再分配的收益。第二种，像耕地一样，将联户或集体管理的森林看成一家一户合作形成的生产性资源，成立林业合作社实现集体合作、规模化经营。这方面可以借鉴各地农林业合作社发展的经验，在家庭承包经营的基础上组建林业合作社。然而，股份合作公司和合作社适用于不同的法律和政策，有不同的组织、运营和纳税要求。要规范林业股份合作组织的内部制度和运行，推动林业股份合作组织享受农村集体经济组织的各种税收优惠，推动工商、税务为其提供优惠政策，提高成立社区林业合作经济组织的积极性。对依法设立的社区林业股份合作组织（包括林业专业合作社、股份合作公司），免收登记注册费、增值税、印花税，优先安排林木种苗补助、贷款贴息补助、森林保险补助、采伐指标、科技推广项目和其他各项扶持政策。

（三）提高村庄集体行动能力

深化集体林权制度改革，不能弱化村级集体经济组织和村集体形成集体行动的能力，而是要不断提升社区治理能力，规范集体行动的程序和内容，营造集体行动的氛围，重构社区集体行动能力和治理体系。随着新型林业经营主体和林业社会化服务的发展，以及人口大量外流和农村空心化，森林管理越来越依赖于外部的市场资源和国家政策，依赖于村庄集体经济组织等实体组织。从林业部门的角度来看，人口外流凸显了“谁来经营林地”的问题，许多林地处于抛荒状态。个体理性带来的是林地的低效率利用。如何有效地利用资本并防止损害农民和村庄的利益，是新型林业经营主体发展的关键。用外部资本力量来整合一家一户的分散林地管理，容易产生资本逐利与社区发展和公平之间的矛盾。村集体作为林地所有者，资本下乡需要与村集体进行互动；村集体可以成为资本与农户交易的中介，并节省交易成本。在原子化、人口外流的农村，通过强化集体行动来整合村庄内部力量，形成与市场和政府打交道的平台，有助于组织力量来协调、平衡市场和国家的力量，避免林地资源遭受市场和资本的过度攫取。这凸显了在城镇化进程中异质性不断扩大的山区农村，培育村庄治理能力和人才、提高社区治理水平以形成有效集体行动的重要性。

与此同时，良好的生态环境是农村的宝贵财富，将“绿水青山”转化为“金山银山”也需要匹配以有效的村庄集体行动。2020 年，党的十九届五中全会规划了未来 5 年以及到 2035 年的宏伟发展蓝图，提出要坚持“绿水青山就是金山银山”理念，建立生态产品价值实现机制；全面推进乡村振兴。只有不断调动农民参与公共事务治理的积极性和主动性，形成真正的集体行动能力，才能奠定绿水青山转化为金山银山的治理基础，把乡村的生态资源优势充分挖掘并发挥出来，不断满足全社会日益增长的生态产品需要。一方面，农民作为生态产品的主要生产者和受益者，可以通过集体行动形成相关制度安排（如统一生产制度、统一销售制度、产品认证等）和组织（如合作社、股份公司），发展生态旅游、特色农林产业，降低生态产品进入市场的组织和交易成本，提高农民在交易中的讨价还价能力，将更多生态产品转化为经济价值。另一方面，村庄集体行动可以协同政府和市场，促进生态产品价值的实现。市场以基础的措施（如生态补偿），在解决外部性问题、促进生态产品价值实现中发挥了不可替代的作用，但如果缺乏村庄集体行动配合，政府或市场主体就无法以较低的成本对生态产品的生产、交易和收益分配过程进行监督和管理，最终也会限制生态产品价值的实现。

（四）改革林业公共与社会化服务体系

集体林权制度改革是一场不断调整村集体、农民、政府、市场等相关利益者利益格局的变革，深化集体林权制度改革必须与政府职能转变结合起来，必须与林业要素和服务市场、林业社会化组织发展结合起来，必须与相关政策和法律、法规体系改革相配套。需要完善公共、市场和社会化服务体系，如林权抵押贷款、森林保险、流转平台、采伐政策调整，不断完善集体林权制度的配套措施。只有配套以广泛而深入的林业公共、市场和社会化服务体系改革，才能真正释放“两权分离”和“三权分置”的活力，充分调动全社会发展林业生产经营和保护生态环境的积极性，促进农民致富，推进生态文明建设和美丽乡村建设。

新一轮集体林权制度改革以来，许多集体林区结合地方情况对乡镇林业站改革、管护模式创新、森林火灾和病虫害预警、林业服务平台建设等开展了试点改革。各地可以从多个方面探索促进地方林业部门转型和林业社会化服务体系发展。探索政府购买服务、政府和社会资本合作、委托等多种形式，向市场和社会释放空间。需要大幅缩减行政管理事项，降低市场主体的交易成本。探索利用大数据和信息化的技术便利，整合和改造林业行政服务、森林火灾和病虫害预警和预报、林业信息公开服务；探索建立森林火灾预警和预报体系，以代替各级政府的森林防火巡护投资；探索搭建林业行政和技术服务平台，形成林业服务平台的合理布局，促进乡镇林业站改革和林业公共服务供给的集约化、便利化；探索建立林权纠纷调解的常态机制，鼓励置换、赎买等解决方式，逐步有序调解遗留的林权纠纷；探索林业公安等行政执法队伍逐步从执法为主向执法、管护、技术服务等综合职能转变。通过简政放权，放权于市场、放权于企业、放权于社会，培育市场主体和社会组织，明确政府与市场、政府与社会的边界，促进林业部门的职能转型。

（五）推动生态公益林制度改革

学界普遍号召采纳环境经济学的环境服务市场化理论来处理生态公益林的问题。生态公益林补偿实质上与环境经济学家讲的“受益者付费”“公平交易”大相径庭。公益林补贴实质上已经演化为一项公共机制下的社会政策，拉平了林区群众与平原和沿海地区群众的收入差距，而且资金投入的扶贫效率很高。这项政策直接针对林地进行补贴，实际上为林地租金“托了底”，直接抬高了林地租金。林地租金的抬升，诱发了隐形的林权纠纷，影响了我国木材生产的竞争力。更为重要的是，生态公益林质量亟待提高，林地租金使各相关利益方只重视地而不重视林。急需对生态林政策进行重大调整，趋向重视森林培育、森林质量改善、社会生态系统融合。

简单地采用环境服务市场化的理念不仅无助于政府补偿和管理规模越来越庞大的生态公益林，也无助于解决生态公益林的质量和生态服务供给问题。可以预期，在不远的将来，绝大多数集体林会退出商品性生产而专攻生态服务。随着劳动力成本的上升和快速城镇化的结束，从成本和需求的角度，人口稠密地区的森林会遵照日本和韩国的规律，基本退出商业性经营。这需要开展顶层设计，将改革生态公益林制度与健全自然资源资产产权制度、构建国土空间开发保护制度、建立以国家公园为主体的自然保护地体系、完善主体功能区配套政策、设立国有自然资源资产管理和自然生态监管机构等结合起来，系统解决生态公益林制度存在的问题。严格限制各级政府利用行政命令新划定以森林生态服务供给为主要目标的森林；对切实需要新划定的，配套以市场化补偿或者赎买的方式。鼓励以森林生态服务供给为主要目标的森林在符合年龄、生态等要求之后进行不同程度的抚育采伐、更新性择伐，避免对公益林一封了之。构建森林可持续经营支持体系，通过森林可持续经营，实现包括公益林在内的所有森林保护与利用的“双赢”。对于国有自然资源管理单位管理的、与村集体发生产权冲突的森林，可采用中央和地方政府共同赎买或者置换国有林地的方式减少产权冲突。将公益林管护队伍与地方林业部门、国有自然资源管理单位相剥离，鼓励采用政府购买服务、政府和社会资本合作等市场化方式管护，以发挥生态或社会效益为主要经营目的的森林。在生态区位极为重要或生态状况极为脆弱，且生态产品又具有一定社会需求的地区，建立以森林生态产品及其产出能力为基础、分类补偿与综合补偿有机结合、受益者付费、保护者得到合理补偿的多元化森林生态补偿机制。

（六）融入生态文明建设和乡村振兴战略

党的十九大报告对加快生态文明体制改革和推进乡村振兴战略进行了全面部署。随着森林的生计功能日趋减弱，森林的生态景观和社会功能将逐步提升，森林资源逐渐被理解为生态系统和文化载体。生态公益林连同新一轮集体林权制度改革中“分股不分山、分利不分林”的集体森林，应该逐渐被视为村庄的集体资产或者全社会的共同财富，融入乡村集体经济组织发展和乡村振兴的格局中。森林资源不仅能提供经济产品，还能够提供生物多样性、水土保持等生态价值，以及情感和精神文化价值。尤其是森林的生态价值和社会价值具有明显的规模效应，超出了个人供给的范围，需要一定程度的集体行动。这就决定了不能片面强调森林资源对农户或个人的经济价值，因为对生态价值和社会价值的需求有可能随着生活水平的提高而不断凸显。除了经济效益，需要重视以社区为基础的森林管理对维护社区共同体的积极作用。需要立足于森林作为生态系统的整体性、复杂性和多功能性，将森林视为美丽乡村和乡土文明的载体，将资源优势转化为生态、景观、文化优势，促进“绿水青山”转化为“金山银山”。在乡土文明面临消失风险的当下，一片集体管理的森林可能承载着维系乡愁、凝聚共同体、建设美丽乡村的希望。

要将深化集体林权制度改革置于全球化、国家经济社会变迁和乡村转型的大背景下，置于推进生态文明建设和乡村振兴战略的大背景下，构建与政治、经济、文化、社会治理紧密相连、相互协调的森林治理体系，协调发挥政府、市场和社区多样化治理安排，充分发挥政府、市场和社会组织在林业服务中的重要作用。深化集体林权制度改革不是孤立的，涉及林业、发改、自然资源、农业农村等多个部门和自然保护地、国有林场（区）、国家重点生态功能区、生态红线等多种相关制度，需要重视综合研究和顶层设计的作用。“山水林田湖草沙一体化”的理念要求着眼于生态系统的整体性、系统性，统筹考虑自然生态各要素、山上山下、地上地下、流域上下游，进行整体保护、系统修复、综合治理，因而有必要探索森林融入山水林田湖草沙一体化的实现方式，通过部门协调机制、技术应用、社会参与等促进森林资源跨区域和跨系统的保护和治理，实现生计改善和整体生态系统功能恢复的有机统一。要把深化集体林权制度改革与山水林田湖草沙系统治理、田园综合体建设、美丽乡村建设、森林公园建设等结合起来，鼓励城镇或村集体利用周边森林建设城镇森林公园和乡村森林公园，使之成为居民休闲游憩、健身、娱乐、科普教育、交流融合的公共场所。借鉴宗教界、美学界、文化界等领域的社会化组织，探索包括学校在内的社会组织和企业拥有或管理森林资源的制度安排，让越来越多的社会力量参与到森林资源保护和利用中，让公众了解森林与文化、生物多样性保护和景观的内在联系。要在景观层面上协调森林的生态功能、生产功能和文化功能，促进美丽乡村建设和山水林田湖草沙一体化。

四、需要进一步完善的地方

本书揭示了经济社会剧烈变迁背景下集体林权制度变迁的逻辑和绩效，分析了我国集体森林管理制度的兴衰沉浮和何去何从，引导政策制定者和学术界将注意力从明晰产权转向构建森林治理体系。然而，受限于个人能力，本书还存在如下需要完善和拓展的地方：

一是需要进一步扎根基层，探索既符合公共池塘资源治理一般概念、规律，又反映中国基层森林治理特色的概念、框架与理论。我国的地方森林产权与管理体制有着不同于许多西方发达国家和发展中国家的政治背景和价值传统，林权归属和市场化程度也有别于大部分发展中国家，对社区森林产权与治理安排的理解、动态变化和要求是不一样的。中国集体林权制度变迁、多样性和成就恰恰是我国较有可能为国际社会科学理论和实践做出重要贡献的领域之一，并有可能促进中国在全球解决毁林、气候变化、可持续发展、生物多样性减少等国际重要议题上发挥潜在、独特的国际影响力。然而，本书更多地停留在框架运用与描述性分析上，对我国集体林权制度变迁和实践的丰富性与复杂性解释力不够，亟须继续扎根基层，深入理解我国集体林权制度实践，总结和归纳出具有中国解释力又具有国际对话能力的概念、框架与理论。

二是研究方法上需要综合采用计量和案例方法。本书采取的案例分析方法虽有助于探索和厘清复杂的作用机制，但案例研究的结论受限于样本规模和代表性难以拓展和深化。同时，所选案例偏重集体管理，分山到户案例较少，与我国分山到户作为主导模式的状况不符；多个案例之间联系不足，案例调查与写作缺乏整体性和连贯性。下一步，需要在社会生态系统框架的指导下，识别社会生态系统中影响森林集体行动及其结果的相关变量并分析其复杂的作用关系，并针对农户、森林使用者群体开展大规模的跟踪调查和深入的案例调查，建立我国基层森林经营单位的数据库和案例库，开展计量研究和长期追踪案例分析，以深入揭示集体林权制度变迁的逻辑与绩效。

三是需要拓展解释生态产品价值实现背景下集体林权制度变迁与社区森林管理的逻辑与绩效。党的十九大报告首次提出了产业兴旺、生态宜居、乡风文明、治理有效和生活富裕的乡村振兴战略总目标，并将“树立和践行绿水青山就是金山银山的理念”写入报告，成为新时代生态文明建设的思想和基本方略。虽然本书对集体林权制度改革和社区森林管理的一般逻辑进行了分析，但更多地停留在2013年以前，尚未拓展到森林生态产品价值实现的过程中，而这又是乡村振兴和将“绿水青山”转化为“金山银山”迫切需要的理论基础之一。森林生态产品价值实现过程中的村庄集体行动和集体林权制度安排，有着不同于明晰产权、承包到户阶段的目标与任务，有着不同于传统公共池塘资源治理集体行动和产权安排的情境，如资源规模、产权结构、异质性、资源依赖度、政府和市场渗透强度，因而需要匹配不同的组织架构、产权安排和治理逻辑。这就需要结合新情境和新需求，探索既符合公共池塘资源治理一般规律，又反映中国森林生态产品价值实现特色和乡村治理特色的林权安排与村庄集体行动逻辑。

参考文献

［1］奥尔森．集体行动的逻辑［M］．陈郁，郭宇峰，李崇新，译．上海：上海三联书店，1995.

［2］奥斯特罗姆，加纳德，沃克．规则、博弈与公共池塘资源［M］．王巧玲，译．西安：陕西人民出版社，2011.

［3］奥斯特罗姆．公共事物的治理之道：集体行动制度的演进［M］．余逊达，陈旭东，译．上海：上海译文出版社，2012.

［4］巴泽尔．产权的经济分析［M］．费方域，段毅才，译．上海：上海三联书店，1997.

［5］波蒂特，詹森，奥斯特罗姆，等．共同合作：集体行为、公共资源与实践中的多元方法［M］．北京：中国人民大学出版社，2013.

［6］蔡晶晶，毛寿龙．复杂“社会—生态系统”的适应性治理：扩展集体林权制度改革的视野［J］．农业经济问题，2011（6）.

［7］蔡晶晶．“分山到户”或“共有产权”：集体林权制度改革的社会—生态关键变量互动分析——以福建省5个案例村为例［J］．经济社会体制比较，2011（6）：154-160.

［8］蔡荣，李丰，胡应得．成员异质性对集体行动的影响——来自村落共用设施和资源管理的研究证据［J］．华中农业大学学报（社会科学版），2014（5）：40-47.

［9］陈根长．林业的改革与发展［M］．重庆：重庆出版社，1988.

［10］戴广翠，徐晋涛，王月华，等．中国集体林产权现状及安全性研究［J］．林业经济，2002（11）：30-33.

［11］党国印．论农村集体产权［J］．中国农村观察，1998（4）.

[12] 邓光瀛，丘復，等．民国长汀县志（中国地方志集成·福建府县志辑35）[M]．黄愷元，等，修．上海：上海书店出版社，2000.

[13] 杜润生．杜润生自述：中国农村体制变革重大决策纪实 [M]．北京：人民出版社，2005.

[14] 福建省龙岩市政协文史和学习委员．闽西水土保持纪事（1940—2012）[M]．福建长汀县政府内部资料，2013.

[15] 福建省长汀县地方志编纂委员会．长汀县年鉴（2004—2011）[M]．福建长汀县政府内部资料，2014.

[16] 福建省长汀县地方志编纂委员会．长汀县志（1988—2003）[M]．北京：中华书局，2006.

[17] 福建省长汀县地方志编纂委员会．长汀县志 [M]．上海：生活·读书·新知三联书店，1993.

[18] 傅晨．论农村社区型股份合作制制度变迁的起源 [J]．中国农村观察，1999（2）：3-10，63.

[19] 郭亮．资本下乡与山林流转来自湖北S镇的经验 [J]．社会，2011，31（3）：114-137.

[20] 哈贝马斯．交往行为理论 [M]．上海：上海人民出版社，2018.

[21] 韩雅清，林丽梅，魏远竹，等．劳动力转移、合作经营与林业生产效率研究 [J]．资源科学，2018，40（4）：838-850.

[22] 何得桂．集体林权制度改革对乡村治理影响研究——基于溪乡的经验 [J]．地方财政研究，2009（8）：55-61.

[23] 贺东航，朱冬亮，王清军，等．集体林权制度改革2013年监测观察报告 [J]．林业经济，2014，36（4）：23-36.

[24] 贺东航，朱冬亮．关于集体林权制度改革若干重大问题的思考 [J]．经济社会体制比较，2009（2）：21-28.

[25] 黄少安，刘海英．制度变迁的强制性与诱致性——兼对新制度经济学和林毅夫先生所做区分评析 [J]．经济学动态，1996（4）：58-61.

[26] 黄少安．从家庭承包制的土地经营权到股份合作制的“准土地股权”——理论矛盾、形成机制和解决思路 [J]．经济研究，1995（7）：32-37.

[27] 贾治邦．中国农村经营制度的又一重大变革——对集体林权制度改革的几点认识［J］．求是，2007（17）：27-29.

[28] 经晓道．广西木材放开的反思和对策［J］．改革与战略，1987（10）.

[29] 柯水发，温亚利．中国林业产权制度变迁进程、动因及利益关系分析［J］．绿色中国，2005（10）：29-32.

[30] 孔凡斌，廖文梅．集体林分权条件下的林地细碎化程度及与农户林地投入产出的关系——基于江西省 8 县 602 户农户调查数据的分析［J］．林业科学，2012，48（4）：119-126.

[31] 孔凡斌．集体林权制度改革对林区县乡财政性收入影响评价——基于江西省赣州市的调查［J］．林业科学，2009，45（9）：120-129.

[32] 孔凡斌．集体林权制度改革绩效评价理论与实证研究——基于江西省 2484 户林农收入增长的视角［J］．林业科学，2008（10）：132-141.

[33] 李晨婕，温铁军．宏观经济波动与我国集体林权制度改革——1980 年代以来我国集体林区三次林权改革“分合”之路的制度变迁分析［J］．中国软科学，2009（6）：33-42，127.

[34] 李娅，姜春前，严成，等．江西省集体林区林权制度改革效果及农户意愿分析——以江西省永丰村、上芫村、龙归村为例［J］．中国农村经济，2007（12）：54-61.

[35] 李周，许勤．林业改革 30 年的进展与评价［J］．林业经济，2009（1）：34-40，54.

[36] 李周．林权改革的评价与思考［J］．林业经济，2008（9）：3-8.

[37] 廖文梅，孔凡斌，林颖．劳动力转移程度对农户林地投入产出水平的影响——基于江西省 1178 户农户数据的实证分析［J］．林业科学，2015，51（12）：87-95.

[38] 林辉煌．林权改革与乡村振兴——对 40 年来集体林权制度改革的反思［J］．北京工业大学学报（社会科学版），2018，18（6）：12-20.

[39] 林业部．中国林业年鉴（1949—1986）［M］．北京：中国林业出版社，1987.

[40] 林业部. 中国林业年鉴（1987）[M]. 北京：中国林业出版社，1988.

[41] 林毅夫. 制度、技术与中国农业发展 [M]. 上海：上海三联书店，1994.

[42] 刘璨，李成金，许兆军，等. 我国林业财政政策研究 [J]. 林业经济，2014，37（1）：60-79.

[43] 刘璨，刘浩，贺胜年. 中国集体林产权制度改革主要政策问题研究 [J]. 林业经济，2011（8）：8-19.

[44] 刘璨，吕金芝，王礼权，等. 集体林产权制度分析——安排、变迁与绩效（续二）[J]. 林业经济，2007（1）.

[45] 刘璨，吕金芝，王礼权，等. 集体林产权制度分析——安排、变迁与绩效（一）[J]. 林业经济，2006（11）.

[46] 刘璨，吕金芝，杨燕南，等. 中国集体林制度变迁新进展研究 [J]. 林业经济，2008（5）.

[47] 刘芳，钱忠好，郭忠兴. 外部利润、同意一致性与昆山富民合作社制度创新——昆山富民合作社制度创新的制度经济学解析 [J]. 农业经济问题，2006（12）：54-60.

[48] 刘金龙，徐拓远. 基于公共池塘产权束的林权变迁研究——以河北省平泉县为例 [J]. 河北学刊，2016，36（6）：124-129.

[49] 刘金龙，张译文，梁茗，等. 基于集体林权制度改革的林业政策协调与合作研究 [J]. 中国人口·资源与环境，2014，24（3）：124-130.

[50] 刘金龙. 对中国集体林区产权改革诸问题的认识 [J]. 林业经济，2006（8）.

[51] 刘金龙. 云南省南华县彝族松茸山林权安排和利益分配机制 [J]. 中国农业大学学报（社会科学版），2009，26（3）：143-150.

[52] 刘守英. 中国农地集体所有制的结构与变迁 [R] // 国务院发展研究中心调查研究报告，1999，第 174 号.

[53] 龙贺兴，张明慧，刘金龙. 从管制走向治理：森林治理的兴起 [J]. 林业经济，2016，38（3）：19-24.

［54］卢程隆，杨人群，李时槃．福建长汀河田土壤侵蚀的研究Ⅰ．河田土壤侵蚀因素的调查研究［J］．福建农学院学报，1981（2）：39-48.

［55］陆益龙．中国农村社会阶级阶层结构六十年的变迁：回眸与展望［J］．马克思主义与现实，2009（6）：145-150.

［56］罗必良．新制度经济学［M］．山西：山西经济出版社，2005.

［57］罗攀柱．集体林业新型经营主体：存在理由、现实困境及其路径选择——以湖南省为例［J］．中南林业科技大学学报（社会科学版），2020，14（1）：38-45.

［58］罗攀柱．林业专业合作社异化：类型、形成要因及其机制——以H省为例［J］．农业经济问题，2015，36（2）：40-46，111.

［59］骆耀峰，刘金龙，张大红．集体林权改革的基层解构实践逻辑研究——基于江西婺源的观察［J］．中国农业大学学报（社会科学版），2012，29（3）：142-152.

［60］诺斯，托马斯．西方世界的兴起［M］．厉以平，蔡磊，译．北京：华夏出版社，2009.

［61］诺斯．制度，制度变迁与经济绩效［M］．杭行，译．上海：格致出版社，2008.

［62］皮特．谁是中国土地的拥有者？——制度变迁、产权和社会冲突［M］．林韵然，译．北京：社会科学文献出版社，2008.

［63］钱忠好，曲福田．农地股份合作制的制度经济解析［J］．管理世界，2006（8）.

［64］乔方彬，黄季焜，罗泽尔．林地产权和林业的发展——云南林区的实证研究［J］．农业经济问题，1998（7）：23-29.

［65］青木昌彦．比较制度分析［M］．周黎安，译．上海：上海远东出版社，2001.

［66］裘菊，孙妍，李凌，等．林权改革对林地经营模式影响分析——福建林权改革调查报告［J］．林业经济，2007（1）：23-27.

［67］渠敬东，周飞舟，应星．从总体支配到技术治理——基于中国30年改革经验的社会学分析［J］．中国社会科学，2009（6）.

[68] 速水，拉坦．农业发展的国际分析 [M]．郭熙保，张进铭，等，译．北京：中国社会科学出版社，2000.

[69] 唐浩，曾福生．农村土地股份合作制产生原因解析 [J]．中国土地科学，2008 (10): 46-51.

[70] 王成军，何秀荣，徐秀英，等．林地规模效率与农户间林地流转：来自浙江省的实证 [J]．农业技术经济，2010 (10): 58-65.

[71] 王涛，王学伦．社区运行的制度解析——以奥斯特罗姆制度分析与发展框架为视角 [J]．学会，2010 (3): 13-19.

[72] 王小映．土地制度变迁与土地承包权物化 [J]．中国农村经济，2001 (1).

[73] 魏远竹，张春霞．福建省新一轮林改的主要内容及其特色分析——福建省新一轮林改研究之二 [J]．林业经济问题，2009，29 (3): 189-195.

[74] 翁潮，董加云，张译文，等．新一轮林改何以选择股份合作制经营——福建省三明市 3 个案例村的剖析 [J]．林业经济，2019，41 (2): 38-42.

[75] 吴守蓉，郭月亮．政府推动型农民林业专业合作社发展模式研究 [J]．林业经济，2011 (2): 26-31.

[76] 谢晨，奉国强．林业税费考察研究——湖南案例分析（上）[J]．林业经济，1999 (6): 26-35.

[77] 谢芳婷，朱述斌，康小兰，等．集体林地不同经营模式对林地经营投入的影响——以江西省为例 [J]．林业科学，2019，55 (6): 122-132.

[78] 谢彦明，汪戎，张连刚，等．林业合作社运行机制及转化案例分析 [J]．西北农林科技大学学报（社会科学版），2015，15 (5): 54-60.

[79] 徐晋涛，孙妍，姜雪梅，等．我国集体林区林权制度改革模式和绩效分析 [J]．林业经济，2008 (9): 27-38.

[80] 杨帅，温铁军．经济波动、财税体制变迁与土地资源资本化——对中国改革开放以来“三次圈地”相关问题的实证分析 [J]．管理世界，2010 (4): 32-41，187.

[81] 姚洋．土地、制度和农业发展 [M]．北京：北京大学出版社，

2004.

［82］印红．试论山林纠纷的产生原因、特点和解决方法［J］．农业经济丛刊，1986（1）：61-63.

［83］于艳丽，李桦，姚顺波．林权改革、市场激励与农户投入行为［J］．农业技术经济，2017（10）：93-105.

［84］张道卫．为什么中国的许多林地不长树［J］．管理世界，2001（3）.

［85］张寒，周正康，杨红强，等．劳动力成本上升对农户营林投入结构的影响——基于林业社会化服务供给约束的视角［J］．中国农村经济，2022（4）：106-125.

［86］张红，周黎安，徐晋涛，等．林权改革、基层民主与投资激励［J］．经济学（季刊），2016，15（3）：845-868.

［87］张红霄，张敏新，刘金龙．集体林权制度改革："轮包制"的制度效应与瑕疵分析——基于福建省邵武市高南村的案例研究［J］．林业经济，2007（6）：22-33.

［88］张红霄，张敏新，刘金龙．集体林权制度改革：林业股份合作制向均山制的制度变迁——周源村案例分析［J］．中国农村经济，2007（12）：47-53.

［89］张红宇，刘玫，王晖．农村土地使用制度变迁：阶段性、多样性与政策调整（二）［J］．农业经济问题，2002（3）：17-23.

［90］张红宇，刘玫，王晖．农村土地使用制度变迁：阶段性、多样性与政策调整（一）［J］．农业经济问题，2002（2）：12-20.

［91］张蕾，齐联，孙敬良．关于新型林业生产经营主体培育与组织创新的思考［J］．林业经济，2014，36（10）：21-25.

［92］张敏新，张红霄，刘金龙．集体林产权制度改革动因研究——兼论南方集体林产权制度内在机理［J］．林业经济，2008（5）：15-19，24.

［93］张明慧，孟一江，龙贺兴，等．社会界面视角下农村成员权认定的实践逻辑——基于湖南S村集体林权改革的实践［J］．中国农业大学学报（社会科学版），2014，31（1）：89-99.

[94] 张五常. 经济解释：张五常经济论文选 [M]. 北京：中信出版社，2012.

[95] 张晓静. 福建、江西两省集体林区的林业税费问题 [J]. 林业经济，1999 (6): 36-45.

[96] 赵晓峰，何慧丽. 农村社会阶层分化对农民专业合作社发展的影响机制分析 [J]. 农业经济问题，2012，33 (12): 38-43，110.

[97] 郑宝华. 我国农村集体森林资源产权模糊问题 [J]. 林业经济，2006 (8): 17-21.

[98] 郑风田，阮荣平. 集体林权改革评价：林产品生产绩效视角 [J]. 中国人口·资源与环境，2009，19 (6): 107-114.

[99] 郑逸芳，黄森慰，张春霞. 福建省林业合作社类别研究 [J]. 林业经济，2013，35 (10): 17-22.

[100] 周黎安. 转型中的地方政府：官员激励与治理 [M]. 上海：格致出版社，2008.

[101] 周业安. 中国制度变迁的演进论解释 [J]. 经济研究，2000 (5): 3-10.

[102] 朱冬亮，贺东航. 新集体林权制度改革与农民利益表达 [M]. 上海：上海人民出版社，2010.

[103] 朱文清，张莉琴. 集体林地确权到户对农户林业长期投入的影响——从造林意愿和行动角度研究 [J]. 农业经济问题，2019 (11): 32-44.

[104] 朱烨，刘强，吴伟光. 林业劳动力女性化状况及其对林业生产效率的影响——以竹林生产为例 [J]. 农业技术经济，2018 (5): 104-111.

[105] 朱臻，等. 非农就业对南方集体林区不同规模林农营林轮伐期的影响 [J]. 自然资源学报，2019 (2).

[106] ADHIKARI B, LOVETT J C. Institutions and collective action: does heterogeneity matter in community-based resource management? [J]. Journal of Development Studies, 2006, 42(3): 426-445.

[107] AGRAWAL A, ASHWINI C. Explaining success on the commons: community forest governance in the Indian Himalaya [J]. World Development,

2006(1): 149-166.

［108］AGRAWAL A, CHHATRE A, HARDIN R. Changing governance of the world's forests［J］. Science, 2008, 320(5882): 1460-1462.

［109］AGRAWAL A, OSTROM E. Collective action, property rights, and devolution in forest and protected area management［EB/OL］,［2022-09-19］. https://citeseerx.ist.psu.edu/viewdoc/download;jsessionid=37BA19AC2FEC851C4574B7A2893406AD?doi=10.1.1.298.6479&rep=rep1&type=pdf.

［110］AGRAWAL A, RIBOT, J. Accountability in decentralization: a framework with South Asian and West African cases［J］. Journal of Developing Areas, 1999, 33(4): 473-473.

［111］AGRAWAL A, YADAMA G. How do local institutions mediate the impact of market and population pressures on resource use［J］. Development and Change, 1997, 28(3): 435-465.

［112］AGRAWAL A. Common property institutions and sustainable governance of resources［J］. World Development, 2001, 29(10): 1649-1672.

［113］ALBERS H J, ROZELLE S D, LI G. China's forest under economic reform: timber supplies, evironment protection, and rural resource access［J］. Contemporary Economic Policy, 1998(16): 22-33.

［114］ALLEN J C, BARNES D F. The causes of deforestation in developing countries［J］. Annals of the Association of American Geographers, 1985, 75(2): 163-184.

［115］ANDERSON L, HILL J. Privatizing the commons: an improvement?［J］. Southern Economic Journal, 1983, 50(2): 438-450.

［116］ANDERSSON K, OSTROM E. Analyzing decentralized resource regimes from a polycentric perspective［J］. Policy Sciences, 2008, 41(1): 71-93.

［117］ANDERSSON K. What motivates municipal governments? uncovering the institutional incentives for municipal governance for forest resources in Bolivia［J］. Journal of Environment & Development: A Review of International Policy, 2003, 12(1): 5-27.

[118] ARTS B, BEHAGEL J, TURNHOUT E, et al. A practice based approach to forest governance [J]. Forest Policy and Economics, 2014(49): 4-11.

[119] ARTS B, KONING J D. Community forest management: an assessment and explanation of its performance through QCA [J]. World Development, 2017 (96): 315-325.

[120] BALAND J M, PLATTEAU J P. Halting degradation of natural resources: is there a role for rural communities? [J]. International Affairs, 1996, 72(4).

[121] BALAND J M, PLATTEAU J P. The ambiguous impact of inequality on local resource management [J]. World Development, 1999, 27(5): 773-788.

[122] BASURTO X, GELCICH S, OSTROM E. The social-ecological system framework as a knowledge classificatory system for benthic small-scale fisheries [J]. Global Environmental Change, 2013, 23(6): 1366-1380.

[123] BERKES F. Going beyond panaceas special feature: community-based conservation in a globalized world [J]. Proceedings of the National Academy of Science, 2007, 104(39): 15188-15193.

[124] BLAIKIE P. Is small really beautiful? community-based natural resource management in Malawi and Botswana [J]. World Development, 2006, 34(11): 1942-1957.

[125] BRUCE J W, RUDRAPPA S, Zongmin L. Experimenting with approaches to common property forestry in China [J]. Unasylva, 1995 (46): 44-48.

[126] BULLOCK R, HANNA K. Community forestry: creating or mitigating conflict in British Columbia? [J]. Society and Natural Resources, 2008(21): 71-85.

[127] CAMPBELL B, MANDONDO A, NEMARUNDWE N,et al. Challenges to proponents of common property resource systems: despairing voices from the social forests of Zimbabwe [J]. World Development, 2001(4): 589-600.

[128] CHARNLEY S, POE M R. Community forestry in theory and practice: where are we now? [J]. Annual Review of Anthropology, 2007, 36(1).

[129] COLEMAN A, FLEISCHMAN D. Comparing forest decentralization

and local institutional change in Bolivia, Kenya, Mexico and Uganda［J］. World Development, 2012(4): 836-849.

［130］DE SOTO P H. The mystery of capital: why capitalism triumphs in the west and fails everywhere else［M］. London: Black Swan, 2001.

［131］DEMSETZ, H. Toward a theory of property rights［J］. American Economic Review, 1967(62): 347-359.

［132］DERSSLER W, et al. From hope to crisis and back again? a critical history of the global CBNRM narrative［J］. Environmental Conservation, 2010, 37(1): 5-15.

［133］DIETZ T, OSTROM E, STERN P C. The struggle to govern the commons［J］. Science, 2003, 302(5652): 1907-1912.

［134］FAO. Forty years of community-based forestry［R］. Rome: FAO, 2016.

［135］FAO. Main report of Global forest resources assessment 2010［R］. Rome:FAO, 2011.

［136］FERNANDEZ L. Natural resources, agriculture and property rights［J］. Ecological Economics, 2006(57): 359-373.

［137］GEIST H, LAMBINF E. Proximate causes and underlying driving forces of tropical deforestation［J］. BioScience, 2002, 52(2): 143-150.

［138］GIBSON C, LEHOUCQ F, WILLIAMS J. Does privatization protect natural resources? property rights and forests in Guatemala［J］. Social Science Quarterly, 2002, 83(1): 206-225.

［139］GIBSON C, WILLIAMS J, OSTROM E. Local enforcement and better forests［J］. World Development, 2005, 33(2): 273-284.

［140］GLUICK P. Property rights and multipurpose mountain forest management［J］. Forest Policy and Economics, 2002(4): 125-134.

［141］GUEVARA L E T, SCHLÜTER A, LOPEZ M C. Collective action in a tropical estuarine lagoon: adapting Ostrom’s SES framework to Ciénaga Grande de Santa Marta, Colombia［J］. International Journal of the Commons, 2016, 10(1).

[142] HAEUBER R. Development and deforestation: Indian forestry in perspective [J]. The Journal of Developing Areas, 1993, 27(4): 485-514.

[143] HARDIN G. The tragedy of the commons [J]. Science, 1968, 162(3859): 1243-1248.

[144] HE J, KEBEDE B, MARTIN A, et al. Privatization or communalization: a multi-level analysis of changes in forest property regimes in China [J]. Ecological Economics, 2020(174): 106629.

[145] HE J, LANG R, XU J. Local dynamics driving forest transition: insights from upland villages in Southwest China [J]. Forest, 2014(5): 214-233.

[146] HYDE W F. The experience of China's forest reforms: what they mean for China and what they suggest for the world [J]. Forest Policy and Economics, 2019(98): 1-7.

[147] HYDE W F. Where about devolution and collective forest management? [J]. Forest Policy and Economics, 2016(72): 85-91.

[148] IBARRA E, HIRAKURI R. Institutional conflict and forest policy effectiveness: the case of Costa Rican institutional reform [J]. Forest Policy Economics, 2007(9): 591-601.

[149] ITO J. Collective action for local commons management in rural Yunnan, China: empirical evidence and hypotheses using evolutionary game theory [J]. Land Economics, 2012, 88(88): 181-200.

[150] KREUTZWISER R D, WRIGHT C S. Factors influencing integrated forest management on private industrial forest land [J]. Journal of Environmental Management, 1990, 30(1): 31-46.

[151] KUMMER D M, TURNER B L. The human causes of deforestation in Southeast Asia [J]. BioScience,1994, 44(5): 323-328.

[152] LARSON A M, RIBOT J C. Democratic decentralisation through a natural resource lens: an introduction [J]. The European Journal of Development Research, 2005, 16(1): 1-25.

[153] LARSON A M, SOTO F. Decentralization of natural resource

governance regimes［J］. Annual Review of Environment and Resources, 2008(33): 213-239.

［154］LARSON A M. Decentralization and forest management in Latin America: toward a working model［J］. Public Administration & Development, 2003(23): 211-226.

［155］LARSON B A, BROMLEY D W. Property rights, externalities, and resource degradation: locating the tragedy［J］. Journal of Development Economics, 1990, 33(2): 235-262.

［156］LAWRY S, SAMII C, HALL R,et al. The impact of land property rights interventions on investment and agricultural productivity in developing countries: a systematic review［J］. Journal of Development Effectiveness, 2017, 9(1): 61-81.

［157］LIBECAP G D, JOHNSON R N. Property rights, nineteenth-century federal timber policy, and the conservation movement［J］. The Journal of Economic History, 1979, 39(1): 129-142.

［158］LIU C, LIU H, WANG S. Has China's new round of collective forest reforms caused an increase in the use of productive forest inputs?［J］. Land Use Policy, 2017(64): 492-510.

［159］LIU C, WANG H, ZHU. Why did the 1980s' reform of collective forestland tenure in southern China fail?［J］. Forest Policy and Economics, 2017(83): 131-141.

［160］LIU J, DIETZ T, CARPENTER S R, et al. Complexity of coupled human and natural systems［J］. Science, 2007(317).

［161］LIU J, DONG J, LONG H, et al. Private vs. community management responses to de-collectivization: illustrative cases from China［J］. International Journal of Commons, 2020, 14(1): 445-464.

［162］LIU P, RAVENSCROFT N. Collective action in China's recent collective forestry property rights reform［J］. Land Use Policy, 2016(59): 402-411.

［163］MCCARTHY J F. Changing to gray: decentralization and the emergence of volatile socio-legal configurations in Central Kalimantan, Indonesia [J]. World Development, 2004, 32(7): 1199-1223.

[164] MUHEREZA F. Decentralizing natural resource management and the politics of institutional resource management in Uganda's forest sub-sector [J]. Africa Development, 2006, 31(2): 67-101.

[165] MWANGI E. Subdividing the commons: distributional conflict in the transition from collective to individual property rights in Kenya's Maasailand [J]. World Development, 2007, 35(5): 815-834.

[166] NAGENDRA H, OSTROM E. Polycentric governance of multifunctional forested landscapes [J]. International Journal of the Commons, 2012,6(2): 104.

[167] NAIDU S C. Heterogeneity and collective management: evidence from common forests in Himachal Pradesh, India [J]. World Development, 2009, 37(3): 676-686.

[168] OSTROM E. A diagnostic approach for going beyond panaceas [J]. Proceedings of the National Academy of Sciences, 2007, 104(39): 15181-15187.

[169] OSTROM E. A general framework for analyzing the sustainability of social-ecological systems [J]. Science, 2009, 325(5939): 419-422.

[170] OSTROM E. Beyond markets and states: polycentric governance of complex economic systems [J]. The American Economic Review, 2010(100): 1-33.

[171] OSTROM E. Governing the commons: the evolution of institutions for collective action [M]. Cambridge: Cambridge University Press, 1990.

[172] OTSUKA, K. Land tenure and the management of land and trees in Asia and Africa [J]. Japanese Journal of Rural Economics, 1999(1): 25-38.

[173] PARPART J L, VELTMEYER H. The development project in theory and practice: a review of its shifting dynamics [J]. Canadian Journal of Development Studies, 2004(1): 39-59.

[174] PERSHA L, AGRAWAL A, CHHATRE A. Social and ecological synergy: local rulemaking, forest livelihoods, and biodiversity conservation [J].

Science, 2011(331): 1606-1608.

［175］PERSHA L, ANDERSSON K. Elite capture risk and mitigation in decentralized forest governance regimes［J］. Global Environmental Change, 2014(24): 265-276.

［176］PULHIN J M, DRESSLER W H. People, power and timber: the politics of community-based forest management［J］. Journal of Environmental Management, 2009, 91(1): 206-214.

［177］RIBOT J C, LUND J F, TREUE T. Democratic decentralization in sub-Saharan Africa: its contribution to forest management, livelihoods, and enfranchisement［J］. Environmental Conservation, 2010, 37(1): 35-44.

［178］RIBOT J C. Democratic decentralization of natural resources: institutionalizing popular participation［M］. Washington, D. C.: World Resources Institute, 2002.

［179］RIBOT J, AGRAWAL A, LARSON A. Recentralizing while decentralizing: how national governments reappropriate forest resources［J］. World Development, 2006(34): 1864-1886.

［180］ROBIN B, MATTHEW H, BENJAMIN A. The political economy of deforestation in the tropics［J］. The Quarterly Journal of Economics, 2012, 127(4): 1707-1754.

［181］RUDEL T K. The commons and development: unanswered sociological questions［J］. International Journal of the Commons, 2011,5(2): 303-318.

［182］SAYER J, ELLIOTT C, BARROW E, et al. Implications for biodiversity con- servation of decentralized forest resource management［C］// COLFER, CAPISTRANO. Politics of Decentralization: Forests, Power and People. London: Earthscan, 2005.

［183］SCHLAGER E, OSTROM E. Property-rights regimes and natural resources: a conceptual analysis［J］. Land Economics, 1992, 68(3): 249-262.

［184］SIKOR T, NGUYEN T O. Why may forest devolution not benefit the rural poor? forest entitlements in Vietnam's central highlands［J］. World

Development, 2007, 35(11): 2010-2025.

[185] SIKOR T, THANH N T. Exclusive versus inclusive devolution in forest management: insights from forest land allocation in Vietnam's central highlands [J]. Land Use Policy, 2007, 24(4): 644-653.

[186] SIKOR T. The allocation of forestry land in Vietman: did it cause the expansion of forests in the northwest? [J]. Forest Policy and Economics, 2001(2): 1-11.

[187] SUNDAR N. Unpacking the ' joint ' in joint forest management [J]. Development & Change, 2010, 31(1): 255-279.

[188] SUNDERLIN W D, LARSON A M, CRONKLETON P. Forest tenure rights and REDD+: from inertia to policy solutions [R]. Center for International Forestry Research Bogor Indonesia, 2009.

[189] TACCONI L. Decentralization, forest and livelihoods: theory and narrative [J]. Global Environmental Change, 2007(12): 338-348.

[190] TENZING K, MILLAR J, BLACK R. Exploring governance structures of high altitude rangeland in Bhutan using Ostrom's Design Principles [J]. International Journal of the Commons, 2018, 12(1).

[191] TUCKER C M. Private versus common property forests: forest conditions and tenure in a Honduran community [J]. Human Ecology, 1999, 27(2): 201-230.

[192] TURNER M A, BRANDT L, ROZELLE S. Property rights formation and the organization of exchange and production in rural China [Z]. William Davidson Institute Working Papers Series 250, 1999.

[193] WADE R. The management of common property resources: collective action as an alternative to privatization or state regulation [J]. Cambridge Journal of Economics, 1987(11): 95-106.

[194] WANG Y, CHEN C, ARARAL E. The effects of migration on collective action in the commons: evidence from rural China [J]. World Development, 2016(88): 79-93.

[195] WHITE A, MARTIN A. Who owns the world's forests? [R]. Washington, D. C. : Forest Trends,2002.

[196] WOLLENBERG E, MOELIONO M, LIMBERG G, et al. Between state and society: local governance of forest in Malinau, Indonesia [J]. Forest Policy and Economics, 2006(8): 421-433.

[197] XIE L, BERCK P, XU J. The effect on forestation of the collective forest tenure reform in China [J]. China Economic Review, 2016(38): 116-129.

[198] XU J T, HYDE W F. China's second round of forest reforms: observations for China and implications globally [J]. Forest Policy and Economics, 2018(98): 19-29.

[199] YIN R, NEWMAN D H. Impact of rural reforms: the case of the Chinese forest sector [J]. Environment and Development Economics, 1997(2): 291-305.

[200] YIN R, ZULU L, QI J G,et al. Empirical linkages between devolved tenure systems and forest conditions: challenges, findings, and recommendations [J]. Forest Policy and Economics, 2016(73): 294-299.

[201] ZHANG D, PEARSE P H. The influence of the form of tenure on reforestation in British Columbia [J]. Forest Ecology & Management, 1997, 98(3): 239-250.

[202] ZHANG Y, KANT S, LONG H. Collective action dilemma after China's forest tenure reform: operationalizing forest devolution in a rapidly changing society [J]. Land, 2020, 9(18).

[203] ZHANG Y. Deforestation and forest transition: theory and evidence in China [C] // PALO M, VANHANEN H. World Forests from Deforestation to Transition, 2000: 41-65.

后记

自硕士研究生时期迈入学术研究之门，我就一直被我国集体林权制度改革实践的复杂性和多样性所吸引。本书不仅记录了我国尤其是福建省西部山区波澜壮阔而复杂多样的集体林权制度变迁历程，也反映了我从一名硕士研究生成长为一名高校青年教师走过的田野和科研之路。尽管走了不少弯路，但对集体林权制度改革基层实践的关注贯穿始终，将集体林权制度改革基层实践和经验进行学理化、国际化的探索也始终不变。可以说，这是一本写了十二年的书，从华中农业大学硕士研究生论文写到了中国人民大学博士研究生、博士后论文，最后在中央民族大学工作时整理出版。

首先感谢集体林权制度改革的广大参与者和在我国广袤山间林地辛勤劳作的农民，为青年学者开展学术研究提供了时代命题和生动鲜活的调研场所，让我们得以从一个个鲜活又具体的微观案例出发开展理论对话，理解中国集体林权制度变迁的经验与逻辑，贡献于自然资源治理理论创新和生态文明建设。实践是理论创新之源。集体林权制度改革实践体现了经济社会剧烈转型下中国人尤其是农民是如何看待森林、与森林打交道和管理森林的，是中国在自然资源治理领域较有可能做出理论创新和国际经验贡献的议题之一。正是集体林区广大干部群众提出的课题、推动的改革、面临的困难、创造的经验，为学术界进行田野调查与理论创新提供了强大动力和广阔空间，也为像我一样的年轻学者成长成才提供了丰沃土壤。

本书各章节的调研与写作凝结了许多人的付出和思想，在此对他们的贡献表示真挚的感谢。第三、第四、第五章主要基于我在中国人民大学的博士论文，第七章主要基于我在华中农业大学的硕士论文，第八章主要基于我与 Wil de Jong、张译文、刘金龙在 *Forest Policy and Economics* 合作发表的论文

“Institutional choices between private management and user group management during forest devolution: a case study of forest allocation in China”，第九章主要基于我与林素娇、刘金龙在《中国农村经济》合作发表的论文《成立社区林业股份合作组织的集体行动何以可能？——基于福建省沙县 X 村股份林场的案例》，第十章的部分案例材料基于我与孟园、刘金龙在《西北农林科技大学学报（社会科学版）》合作发表的论文《社区森林资源管理成功的条件——基于福建省沙县两个集体林场的比较研究》，在此对相关合作者、期刊编辑、论文答辩老师、评审专家表示衷心的感谢。特别要感谢我在中国人民大学的博士和博士后导师刘金龙教授。他塑造了我的学术志趣、观点、原则、旅程，本书除第六、第七章之外的章节全部得到了刘金龙教授主持课题的支持，受益于刘金龙教授及师门组织的调研、展开的讨论、提供的启发。感谢我在华中农业大学的硕士导师凌远云副教授，是他将我引进了林业经济研究的大门，第六章关于林业“三定”改革与乱砍滥伐关系的研究就得益于他的启发，第七章关于林地调整动因、决策过程和绩效的研究来自他对我硕士论文的悉心指导。感谢我的本科同学、现工作于华中师范大学的范长煜副教授，第七章的缘起和素材来自我们俩利用暑假对他福建建瓯老家进行的调研，他对家乡集体林权制度变迁的洞察和反思对论文写作启发很大。本书的案例调研得到了福建省三明市和建瓯市、永安市、沙县、长汀县众多基层干部、村干部、林业企业管理者、普通农民的大力配合与帮助，得到了董加云、李凌超、张明慧、涂成悦、曾小溪、梁茗、孟园、张译文、时卫平等各位同门的有力支持，在此表示诚挚的感谢。

本书的调研与写作得到了国家自然科学基金面上项目（71673288）、中国博士后基金（2017M620994）、中央民族大学青年教师科研能力提升计划项目（2020QNPY17）的资助，出版得到了中央民族大学“国家兴边富民战略研究院平台经费”的支持，在此表示由衷的感谢。感谢中央民族大学经济学院和中国兴边富民战略研究院张丽君教授、吴本健教授、白钰副教授对本书写作和出版给予的关心和帮助，使我得以专注于本书内容的写作和修改。中国经济出版社耿园老师为本书的顺利出版提供了优质的编辑服务，使文字更加规范和可读，在此表示真诚的感谢。

本书呈现给读者的，更多的是对集体林权制度变迁这一段旅程和历史的不完美记录和局部解读。读研究生时，我走了很多路，进行了很多田野调研，积累了很多素材，但缺乏严格的方法训练、理论积累和洞察力对其进行解读；当学成毕业，我意识到这是一个取之不尽的宝藏时，又受限于主客观条件，难有机会和精力去系统追溯、全面调查和深入解读这段波澜壮阔的历史，并进行理论对话和理论创新。本书在案例选择、调查方法和理论对话方面存在的不足，从某种程度上反映了我们这一代林业经济研究者的困境：了解实践但又不够贴近实践，会田野调研但又不够规范科学，懂得理论但又不精通理论，渴望理论和概念创新但又缺乏相应能力。研究议题实现了本土化，但理论与概念仍然主要基于西方，并没有基于中国实践构建和发展新的理论与概念；既没有继承老一辈学者勇于扎根基层实践的优良传统，又缺乏更年青一代学者的扎实理论与方法训练。为此，本书所有的瑕疵与错误，均由作者本人负责。如若对集体林权制度改革与实践的描写和分析有不到位之处，还望读者包涵。敬请读者多多提出宝贵意见。

龙贺兴

2022 年 8 月 7 日于中央民族大学文华楼